secession

Wir sind die Früchte des Zorns

Sabine Scholl

secession VERLAG FÜR LITERATUR

Wir sind die Früchte des Zorns

Sabine Scholl

Roman

secession VERLAG FÜR LITERATUR

I have been to hell and back. And let me tell you, it was wonderful.
(Louise Bourgeois)

ODETTE (SCHWIEGERMUTTER)

1

Odette trippelt vorsichtig, die Sandalen mit stadtglatten Sohlen geben wenig Halt. Sie gerät ab vom morgennassen Pfad, rutscht und fällt. Au secours! Vergebens greift sie nach der Hand der Freundin. Die Alpen entgleiten ihrem Blick, das taufeucht duftende Gras beschleunigt ihren Fall. Odette schlittert den steilen Hang hinab, kreischt. Kurz denkt sie an den hellen Stoff ihrer Bluse und die Gefahr von Flecken, grünen Streifspuren, dann lässt sie sich gehen, schließt fast die Augen, die schrillen Rufe der Freundin schwächer im Hintergrund, klammert sich fest an ihre Handtasche. Hauptsache, die geht nicht verloren. Aber ihr Strumpf ratscht auf, die dichten Maschen laufen, die weit geschnittenen Stoffbahnen ihres Rocks schieben sich hoch, es ist ein Spiel. Und mit einem Ruck kommt ihr Körper zu einem Halt, gepackt von zwei Armen: Good morning! Odette blinzelt, ein unbekannter Mann ganz nah,
I am sorry, nimmt seine ausgestreckte Hand. Er zieht sie an seine Seite, führt sie zurück auf den schmalen Weg.

Die Serpentinen, sagt er, lächelnd, lacht sie nicht aus.
Die Freundin kommt gerannt, Odette streicht den weiten Rock glatt, inspiziert ihre grün gestriemte Bluse, fährt sich verlegen übers kurz geschnittene Haar.
Thonk you very moch.
Welcome. May I introduce myself. Der groß gewachsene blonde Mann mit schwarz gerahmter Brille sagt Chübeer Chrlo, Konsonanten, die Odette nicht nachbilden kann.
Verlegen nennt sie ihren Namen und er betrachtet sie genau, faltenloses Gesicht, dunkle Augen, braunes Haar. Sie ist weit über das Heiratsalter hinaus, im Familienplan bereits für die Rolle der sorgenden Tochter vorgesehen, die bei der Mutter bleibt, um ihr zur Hand zu gehen, das Haus zu halten, Gäste zu empfangen, sich für höhere Zwecke zu verwenden.
Der Unbekannte will wissen, woher sie kommt.
Paris, sagt sie.
Paris, I was there, during the war.
Ein Feind also, damals. Chübeer zieht eine Packung Zigaretten aus seiner Jacke, bietet ihr eine an. Sie lehnt ab, er entzündet seine, bietet ihr den Arm, den sie nimmt. Die Freundin trottet hintennach. Der Weg ist zu schmal für drei, Odette bleibt an Chübeers Seite.
I am chier for de peace, stottert sie.
Er nickt, me too, me too.

2

1927 fliegt Charles Lindbergh von New York aus über den Atlantik nach Paris. Josephine Baker tanzt *La Revue Nègre*. Hitler darf erneut öffentlich sprechen. Sven Hedin bricht zu einer Expedition nach Mandschurien auf. Am Schwarzen Freitag stürzen die Kurse der Börse in Berlin. Ein schwieriges Jahr, um geboren zu werden. Am 1. September ist es so weit. Odette tritt in die Welt. Mit ihrem Vornamen aus Prousts Erinnerungen wird sie Zeit ihres Lebens nie zufrieden sein. Bereits als Kind liebt sie es, Bücher zu lesen, Briefe zu schreiben, ihren Vater deklamieren zu hören. An Sonntagen lauscht sie mit ihren Geschwistern den Schallplatten, auf denen Papa inmitten von Knarren und Kratzen selbst verfasste Gedichte spricht. Sein dunkler Bass malt mit Vokalen, dirigiert den Rhythmus der abgezählten Silben. Still sitzen sie vor den Tonaufnahmen, während die Eltern unterwegs sind. Als sie älter sind, dürfen die Kinder ihren Vater zum Mittagessen manchmal sehen. Solange sie aber nicht sauber essen, bleiben sie in der Küche. Papas tiefe Stimme und Mamas Zwitschern ertönen von Weitem durch die Räume.

Anfangs lebt die Familie in Paris. Odette ist das älteste Kind, wacht über ihre Geschwister. Die Mutter liebt es auszugehen, auf Gesellschaften zu glänzen. Die schöne Tochter eines erfolgreichen Industriellen, der ihr die Heirat mit einem Künstler erlaubt. Ein Bonvivant, der sich weigert, Kartoffeln zu essen und Wasser zu trinken während des Kriegs. Verlangt nach Fleisch und Wein. Lieber hungert er, als sich gemein zu machen mit den Bauern.

Odette sorgt für die Geschwister, während sich ihre Mutter in Liebesgeschichten verliert. Eines Tages muss die Familie Paris verlassen, sie werden vom Vater in einem Haus in Versailles einquartiert. Die Mutter weigert sich vorerst. Wie soll sie die abendlichen Einladungen in Paris von hier aus wahrnehmen? Der Weg ist weit. Sie stimmt dem Umzug erst zu, als ihr Mann verspricht, eine kleine Wohnung in Paris zu mieten, als Übernachtungsgelegenheit. Doch einmal angekommen in Versailles, ist alles vorbei. Sie wird nicht mehr zurückkehren in die Pariser Salons, für immer abgeschnitten sein. Kurz danach gebiert sie erneut ein Kind. Übergibt das Baby an Odette, die nicht einmal nachts aufhört, die Kinder ihrer Mutter zu erziehen. Odette schlafwandelt, tappt durchs Haus in die Zimmer der Kleinen, teilt dort Ohrfeigen aus, ohne zu wissen, was sie tut, und legt sich wieder hin. Die Geschwister wagen nicht, sich zu wehren, wecken die große Schwester nie. Anerkennen Odettes Strafgericht, weil sie währenddessen schläft.

3

Odette liest. Ihre Favoritin heißt Bécassine, ein mutiges Dienstmädchen aus der Bretagne. Das lange, grüne Kleid mit weißer Schürze, die gestreiften Wollstrümpfe, die Holzschuhe und die weiße Haube trägt Bécassine sogar in der Großstadt Paris. Odette nimmt den großen blauen Band zur Hand, gezeichnete Bilder. Weil die Magd nur die Bräuche des Landlebens kennt, begeht sie in der Stadt viele Fehler. Im Lesen kann Odette darüber lachen.
Während des Kriegs bricht Bécassine nach Paris auf, um einem Professor zu Diensten zu sein. Sie reist mit frischen Vorräten, verpackt in riesigen Körben: Butter, Eier, Kartoffeln, Äpfel, Speck. Transportiert sogar lebende Tiere: ein Huhn, zwei Hasen, von denen sie einen schon in der Eisenbahn verliert. In der Wohnung des Professors ist es eiskalt. Da Heizmaterial fehlt, hat er eine kleine Kabine gebaut, in der er sich tagsüber aufhält, in dicke Pelze gekleidet. Der Professor arbeitet im Widerstand, setzt die unbedarfte Bécassine als Botin ein. Erst als alle Gefahr vorüber ist, wird sie aufgeklärt. Sie hatte mitgeholfen, gegen die deutschen Besatzer zu kämpfen. Eine harmlose Frau, ihr Gesicht ein freundliches Oval, ihre Augen Punkte, die Halbmonde der Brauen hochgezogen, ständig erstaunt, winzige Stupsnase. Sie hat keinen Mund. Hände und Beine sind die wichtigsten Teile ihres Körpers, sie verrichtet Haushaltsarbeiten und läuft. Jeden Morgen schaut Bécassine mich an und schweigt. Ich nehme meine Zahnbürste aus dem Plastikbecher, ein Stück Puppengeschirr, bedruckt mit der bretonischen Figur, Geschenk von Odette an meine Tochter Lila.

4

Odette wird Mittlerin zwischen Frankreich und Österreich. Sogar während sie in Chübeers Heimat lebt, bleibt Frankreich das ›Wir‹, ihr Mittelpunkt, mit dem sie andere Orte vergleicht. Niemals halten Salzburg oder Wien diesem Anspruch stand. Selbst die Müllbeutel sind praktischer in Paris.

Bei uns hängt gleich ein Faden dran, mit dem man den Müll verschließt.

Klärt sie mich auf, abends, auf der Terrasse des Sommerhauses, nach dem Essen, als wir aufräumen.

Mit ungeschickten Fingern versucht sie die Ränder des österreichischen Plastiksacks zu verknüpfen. Ihre goldgeschmückten Finger zittern.

Ich greife nach dem Sack, schüttle ihn, ziehe zwei Enden hoch, die ich zusammenbinde.

Das ist gar nicht praktisch.

Schimpft Odette.

Zu Anfang ihrer Romanze mit Chübeer war sie die Mutige gewesen. Sie war gerutscht, hatte sich fallen lassen und seine Arme fingen sie auf.

Von nun an sprechen sie eine dritte Sprache, um sich zumindest in Bruchstücken zu verstehen. Ihr Schulenglisch vermengt sich mit seinem studierten Englisch. Ihre Spaziergänge setzen sie fort. Nach den Diskussionen in den Festsälen der Gasthäuser, in denen wichtige Männer sprechen und hübsche Frauen zuhören, verabredet Odette sich mit dem blonden Lehrer. Obwohl das Sommerabendlicht lange hält, kommt sie im Dunkeln zurück zur Pension. Aufgeregt. Sie ist seine erste Französin.

Um zu sparen, teilt sie mit der Freundin ein Bett. Die Kirche hat ihre Reise organisiert: Katholikinnen für den Frieden in Europa. Versöhnung nach dem Krieg. Odette isst ihre erste Semmel, ihre erste Frittatensuppe, ihren ersten Knödel und vermisst französisches Brot. Sie küsst ihren ersten Kuss. Chübeers Zunge schmeckt nach Tabak, schmeckt süß. Sie erschrickt über den Speichel, der ihr um die Lippen klebt, langsam trocknet, während sie ihm in die Augen schaut, danach. Außer Atem. Verwischte Spuren von Rouge auf seiner glänzenden rechten Wange. Jeden Tag trägt er denselben Anzug, winziges Karo, schwarz-weiß-grau, Pepita. Wenn er die Hornbrille abnimmt, werden seine kleinen Augen wärmer. Sie ekelt sich ein wenig vor seinen wilden, ungekämmten Brauen, seinem Körperhaar. Und versagt sich diesen Gedanken.

Tagsüber finden Vorträge statt: Die Freiheit des Christen. Die Begründung der Freiheit in der göttlichen Offenbarung. Freiheit als Freiheit vor der Sünde. Odettes Deutsch sprechende Freundin versucht zu übersetzen. Flüsternd sitzen sie in der letzten Reihe auf harten, hölzernen Stühlen, in deren Rückenlehnen Herzen geschnitzt sind. Je heftiger die jungen Männer diskutieren, desto eher ziehen sie ihre Anzugsjacken aus. Blendendes Weiß der von Pensionswirtinnen gebügelten Hemden. Je länger die Gespräche dauern, desto lockerer werden ihre Krawatten. Die Ärmel krempeln sie nur im Freien auf. Obwohl es heiß ist im August.

In der Pause steht Odette am Fenster, fächelt sich Luft zu mit dem Programm. Sie schwitzt, wagt nicht, auf die Toilette zu verschwinden, um erneut Duft aufzusprühen, da sie Chübeer näher kommen sieht. Dunkelblondes, leicht gewelltes Haar klebt an seinen Schläfen, er holt ein kariertes Taschentuch aus der Hose, wischt sich die Stirn. Nun steht er dicht vor ihr. Sie atmet seinen Geruch.

May I?

Odette nickt, bevor sie weiß, was er will. Ihr Herz pumpt beschleunigt Blut in ihren Kopf, sie kann kaum schlucken, keinen Atem holen, sie fächelt stärker, als Chübeers Hand vorwärtsrückt. Das ist unmöglich. Er darf sie nicht vor den anderen, vor versammelter Gesellschaft, vor allen französischen Katholikinnen, mit denen sie hierherkam, berühren. Mit letzter Kraft weicht sie zurück. Er schnappt sich das Programm. Schlägt auf. Liest vor. Seine dunkle, kräftige Stimme. Er singt nicht, sie hat ihn gefragt, aber er spielt Klavier, schreibt Gedichte.

Like my father. Auch das hat sie ihm bereits verraten.

Chübeers Augen, seine Stirn, seine Brauen deuten eine Frage an.

I would be honored if you would come to the concert tonight.
Mozart?
No, Debussy. Stockhausen. Hindemith.
Von Letzteren hat Odette nie gehört.
Debussy. Yes. I would be pleased.
I will come to your hotel and pick you up.
Pension Barbara.
Thank you.

5

Eilig springt Odette auf, läuft ins Freie und setzt sich auf die Holzbank vorm Haus. Sie kann nun nicht mehr zuhören. Die Freiheit des Menschen und die internationalen Aufgaben der Kirche sind ihr plötzlich egal.
Sie will für sich sein, sich vorbereiten, aber worauf? Nie ist sie allein. Sie ist Teil eines Gruppenprogramms. Sie ist Familie. Sie weiß nicht, ob sie sich traut. Die Freundin rät ihr, sich zurückzuhalten, zu warten. Wenn Chübeer es ernst meint, wird er nicht aufgeben. Doch gewartet hat Odette schon so lange. Und was könnte sie gewinnen? Einen Österreicher, ein Boche, wird ihr Vater sagen. Das ist so gut wie ein Deutscher. Soldaten sind alle gleich.
Trotzdem, Chübeer gefällt ihr zu sehr. Und Österreich ist nicht Paris. Und Frieden wichtiger als Papa. Und hier in den Bergen ist Odette Europa, nicht nur Paris. Auch Chübeer ist Europa. Odette beschließt, ein paar Schritte zu gehen, steigt neben der Kirche die Stufen zum Friedhof hoch, um ihre Gedanken zu beruhigen und zu beten. Die Gräber ragen wie Festungen aus gedrehtem, schwarz lackiertem Schmiedeeisen auf. Wie bäuerliche Betten mit einem Haupt aus schwarz poliertem Stein. Alles ist gerahmt. Den Stein umrankt eine Bordüre, die Namensplakette umschließt ein Blätterornament, das braun schimmernde Emailplättchen mit dem Porträt des Toten ist gesäumt. Odette schaudert kurz, Gänsehaut kriecht

ihr über den schweißverklebten Rücken, ihre Zehen pochen in den hellbraunen Pumps. Was tut sie hier?
Zurück im Gasthaus sinkt sie matt auf die Holzbank, ein dunkelhäutiger Mann mit weißem Turban und Ledersandalen grüßt, sie wendet die Augen ab von seinen nackten Zehen, die sie neugierig anstarren. Er unterhält sich mit einer jungen Frau, deren kurz geschorenes Haar und aufgekrempelte Männerhosen Odette empfindlich stören, quälende Blitze hinter ihrer Stirn, die Beine der jungen Frau sind nicht rasiert. Odette atmet schwer. Das Gewitter naht.
Abends auf dem Dorfplatz schmerzt ihr Rücken. Die Zuhörer des Konzerts lungern auf Heurigenbänken ohne Lehnen, Odette bemüht, die Musik zu verstehen, Töne, die einander behindern, was sie verwirrt. Chübeers Anzugbein gegen ihren Rockstoff gepresst, sie ist eingezwängt. Odette wünscht sich eine Welt aus Mozart. Konzentriert ihren Blick auf Chübeers rechte Hand, deren Finger er zappelnd auf und ab bewegt, im Takt, während seine linke ruht. Wie versprochen hatte er sie abgeholt von der Pension und sie bietet ihm das erste Mal ihre Wange, faire la bise, eine Sitte, die er nicht kennt und missversteht: das Gesicht nach vorne gereckt, den Hals nach links gebogen, einen Kuss erwartend zur Begrüßung, dann nach rechts, dann erneut nach links, je nachdem. Chübeer jedoch, ihre Wangen meidend, ergreift die Gelegenheit, legt seinen Arm um ihre Schultern und Odette weicht zurück, verrutschte Geste des Willkommens, soll sie ihm den Brauch erklären?
Chez nous we kiss for saying hello.
Ihre Stimme bricht.
Yes, the women of Paris. Antwortet er erfreut und hat keine Ahnung, war in ihrer Stadt bloß als Feind, als Jugendlicher, rechtzeitig geflohen, vor der Invasion, wie er sagt.
Vor der Befreiung, wie sie sagt.
Er bietet ihr den Arm, Odette hakt sich ein, mit brennenden Wangen, und nun, neben ihm, dicht an dicht, hofft sie darauf, dass

die Finger seiner linken Hand sich rühren und den ihren nähern. Nichts geschieht. Er sitzt, in die Musik gesaugt, und in der Pause, als er aufsteht, eine Zigarette zu rauchen, tritt die junge Frau in Männerhosen an ihn heran, bittet um Feuer. Chübeer stellt sie einander vor, Erta, eine Dichterin, gerade war sie in Paris und schwärmt vom Jazz, schwarzen Musikern, Spaziergängen am frühen Morgen entlang der Seine. Odette kennt die Stadt nicht, von der die Dichterin spricht, das ist nicht ihr Paris. Sie schweigt, rückt dichter an Chübeer, sodass ihr sommerlicher, von einem dünnen Seidenschal bedeckter Oberarm den grau-weiß-schwarz karierten Anzug ihres Verehrers streift. Odette überträgt ihre Elektrizität durch den Stoff auf die Muskeln Chübeers, der reflexhaft seinen Arm um sie legt, und damit hat sie gesiegt. Die Dichterin löst sich in Luft auf. Chübeers Gesicht wendet sich ihr zu. Odette will Hauptperson sein in diesem Spiel. Sie ist selbst Dichterin mit einem Mal, eine Zeile von Verlaine kommt ihr in den Sinn, spricht sie vor ihm aus, bedeutsam, stark betont, wie Papa. Und es wirkt. Der Himmel wölbt sich über der erneut einsetzenden Musik, und gemeinsam heben sie den Kopf, die Milchstraße schwebt, sachte schiebt Chübeer sie aus dem Lichtkreis des Konzerts in die frische Kühle eines Abends in den Bergen im August.

6

Es ist tiefer Winter, als Odette von Neuem erwacht und keucht. Sie trägt schwarze Keilhosen, dicke Wollsocken, einen Pelz aus Bisamfell, ein Umschlagtuch um Kopf und Hals. Sie zieht einen Holzschlitten durch den Schnee, darauf ihr erstes Kind verpackt in karierte Decken. Odettes Magen schmerzt, sie muss sich setzen, ihr ist schwindlig. Tief durchatmen hat sie nie gelernt. Die Luft ist zu kalt, schneidend in den Lungen. Sorgfältig beugt sie sich vornüber und entleert sich in den Schnee. Frühstücksbrocken, Kaffee, Semmeln, Milch, die sofort gefrieren. Sie wischt sich den Mund, vernimmt ein Wimmern, das Baby, das sich rührt und trinken will.

Im Dorfladen ist sie längst bekannt. Die erste Ausländerin nach dem Krieg.
Griassgott.
Kriassdi. Odette bemüht sich, die sperrigen Laute weich zu machen in ihrem Mund.
Ein Lita Milli bittäschön.
Bitte danke. Bitte sehr.
Und Kas.
Bitte danke. Bitte schön.
Und Erdöpfell.
Bitte danke. Bitte schön.
Es gibt keine frischen Sachen im Dorf im Winter. Keinen Salat, nur Kraut und Essiggurken. Europa und die Zukunft hatte Odette sich anders, mit mehr Käsesorten, vorgestellt. Im Dorf kann sie nur Graubrot mit glatt glänzend brauner Kruste kaufen. Odette wird schlecht davon.
Das Baby taut auf im Geschäft, wird bestaunt.
Ganz der Papa.
Odette ist stolz, packt das Kind wieder ein, sobald es zu greinen beginnt.
Wiedaschaun.
Dankeschön.
Zu Hause kocht sie Tee, stillt das Baby, ihre Tochter, bereitet Kartoffelgratin und Würste, wartet bis Chübeer nach Hause kommt. Er lobt ihren Auflauf, von dem sie kaum einen Bissen nimmt, kaum geschluckt, rennt sie zur Toilette und übergibt sich. Ein nächstes Kind meldet sich an, die ersten Zeichen ihres Sohnes. Und je größer die Familie wird, desto weniger findet Chübeer zum Dichten Zeit. Und je länger die dunklen Monate dauern, desto mehr träumt Odette von Camembert, Baguette und dem Traiteur in Versailles. Sie hasst den Schnee im Winter, der nach festen Schuhen mit dickem Profil verlangt. Sie hasst den Regen im Sommer, die Gummistiefel und Holzpantoffeln. Aber sie stillt und traumwandelt nachts ins

Arbeitszimmer von Chübeer, setzt sich auf seinen Schoß, wartet, bis er ihr das Nachthemd aus Batist hochschiebt, nimmt sich die Freiheit, während sie schläft.

7

Und Odettes Traum geht in Erfüllung. Chübeer spricht bald Französisch, geht in Straßburg ins Büro. Odette lebt neuerlich in Frankreich, ist Mutter und Gattin eines Beamten im Europarat, der endlich genügend verdient. Alles wäre gut. Chübeer jedoch hält nicht still, er reist. Sie blättert in seinem Pass, prüft die Stempel: Barajas: Entrada 21. Oct 1963, Orly: Depart 13. Mai 1964, Zürich: 27. Okt 1963, Orly: 12. Nov 1966, London: 13. May 1964, Athen: 8. Sep 1964, Zürich: 13. Sep 1964, London: 12. Nov 1966, Zürich: 23. Mai 1965, Heathrow: 26. Jul 1973, Arlanda Sverige: 19. Jan 1969, London: 4. Aug 1969, Kastrup Danmark: 2. Okt 1969, Barcelona: Entrada 16. Mayo 1965, London: 1. Oct 1968, Fornebu: 25. Jul 1965, London: 16. Jul 1969, Arlanda Sverige: 19. Okt 1969, Kastrup Danmark: 26. Mai 1971, Malmö Bulltofta: 29. Nov 1972, Arlanda Sverige: 7. Dec 1972, London: 29. Jan 1973.
Odettes Diplomatenpass zeigt im gleichen Zeitraum keinen einzigen Eintrag. Sie bleibt dem Weißbrot treu, verlangt Perlen, Goldketten, Ringe, Pelze als Tribut, lässt ihr dunkelbraunes Haar wachsen, besucht ständig den Friseur, der den Chignon für sie erfindet, ihr Markenzeichen. Das toupierte Haar am Hinterkopf kunstvoll mit zahllosen Haarnadeln hochgesteckt, die sie unablässig verliert. Odette zieht rieselnde Spuren von Nadeln durch die Wohnung. Blickt aus dem Passfoto mit betoniertem Lächeln, den Kopf leicht geneigt, fragenden Augen: Bin ich gut so, ist es das, was Freiheit bedeutet? Mache ich alles richtig?

8

Statt mit dem Flugzeug wird Odette auf dem Beifahrersitz fortbewegt. Chübeers VW Käfer frisst nachts Hunderte von Kilometern.

Die Familie rast von Straßburg in Richtung Österreich. Chübeer will nicht nur durch Europa reisen, er will auch ein Sommerhaus, ein Stück Erde seiner Heimat. Die Kinder auf dem Rücksitz sollen stillhalten. Odette ist wegen Chübeers überhöhter Geschwindigkeit besorgt, doch Diplomaten zahlen keine Strafen. Sie schläft ein und erwacht frühmorgens, als er einparkt. Endlich in Salzburg angelangt.
Komm, lass uns den Dom anschauen, chérie.
Das hat er länger nicht gesagt. Sie zögert. Die Kinder, ein Mädchen, ein Junge, liegen tief schlafend übereinander.
Nein, wir wecken sie nicht auf.
Und weil Odette sich sorgt, packt er die zwei in den Kofferraum, damit niemand sie bemerkt und stiehlt.
Chübeer reicht Odette den Arm, auch das ist lange nicht geschehen. Verträumt stolpert sie über die Schwelle in den Dom, schmiegt sich an ihn, taucht ihre Finger in eiskaltes Weihwasser und schickt ein Gebet an Gott, Dankschön für die gute Fahrt.
Kein Geräusch dringt aus dem Kofferraum, als sie zurückkehren zum Auto. Ein Kind nach dem anderen heben sie aus dem Bauch des Wagens heraus und fahren das letzte Stück zu ihrem neuen Haus. Chübeer macht es Spaß zu überholen, scharf zu bremsen vor der Einfahrt ins Dorf. Das Dorf ist keine Heimat, aber den Besuch wert, weil Chübeer eine Bleibe haben will zum Speckessen und Kartoffelkochen und Schifahren und Täglichschwimmen und Gartenarbeiten und um all das zu tun, was er aus seiner Kindheit kennt. Das Sommerhaus ist nicht Odettes Wunsch. Für Odette und die Kinder hat die Mietwohnung in einem Neubauviertel in Straßburg gereicht. Chübeer hingegen besitzt ein ganzes Haus im Dorf bei Salzburg und ist stolz auf seine Konstruktion. Alles selbst erfunden, selbst gezeichnet und selbst gebaut. Anstatt in Straßburg in Saus und Braus zu leben, wird alles Geld gespart, nach Österreich verlagert, werden Tischler beschäftigt und Maurer. Die

Steinmetze, die Installateure und die Heiztechniker kriegen das Geld, das Chübeer in Frankreich verdient.

9

Solange gebaut wird, wohnt die Familie in zwei Räumen. Jedes Wochenende fünfhundert Kilometer Fahrt, um dann mit zwei Kleinkindern auf vierzig Quadratmetern zu leben. Eine Herdplatte zum Kochen, eine Spüle, der Garten eine Wüste, die Matratze für die Kinder zu eng. Aber eng ist gemütlich, ist vertraut. Chübeer will die Zimmer klein. Er überträgt die Kammern seines Gehirns auf den Bauplan, sorgfältig voneinander abgegrenzte Bereiche, durch Unmengen von Türen voneinander getrennt. Er stapelt drei Wohnungen mit Küche, Zimmer, Bad übereinander. Das wird ihre Zukunft sein. Eine Wohnung für die Eltern, eine Wohnung pro erwachsenes Kind, um die Ferien in diesem Sommerhaus zu verbringen. Ob Vision oder Irrsinn wird sich erweisen. Die Kinder werden für leichte Arbeiten eingespannt. Sie graben im Garten, pflanzen Büsche, legen Wurstblätter auf Porzellan für die Handwerker, müssen zum Laden, um Getränke, Zigaretten und Bier zu kaufen. Sie kleben das Mosaik im Schwimmbad, polieren die Steine, rühren den Mörtel, heben Fundamente aus für die Terrasse, schieben die Schubkarren, damit das Haus wächst, so wie vom Vater geplant. Eine Basis in der Heimat, ein Traum. Für Spiele ist keine Zeit. Nach den Ferien werden sie auf dem Rücksitz wieder nach Straßburg gebracht, in den Alltag, in die Schule. Jahr für Jahr, bald hassen sie das Sommerhaus.

Erst als der Bau vollendet ist, ist auch Odette zufrieden und verbringt ihre Sommer gerne auf dem Land, trägt Loden. Karierte Blusen. Kauft Trachtenstoffe, lässt sie in Frankreich zu Ensembles nähen nach ihrem Entwurf. In Österreich ist sie umgeben von Frauen in gesunden Schuhen und schlecht gefärbten, künstlich gekrausten Haaren. Ihr wird übel vor solcher Nachlässigkeit. Niemals will sie so hässlich sein. Als Chübeer nach seiner

Pensionierung beschließt, zurück nach Österreich zu gehen, gibt sie nach. Erneut. Sie wohnen in Wien. Wegen des Sohnes, der dort lebt. Frühmorgens versperrt Chübeer die Tür zu seinem Zimmer und schreibt erneut Gedichte. Odette lebt sich ein, gewinnt Freundinnen, geht aus, überredet Chübeer, sich anzukleiden, sie zu Konzerten, Theater, Oper zu begleiten, was ihr nur manches Mal gelingt.

10

Odette lässt sich auf Wien ein, sitzt im Obergeschoss eines weiß gestrichenen Lofts. Eine Vernissage der Bilder ihres Sohnes. Er malt hautfarbene Würstchen auf schwarz grundierten Leinwänden in klassisch spanischer Manier. Draußen im Hof erhitzen Flammen den Boden einer Pfanne. Hühnchen und Meeresfrüchte umgeben von Reis. Odette beobachtet ihren Sohn durchs Fenster, folgt seinem Gang zurück in die Räume der Galerie. Seine Haare sind zu lang. Unruhig greift er sich in die Locken. Das Hin und Her seiner an der Kopfhaut kratzenden Fingernägel versprüht Schuppen auf dem eleganten nachtblauen Hemd. Sie hat es aus Paris mitgebracht. Wenn sie seine Hemden aussucht, wählt sie meistens kariert. Ein Sohn, unverheiratet und nicht in einem Büro arbeitend, sollte Karos tragen, in jeder Variation. Künstlerkaros, Freizeitkaros, Lockerheitskaros. Ein karierter Sohn, der Bilder malt im Rechteck und Quadrat. Odette sieht in den Karos sogar Österreich und Frankreich verbunden: Vichy. Mit einem Wort: ihr Hintergrund. Odettes jung aussehende, obwohl entkräftete Beine scheinen durch die Balustrade. Sie kann nicht lange aufrecht stehen, lässt sich Kaffee servieren. Sie wirkt frisch, ist dennoch müde in ihrem Inneren, plaudert französisch mit der Botschaftergattin, auch sie leger in weißem Kostüm und Kaschmirschal. Odette ist froh, denn die Kunst da unten stammt von ihrem Sohn. Also von ihr. Irgendwie.

Odette nippt an ihrer Tasse, wippt mit schlanken, glänzenden Beinen in damenhaften Pumps, wirft einen Blick über das Geländer von Zeit zu Zeit. Wie in einem Cockpit sieht sie alle und kaum einer sieht sie. Erleichtert seufzt sie auf, entdeckt ihren Sohn im Gespräch mit einem Anzugträger, seriös. Der Künstler hat sein vom Vater geborgtes Sakko gleich nach der Begrüßung abgelegt. Der Galerist schleppt Bilder aus dem Lager, Leberkäse, Schinken, auf schwarzem Grund, stellt sie dem Interessenten vor. Er wirbt. Hat gute Manieren. Wer weiß, vielleicht wird bald ein Bild verkauft. Odette wünscht ihm Erfolg, bespricht mit der Freundin das nächste Leseprogramm. Die Damen treffen sich wöchentlich im Club diplomatischer Frauen, um ihre Lektüre zu diskutieren: Musset oder Auster? Musset, der Lieblingsdichter ihrer Mutter, Auster ist vielleicht etwas zu modern. Odette streicht unauffällig über ihre Frisur aus dichten, kastanienbraunen Haaren, nunmehr gefärbt und kunstvoll hochgekämmt zu einem Chignon. Wie immer. Kastanienbraunes Haar in der Farbe ihrer Augen. Schon ihre Mutter war eine Schönheit als Kind. Die ersten Fotografien dienen als Beweis. In Sepia. Jedes ihrer Geschwister hat einen Abzug davon im Salon. Das ist die Tradition.
Erleichtert sieht Odette den Handschlag zwischen Galeristen und Anzugträger. Ein Verkauf?

11

Hanna öffnet den Knoten des Leintuchs, in das sie ihre Kleider geschichtet hat. Sonntagsdirndl, Bluse, zwei Arbeitsschürzen aus dunklem Blaudruck mit winzigen Blüten in Weiß, zwei Paar Wollstrümpfe, die alte marineblaue Winterjacke ihres Vaters, die ihr viel zu groß ist, aber wärmt. Im Winter kann sie die dicke Weste drunter tragen, selbst gestrickt, bevor sie fortging, aus grauer Wolle. Sie streicht mit der Hand über das Relief des komplizierten Zopfmusters, hält inne, als sie Rufe von unten hört. Packt die Habe rasch in die Kleidertruhe, steckt ihr Haar fest, wirft einen letzten Blick auf die Bettstatt. Eine Matratze nur für sie allein im Raum unterm Heuboden. Doch nur so lange, bis die zweite Magd eintrifft, hatte die Bäuerin bei der Ankunft gesagt und Hannas Oberarme geprüft, den Rocksaum gehoben, kräftige Schenkel.

Sehr gut. Die brauchst du für die viele Arbeit hier.

Hannas Magen knurrt, Essen gibt es erst am Abend. Das Vieh kommt immer zuerst.

Sie ist fünf Stunden mit bloßen Füßen über die Hügel marschiert. Die Mutter schickte Hanna fort. An ihrem 13. Geburtstag. Es ist das Jahr 1922.

Jetzt bist du groß genug. Wenn du essen willst, musst du auch arbeiten dafür.

1922, auf dem Höhepunkt der Inflation, kosten zwei Kilo Butter so viel wie zehn Jahre zuvor ein ansehnlicher Bauernhof.

Ein Kalb kostet zwei Millionen, fünf Kilo Korn eineinhalb Millionen, zwei Klafter Holz eine Million, eine Kuh sechs Millionen, sechs Meter Stoff 680 000 Kronen. Schließlich die Reform: 10 000 Kronen wurden für einen Schilling eingewechselt.

Seit sie denken kann, kennt Hanna die Regeln:

Früh auf und spät nieder, iss schnell und geh wieder. Kochen, Küche aufräumen, Boden kehren, die jüngeren Geschwister versorgen,

Eier abnehmen, Heu vom Heuboden hinunter in den Stall schütteln, mit der Heugabel verteilen. Vorher den Kuhmist auf den Haufen schaufeln. Danach darf Hanna morgens ein wenig Milch trinken, mit ein paar Brocken trockenen Brots darin. Am Vormittag Wasser, Most und Jause zu den Arbeitern auf dem Feld bringen.
Die Bäuerin sagt:
Hast Glück, dass du im Herbst kommst. Das Heu ist unterm Dach, das Korn gedroschen. Im Winter ist weniger zu tun, du musst dir dein Brot trotzdem verdienen. Kannst du gut stricken? Nähen? Flicken?
Hanna nickt.
Wo ist dein Kopftuch?
Hanna zieht das frisch gewaschene, karierte Stück Stoff aus ihrer Schürzentasche, bindet es sich übers Haar.
Ab in den Hofgarten. Kartoffeln graben.
Hanna trottet hinaus, wo die anderen Mägde sie erwarten.
Na, wo kommst denn du her?
Sie geben ihr die schmutzigste Arbeit. Fragen sie aus.
Hast Heimweh?
Hanna schüttelt den Kopf, lockert die Erde mit einer Kralle, fährt mit den Fingern hinein, zieht die Knollen heraus.
Montag Knödeltag
Dienstag Strudeltag
Mittwoch Sterz
Donnerstag Schöberl
Freitag Fasten
Samstag Schmalz
Sonntag Fleisch.
Das ist das Einzige, worauf sich Hanna freut. Nachdem sie genug Kartoffeln gezogen hat, sammelt sie Unkraut: junge Brennnessel, jungen Giersch, etwas Löwenzahn, nicht zu viel, die Pflanze ist bitter, Sauerampfer, Bärlauch, Vogelmiere, Wegerich. In der Küche schneidet sie die Pflanzen klein, brät Zwiebeln und Knoblauch an,

Kartoffelwürfel dazu, kocht sie weich, versenkt den Stampfer in den Topf, zerkleinert die Kartoffeln zu Brei, mischt das Unkraut dazu. Suppe fertig.
Zum Abendessen muss das genügen. Kein Rahm, kein Brot.

12

Hanna, meine Großmutter, Mutter meines Vaters, kennt den Hunger, seit sie lebt. Erst nachdem das Vieh, die schwarzen Käfer, die weißen Würmer, die Kinder, die Männer gegessen haben, kommt sie dran.
Sie ist 1909, fünf Jahre vor Beginn des Ersten Weltkriegs, geboren. Im selben Jahr fordert Emmeline Pankhurst in London das Stimmrecht für Frauen. Marinetti ruft das Manifest des Futurismus aus. Gertrude Stein veröffentlicht *Drei Leben*. Selma Lagerlöf erhält als erste Frau den Nobelpreis für Literatur. Kurz nach Beginn des Zweiten Weltkriegs wird Hanna von ihrem Wanderdasein erlöst. Gemeinsam mit ihrem Mann erwirbt sie einen Bauernhof.
Auch die Mutter meiner Mutter wurde früh von ihrer Familie getrennt. Früher als Hanna, weil es zu Hause noch weniger zu essen gab. Martha wurde als Mädchen von einer kinderlosen Frau adoptiert und geriet in ein besseres Leben danach. In ihrer neuen Familie war sie die Einzige.
Weder Hanna noch Martha haben je von ihrer Zeit bevor sie Großmütter wurden, erzählt. Sie trugen keine anderen Namen als die Bezeichnung ihrer Funktion im Gefüge der Familie. Vornamen stehen ihnen nicht zu, nur Kinder haben Vornamen. Erwachsene heißen Onkel, Tante, Papa, Mama, Oma, Opa.
Nenne niemals einen Erwachsenen bei seinem Vornamen! Das zeugt von wenig Respekt.
Hanna schimpft, verteilt Ohrfeigen, zieht an den Haaren, kommt mit dem Pracker, so nennt sie den aus Weiden gebogenen Teppichklopfer, mit dem sie ungezogenen Enkeln auf den Hintern schlägt. Sie hat immer recht, Haare wachsen an ihrem spitzen Kinn, die

wackeln, wenn sie spricht. Ihre Frisur eine graue Dauerwelle. Als Kind schwöre ich mir, dass ich nie so aussehen will wie sie, obwohl wegen des Kinns Gefahr besteht.

Sonntagvormittags versammeln sich Hannas erwachsene Söhne in der heißen Küche um den Sparherd. Mit seiner Hilfe hat sie Tiere und Kinder ernährt. Morgens, nachdem sie aufgestanden ist, wird mit ausgelesenen Zeitungen, trockenen Zweigen, kleinen Holzsprießeln Feuer gemacht. Ein Emailkübel voller Brennholz steht vorm Feuerloch, das meist noch Glut vom Vortag enthält. Die riesige eiserne Herdplatte bildet eine einzige Kochfläche. Mit einem Haken lassen sich runde, glühende Scheiben herausheben, darunter lodern Flammen. Von oben legt Hanna Scheite nach bei Bedarf. Warmwasser wird im Wasserschiff bereitet, ein tiefes, rechteckiges Becken, das immer gefüllt bleibt. Die Temperatur beim Kochen lässt sich nur übers Verschieben von Töpfen regulieren. Höchste Stufe direkt über dem Feuer, niedrigste Stufe am Rand. Hanna hat ein sauberes Tuch über den Esstisch gebreitet, Mehl darübergestreut. Sie hebt die ölige Kugel Teig aus der Schüssel, beginnt mit beiden Händen daran zu ziehen. Von der Mitte ausgehend zupft sie an den dickeren Rändern, nützt die Schwerkraft, lässt das Teigrund bis hinunter über ihre Ellbogen gleiten, zieht und dreht den Kreis, bis sie ihn nicht mehr halten kann und auf den Tisch breitet. Nun kreist sie um die Platte, zupft vorsichtig; je dünner der Teig wird, desto größer die Gefahr, dass er reißt. Sie zieht und zieht, so lange, bis die Enden des Teigs über den Rand der Tischplatte reichen und die gewebte Struktur des darunterliegenden Tuchs durchscheint. Sie greift nach der weißen Porzellanschüssel und streut mit kräftigen Bewegungen die in Spalten geschnittenen Äpfel drauf, verteilt sie behutsam, muss schnell arbeiten, denn verbindet sich die Feuchtigkeit der Obststücke mit dem Klebrigen des Teigs, wird er reißen. Rasch Zucker, rasch ein paar Rosinen, und dann rollt sie, indem sie das Tuch hochhebt, die Teigfläche von

den Tischseiten her auf, hebt den schweren Strudel in die gefettete Backform, bildet ein U, schiebt sie in die Röhre.
Die Söhne applaudieren. Niemand kocht so gut wie Hanna. Sie packt den gigantischen Kübel voller Speisereste, mischt ihn mit dem stinkenden Trank, der seit dem Morgen auf der Platte köchelt für die Schweine, schleppt ihn nach hinten in den Stall. Danach stellt sie die schwere, eiserne Pfanne auf den Herd, erhitzt Schweineschmalz. Die geklopften, gemehlten, geeierten und bebröselten Fleischstücke gleiten hinein, beginnen zu brutzeln, verbreiten den Geruch von Sonntag.
Gierig schnuppern die Söhne, während ihre Frauen zu Hause mit Schnitzeln warten, die ihnen kalt und hart werden, weil ihre Männer bei der Mutter sind. Die Kinder dürfen keinen Bissen verspeisen, bevor ihre Väter nicht zurückgefunden haben in die Küchen, die sie zusammenbauten für ihre Frauen. Nach einiger Zeit vergeblichen Wartens verlassen die Gattinnen die mühevoll gekochten Sonntagsgerichte, gießen sich Schnaps ein, während ihre Männer die Zeit vergessen und damit ihre Familien, sonntags, in Gegenwart der Mutter. Lassen ihre Frauen im Stich dafür.

13

Hanna hat ihre Söhne fest an sich gebunden. Während ihr Mann als vermisst gemeldet war, musste sie allein zurechtkommen. Ihre sechs Kinder wachsen ohne Vater auf, helfen mit, den Bauernhof zu erhalten. Und weil Hanna so früh schon hart wurde, blieb nie ein gutes Wort für uns.
Na warte, ich komm gleich, ich werd's dir zeigen.
Nur Drohungen teilt sie aus. Ich bin zu groß, zu vorlaut, habe Flausen im Kopf, ich kann nicht stricken, bin nicht bescheiden, will mit vierzehn weiter zur Schule gehen, als sei das nicht genug gewesen, was sie, Hanna, für ihre Kinder geleistet habe. Verdächtig außerdem, dass meine Mutter Bücher liest, Bikini tragend die Gemüsebeete harkt und ihre Kinder zu Nichtsnutzen erzieht.

Ich meide Hanna, gehe ihr aus dem Weg, vertiefe mich in den verbotenen Roman über Schuld und Sühne, den ich hinter einem Holzstoß in der Hütte verstecke. Und täglich frage ich meine Mutter um Erlaubnis, ob ich in einem in Leinen gebundenen, großformatigen Buch blättern darf. Der Bildband erklärt mir die Welt: Höhlenzeichnungen, Alltag der Römer, chinesisches Glas, mittelalterliche Schwerter, indische Slums, schwimmende Restaurants in Thailand. Das Buch gibt mir eine Idee, was ich machen werde in der Zukunft. Dass es von Hanna stammt, habe ich erst viel später erfahren.

Es war ein Versehen. Eine Unaufmerksamkeit, die Hanna eines Tages einem Fremden die Tür öffnen, ihm Saft anbieten lässt. Weil er einen Anzug trägt, muss er wichtig sein. Der Mann beschwatzt die Großmutter, die sich anfangs wehrt.

Aber ich habe zum Lesen gar keine Zeit. Ich brauche das nicht.

Sie haben sicher Kinder. Denken Sie daran, das Buch wäre ein wunderbares Geschenk.

Sie schüttelt den Kopf, murmelt.

Der Bertl, der liest gern.

Und unterschreibt den Vertrag, schenkt dem Bertl, meinem Vater, das Buch, obwohl das Geld dafür fehlt.

Erst als die Mahnung für die erste Rate kommt, begreift sie. Wo sie doch immer aufpasst sonst.

Sie versucht, den Vertrag zu stornieren, sich zu wehren, vergebens. Erträgt das Geschimpfe des Großvaters über ihre Dummheit. Stottert den Betrag ab über zwei Jahre.

Hanna hatte einen Blick in die Welt gekauft, der mir als Kind bewies, dass das Leben weiter reichte, als die Erwachsenen um mich herum zugaben. Die Fotos und Geschichten dieses teuren Buches verschaffen mir einen Raum, in dem ich mich lieber aufhalte als in Hannas Nähe. Die gedruckten Wunder trösten darüber hinweg, dass Hanna die anderen Enkel mir vorzieht, weil ich mich vor Ziegen fürchte, im Kuhstall die Nase rümpfe, ihre Hühner nicht liebe und heimlich Zwetschken vom Baum stehle. Ich mag nicht frisiert werden von ihr, denn sie flicht die Zöpfe straff, sodass die Haut um Stirn und Ohren schmerzend spannt. Wann ich nur kann, laufe ich davon.

Manchmal befiehlt Hanna mir, die Ziegen auf der Weide neben der Eisenbahn umzustielen und abends zurück in den Stall zu holen. Die Tiere gehorchen nicht, springen davon, bringen mich zum Heulen. Sture, längliche Pupillen in den starren, schwarz-weißbraun gestreiften Gesichtern machen sich lustig über mich. Ihre sehnigen Körper tun, was sie wollen, ziehen mich an der Kette mit sich fort. Ich bin Hanna keine Hilfe. Und wozu dient ein Kind, wenn nicht zur Mitarbeit auf dem Hof?

14

Später, als Hannas Kinder Häuser rund um den Bauernhof gebaut haben, als sie verheiratet sind, als Hanna auch tagsüber auf der Bank vorm Haus sitzen darf, geht es allen gut. Die Frauen, Mütter, Tanten, sogar Hanna, dürfen Hosen tragen mit einem Mal. Und müssen nicht mehr zum Friseur. Alle Frauen bestellen nun Kunsthaarperücken aus dem Katalog. Und sonntags trägt Hanna Hut über künstlichen Haaren, sonntags geht sie sorgfältig gekleidet vorbei an unserem Fenster, führt ihre besten Sachen aus, stellt sich an den Straßenrand, wartet auf den Bus und fährt zur Kirche. Nicht nur um zu beten, sondern um zu tratschen, Bekannte zu treffen. Denn Besuche sind ohne nützliche Anliegen nicht möglich. Vor der Kirche aber, bevor die Glocken läuten, bleibt Zeit, um sich zu unterhalten. In der Kirche bleibt Raum, um sich gegenseitig zu beobachten, sich sehen zu lassen, und nach der Kirche gehen die Frauen auf einen Sprung in die Konditorei. Doch nur die Schlampen bleiben dort sitzen auf gepolsterten Bänken, die Respektablen kaufen bloß ein, Schaumrollen, Cremeschnitten, nehmen schnell den Bus nach Hause, um Mittagessen zu kochen, die Söhne zu empfangen in der heißen Küche.

Erst als Hanna älter ist und die Kinder längst erwachsen, betritt sie nach der Heiligen Messe die Gaststube voller Bier trinkender Männer. Sie wird eingeladen zum Schnaps, der sie kichern, rot anlaufen lässt und rascher schnaufen. Ihr Mann kommt sonntags kaum mehr heim: Feuerwehr, Kameradschaftsbund, geselliges Beisammensein. Nie nennt Hanna den Großvater beim Vornamen, wenn sie von ihm spricht. Sie sagt ›Vater‹ und meint damit nicht ihren eigenen, sondern den ihrer Kinder, spricht das Wort als ›Fatta‹ aus. Vor Bekannten ist Großvater ›mein Mann‹ oder öfter ›der Mann‹, wie ein Gegenstand, der zur Einrichtung eines Frauenlebens gehört. Einen Vornamen hat mein Großvater nur für seine Kameraden.

Der Fatta ist ständig unterwegs, wie Hanna bereitwillig erzählt: Er ist leischen, er treibt sich herum, er ist unzuverlässig, ein Kindskopf, ein Kasperl, lässt seine Frau, seine Familie allein. Sie hatte zu lange warten müssen auf ihn, nach dem Krieg. Konnte nicht verzeihen. Hatte zu lange hoffen müssen, dass er noch lebte. Der Einsatz war hoch. Sechs Kinder zu ernähren, während der Mann in einem Lager saß, Pläne zeichnete, fliehen wollte. Das reichte nicht, das machte Hanna hart.

Männer sind überflüssig, sind Ornamente in den Häusern ihrer Frauen, habe ich von meinen Großmüttern gelernt, und wenn man sie braucht, sind sie verschwunden.

15

Mutter zu werden, erscheint mir deshalb riskant. Als Mädchen kommen mir Väter wie unnütze Beigaben vor. Der Schwester meiner Mutter fühle ich mich näher. Ich zähle auf: Am nächsten verwandt bin ich zur Mama, dann zum Bruder, dann zur Tante und danach erst Papa. Eigentlich bin ich mit ihm überhaupt nicht verwandt. Mutter lächelt und schweigt. Ich ordne meine Umgebung, die Gegenstände nach Geschlechtern. Dunkle Buntstifte sind männlich, die frischen Farben weiblich. Gabel und Löffel weiblich,

die Messer männlich. Die Töpfe und Pfannen weiblich, die Bohrer und Schraubenzieher männlich. Keiner widerspricht.
Jeden Sommer, sobald es warm wird, sitzen die Frauen der Familie auf der Bank unter dem Kirschenbaum, die an die schlechte Seite des Hauses grenzt, vergleichen Stärke, Schnelligkeit, Rutschfestigkeit ihrer Stricknadeln. Sie übertrumpfen sich mit immer mehr gestrickten Reihen.
Manchmal lädt Hanna mich in ihr Zimmer ein, ich soll die krausen Fäden eines aufgetrennten Pullovers für sie zu einem Knäuel wickeln, während ihre Stricknadeln klappern in dem stillen Raum. Wollgespräche führe ich mit ihr, bin die Strickliesel, spanne Fäden straff über Plastikstifte, produziere Rosetten, die sie auf bestickte Kissen näht. Nachdem sie die Tiere nicht mehr füttern muss, schlingt sie Fäden um ihre Finger und Nadeln, knäuelt die gewonnene freie Zeit, zeigt mir das Anschlagen, so wird der Beginn einer Strickarbeit genannt. Sie zählt mit lautloser Stimme, nur ihr seufzendes Atemholen zwischen den einzelnen Zahlen ist zu hören. Ich soll ihre Bewegungen nachmachen, sie zeigt mir Doppelstäbchen, feste Maschen, gekreuzte Zöpfe, Sockenfersen. Sie sieht mich an, nicht die Strickarbeit. Ihre Hände wissen von allein. Die Wollkataloge, die jeden Herbst mit der Post eintreffen, betrachte ich mit Fingerspitzen, erfasse jede einzelne Strähne, bewundere die Auswahl an Farben, lamentiere mit Hanna über den viel zu hohen Preis. Zwischen den haarigen Knäueln in ihrem Schrank versteckt Hanna Geldscheine, die sie nur hervorholt, wenn ich gegangen bin. Immer werden die anderen Enkel von ihr beschenkt.

16

Während Hannas Socken wachsen, verliere ich Maschen und trenne das über Stunden mühsam Erreichte Zentimeter für Zentimeter wieder auf, Neuanfang.
Du wirst es schon lernen.

In meinem Zimmer lese ich die Geschichte Ariadnes, die sich in die Nähe des Monsters, bis ins Zentrum des Irrgartens wagt. Mithilfe eines Garnknäuels, dessen Faden sie zurückführt. Sie rettet sich. Aber da ist noch Arachne, die ein Wandbild webt, mit Fäden ein Gemälde malt. Das missfällt den Göttern, weil sie erschaffen will und stolz ist darauf. Zur Strafe wird sie in eine Spinne verwandelt. Das ist das Schlimmste, was einem Mädchen geschehen kann. Ich wehre mich dagegen. Spinnerin, schimpfen mich Bruder und Cousins wegen meiner langen Beine. Erst als ich in Japan unter den meterhohen, schwarzen Stahlbeinen einer Spinne stehe, meinen Kopf in den Nacken lege, um das über allen Fußgängern schwebende Oval des Tierkörpers zu sehen, und erst als ich die Inschrift lese: Maman, bin ich damit einverstanden, eine Spinne zu sein. Und habe eine Verbündete gefunden, Louise Bourgeois, eine Künstlerin, die schaffen kann, obwohl sie Mutter war, obwohl sie fast so alt war wie meine Großmütter, 1911 in Frankreich geboren.

17

Neben ihren Wollknäueln sammelt Großmutter Hanna Kittelschürzen, für Kleider hat sie kein Geld. Sie ist nicht eitel, braucht aber Hüllen für ihren arbeitenden Körper, will nachholen, was sie vermisste zu Anfang ihres Lebens. Täglich wird eine andere ärmellose Schürze über Rock und Rollkragenpullover getragen. Gute Qualität, dankbares Material. Gefällt ihr ein Modell, kauft sie dieses in allen Farben. Mittwochs lässt sie sich von einem der Söhne in die Stadt chauffieren, trifft sich zum Goldhaubensticken mit anderen fleißigen Frauen. Nie hört Hanna zu sticheln auf, immer laufen die Fäden über ihre Finger, zusammen in ihrem Wohnzimmer, ihre spitze Zunge reißt meiner Mutter die Seele auf. Und als die Goldhauben fertig gestickt sind, feiert Hanna mit ihrem Mann die Goldene. Fünfzig Jahre Ehe haben ihren Preis.

Sie verlangt eine offene Pferdekutsche, ein Familienfest in Trachten. Wir müssen im Schritttempo hinter ihr herfahren. Die Autos der Söhne zuckeln, gefüllt mit ungeduldigen Kindern und Frauen.
Auf einem Foto zu dieser Gelegenheit posiere ich als Teil der Familie. Mein Bruder schwungvoll, guten Mutes, mit Trachtenkrawatte und Münzen an den Aufschlägen seiner Jacke. Er wird diesen Nachmittag das erste Mal von seinem Vater eingeladen zu einem Glas Bier und Mutter wird heulen deshalb.
Ist das alles, was ihr wollt, Wein und Bier? Ist das die einzige Freiheit?
Vater, fesch, mit dunklem Vollbart, nur in den Ansätzen grau, mit prüfendem Blick auf die Gleise hinterm Haus. Er kennt die Fahrpläne der Züge auswendig, kann nicht anders, als sie sogar außerhalb des Dienstes zu kontrollieren. Mutter, fast trotzig, sie hat in letzter Minute geschafft, mich zu überzeugen, nicht das von der Freundin geborgte, uralte Dirndl anzuziehen, sondern das von ihr genähte. Sie ist hübscher als ich, passender zu ihrem Garten, in dem wir stehen, zur Trauerweide, zur üppigen Fichte im Hintergrund. Ihre Finger verschränken sich mit denen ihres Mannes. Ich lache, ziehe meinen Mund breit, mein blond gefärbtes Haar fällt in Strähnen über mein linkes Auge, ich trage die Fünfzigerjahre-Sonnenbrille vom Flohmarkt, um zu verhindern, dass das, was ich glaube zu sein, unter der trachtigen Verkleidung verloren geht. Die rosa Schürze meines Dirndls scheint sich mit der blauen um die Hüften meiner Mutter bestens zu verstehen. Zumindest die Stoffe haben sich etwas zu sagen und der Tag ist heiß. Freiwillig würde ich kein Dirndl tragen, wir haben gestritten vorher und wir streiten danach.
Erst als ich Odettes Kleider in einer Lade des Sommerhauses finde, söhne ich mich mit dem Umriss von Dirndlkleidern aus, einer Idee von Weiblichkeit. In Chicago, ohne Bluse, ohne Schürze, ohne Samtschuhe mit Trachtenschnalle, ziehe ich das orange-grüne, das blau-weiße Dirndl an. Das gehört sich nicht! Hanna würde die

Hände über dem Kopf zusammenschlagen, entgeistert. Wie kann man so was tun! Zu diesem Zeitpunkt allerdings geht mich Hanna nichts mehr an. Ich lebe Tausende von Kilometern von ihrem Wirkungskreis entfernt, habe längst mein eigenes Netz, an dem ich unaufhörlich spinne.

18

Obwohl Hanna mehr Glück hat als ihre Schwestern, denn als Einzige bringt sie es zu einem Mann und einem Haus. Die jüngere Schwester wohnt zur Miete in der Nähe, ihr Verlobter bleibt im Krieg und sie ihr Leben lang allein. Der anderen, ältesten Schwester gelingt es zu heiraten, die Gegend zu verlassen, eine Städterin in Bayern mit rollendem R zu werden, einen Sohn zu gebären, bevor auch ihr Mann verschwindet. Der Sohn erfüllt seinen Platz. Und als die Kinder fort sind und der Ehemann tot, bleiben Hanna die Hühner, für die sie nun kocht. Nudeln, Knödeln, Strudeln, Schöberl, Sterz. Sie hört nicht auf, riesige Töpfe zu benutzen, brät sonntags Berge von Schnitzeln, bäckt zu Festtagen mehrere Striezel, verteilt den Überfluss an Söhne und Enkel. Den Rest bekommen die Hühner. Ich besuche sie nicht mehr, kann ihr nichts berichten.
Musst du immer noch studieren, fragt sie, als ich sie zufällig treffe, auf dem Weg zu meinem Cousin.
Ich nicke, sie seufzt. Und es tut mir nicht leid, dass sie mir aus ihrem Leben nichts erzählt. Sobald ich in Wien bin, will ich alles loswerden, was mich mit dieser Herkunft verbindet, alles löschen, um eine andere zu sein.
Nur auf Umwegen tauchen Verbindungen zum Bauernland auf. Als ich in Siebenbürgen eine alte Frau treffe, bin ich fasziniert von Stoffen, Stickereien, lasse mir tagelang von Bräuchen berichten, von Rezepten, vom Ablauf des Jahres, den die Natur bestimmt. Verstehe ihren Enkel nicht, der davon nichts wissen, sondern auswandern will. Dabei bin ich genauso. Mit einem Unterschied: Die alte

Frau möchte über die Vergangenheit sprechen, weil sie wünscht, dass die Vergangenheit weiterbesteht.
Hanna jedoch schweigt, Lippen versiegelt, vorwärts ins Alter, wo die Sorgen weniger sind, die Küchengeräte hilfreicher, die Gesundheit dafür schlechter. Nur die Wetteransage bleibt ihr als Unterhaltung: St. Marienkirchen an der Polsenz, leichter Regen, Achtung Glatteisgefahr, 2 Grad. Meggenhofen, Schneeregen, 1 Grad, Bad Schallerbach, Nachtfrost, minus 1 Grad, Weibern. Und es bleiben ihr der gierige Blick aus dem Fenster im Ausgedinge, die Teilnahme am Leben der andern durch das Schauen, ein Stamperl Klosterfrau Melissengeist und noch eins. Schnaps würde sie nic trinken, sie braucht jedoch die Medizin. Die Hühner sind aufgegessen, der Hühnergarten geschlossen, begrast. Mit ihren früheren Erinnerungen ist Hanna am Ende allein, am Fenster sitzend, dort, wo ich buchstabieren lernte, Worte zusammensetzen, Sätze bilden, schreiben, denken, erzählen, mit den Augen der anderen schauen: Die junge Frau mit weißem Kopftuch schiebt einen Kinderwagen über die Brücke, langsam, macht dann kehrt, geht bis zur alten Eiche, dreht um, trottet zurück über die Brücke.
Was sucht die hier?
Hanna weiß von einer Rumänin, die erst vor ein paar Tagen eingezogen ist, in die schlechtere Seite des großen Bauernhauses.
Die junge Frau hebt das Baby aus dem Wagen, wippt mit ihrem Körper auf und ab, beugt sich über das rostige Geländer der Brücke, schaut in den bräunlichen Fluss.
Hanna nickt ein.
Als ich hochschwanger mit meinem zweiten Kind im Hochsommer auf dem Liegestuhl liege, vorm Sommerhaus, ist Großmutter Hanna gestorben. Und ich scheue das Begräbnis, will das ungeborene Kind nicht den Toten nähern, nicht auf den Friedhof gehen. Doch über meine Gedanken, meine aufgeregten Muskeln, die Botenstoffe, die durch meinen Körper jagen, hat das Baby den Tod längst eingesaugt.

19

Ich halte den Atem an, unsicher, von wem das entsetzliche Brüllen herrührt. Sind das Menschen oder Tiere? Klammere mich an die Hand meiner Mutter. Hoffe, dass wir auf dem Weg über den weiten Hof des Gebäudes bis in die Küche keinem von ihnen begegnen. Martha, meine Großmutter, arbeitet hier. Nachdem sie die Bewohner mit Mittagessen versorgt und die Küche gereinigt hat, darf sie Besucher empfangen. Die weiße Schürze legt sie nie ab. Köchin ist ihr Beruf. Sie verdient Geld. Sie macht das nicht zum Spaß.
Martha flüstert, um keinen der Insassen aus dem Mittagsschlaf zu wecken, aber das klappt nie. Jedes Mal wacht einer auf, stolpert durch die Küchentür, bricht in unser Gespräch, mit einem Grunzen, einem Grinsen. Weil sie schlecht sprechen, weiche ich zurück. Weil die verwischten und verschluckten Laute weit von dem entfernt sind, was ich von anderen erwachsenen Menschen gewohnt bin. Manche Köpfe haben ungewohnte Formen, ihre Augen stehen schief, sie spucken beim Reden, manche sind taub, die Beine von manchen wurden aufgrund von Krankheiten für immer verbogen, sie hinken, manche wackeln ständig mit ihren Armen, ihre Finger geraten durcheinander. Martha ist streng zu ihnen. Manchmal rastet einer aus, wird mit Medikamenten still gestellt. Sie haben jedoch einen Vornamen, sie haben Eltern, die sie wöchentlich besuchen, sie haben ein wenig Geld, das sie hier auf dem Hof mit einfachen Arbeiten verdienen. Ich weiß nicht, woher sie kommen, weiß nur, dass Martha für sie sorgt und dass sie hingegen für die Tiere sorgen und deshalb keine Ausgestoßenen sind. Sie sind nicht nichts wert, trotzdem weniger als wir. Denn sie können nicht fort, haben einmal in der Woche Ausgang, wanken in Gruppen ins Dorf, um einzukaufen, Bier zu trinken, obwohl es ihnen verboten ist wegen der Medikamente. Sie sind der Grund, warum keiner, der hier nicht leben muss, freiwillig unsere Gegend besucht. Niemand will

daran erinnert sein, dass Babys schadhaft sein können, und die Schuld wird bei den Gebärerinnen gesucht, den Eltern, die Schlimmes getan haben müssen, sodass ein verbogenes, verstörtes, missgestaltetes Kind aus ihnen kommt. Inzucht, Alkohol, Gottes Strafe, was anderes kann der Grund nicht sein. Man lässt sie leben wie die Katzen, aber keiner lädt die Behinderten zu sich nach Hause ein.

Nur Martha und ihre erstgeborene Tochter.

Wir nehmen den Wiesenweg, stapfen den Fluss entlang zum Haus, in dem meine Mutter Erika aufwuchs, vaterlos, ein zweites Kind, von Anfang an dazwischen, immer das unauffällige, nicht beachtete, der Zwickel, der niemals die Großartigkeit der Erstgeborenen erreicht und niemals die Süße des Nachgeborenen. Als zweitgeborenes Kind fällt man bloß lästig. Mein Bruder hat sich Aufmerksamkeit mit unangepasstem Verhalten erkämpft, bezahlt mit vielen Schlägen.

20

Martha hatte Glück als Kind. Weil ihre Eltern zu viele Münder zu füttern hatten, wurde sie früh adoptiert. Von nun an musste sie die Liebe und das Essen nicht mehr teilen. Ihre neuen Eltern, ein älteres, kinderloses Paar, gaben ihr alles. Verwöhnten sie, päppelten sie auf. Und Martha blühte. Ihre Wangen wurden rot.

Sie durfte auf Erholung fahren als junge Frau.

Jeden Abend brachte ein junger Mann ihr in diesem Dorf ein Stück Butter, ein Stück Fleisch. Für sie allein. Manchmal Schokolade.

Damit es dir besser geht.

Danke schön.

Aber die Dirndlbluse füllst du schon gut aus.

Danke schön.

Martha wich zurück, doch er nahm ihre Hand.

Morgen werden wir spazieren gehen.

Sie nickte. Er roch gut, nach frischem Brennholz, nach Baumharz, nach Wald. Sein Vater besaß ein Sägewerk.

Eine gute Partie. Schrieb sie auf die Postkarte nach Hause.
Martha ließ sich ein.
Schwanger fuhr sie heim. Heulend. Ohne Mann. Seine Eltern waren dagegen.
Martha bekam ihr erstes Kind als Ledige. Die Adoptiveltern freuten sich über die Enkelin. Verwöhnten beide. Martha genoss, was es zu genießen gab. Erholte sich vom Schmerz. Verliebte sich erneut. Heiratete. Brachte meine Mutter Erika zur Welt. Dann ließ der Krieg sie mit dem nächsten Kleinkind allein. Zuerst ledige Mutter, dann Witwe. Sie will nicht glauben, dass es ihr bestimmt ist, ohne Mann zu sein.

21

Als Mädchen sitze ich auf ihrem Schürzenschoß, lasse mir Süßigkeiten schmecken, die sie mir schenkt. Ich schlecke, ich kaue, ich nasche in ihrer Gegenwart, lasse mich in ihre Welt verführen und bin bereit, dafür etwas zu tun. Bringe ihr Blumen, sitze über Stunden in ihrem Wohnzimmer, auf der Lauer, ob sie ihren Schrank öffnen, Schokolade herauskramen, salzige Nüsse, gekaufte Kekse, und mir anbieten wird. Und gezuckerte Limonade und dick bestrichene Marmeladenbrote zu essen geben wird. Martha trägt goldene Ringe, lackiert sich die Nägel in meiner Gegenwart, führt mich in die Geheimnisse des Sich-Zurechtmachens ein. Auch das ist in dem anderen Haus nicht erlaubt. Martha muss sich nicht mehr bewegen, nicht mehr draußen sein, seit sie nicht mehr arbeitet. Die Kühe hat sie aufgegeben, der Mann, den sie zuletzt heiratete, ist dauernd unterwegs. Um der Langeweile zu entgehen, unternimmt sie Butterfahrten. Mit ihr reise ich aus dem Revier meiner anderen Großmutter. Martha zeigt mir die Einkaufswelt. Das erste Kaufhaus, die erste Rolltreppe meines Lebens. Wurstsemmeln im Park, Lebkuchen aus der Konditorei des Kaisers. Der weichwarme Geruch der Sommerluft, wenn wir frühmorgens zur Bahnstation aufbrechen, eine Verheißung von Abenteuer und Konsum. Ich bin die Enkelin, die sie allen anderen vorzieht, will ich glauben. Ich bin die, die sie wirklich liebt, will sie glauben. Alle anderen wollen ihr nur ans Geld, wollen ihren Tod.

Die warten bloß darauf, dass ich sterbe. Wiederholt sie.

Oma, du stirbst nicht.

Die wollen nur mein Haus. Die haben alles geplant.

Ich schweige, nehme ihre Hand.

Martha lebt im Hirngespinst. Sie webt sich Geschichten und glaubt daran. Erzählt dem Bäcker, dem Kaufmann von ihrem Verdacht.

Eine Schande, dass ich das erleben muss. Als hätte ich nicht bereits genug gelitten.

Was denn? Was ist denn los?

Der Kaufmann breitet Zeitungspapier aus, packt die Ölflasche gut ein, damit sie beim Nachhauseradeln nicht zerbricht.

Meine älteste Tochter schläft mit meinem Mann. Ist eh schon der dritte.

Martha schluchzt auf.

Um Gottes willen!

Der Kaufmann hält inne und seine Augen gesenkt, damit sie weiterspricht.

Ja, seit Jahren geht das schon so. Hinter meinem Rücken.

Martha zerrt ein Taschentuch vor ihr Gesicht, tupft sich die Tränen.

Ich hab wirklich kein Glück mit den Männern.

Der Kaufmann nickt. Martha bezahlt.

Er begrüßt die nächste Kundin. Senkt dann seine Stimme.

Haben Sie schon gehört?

22

Ich marschiere mit Martha über fein geharkte Wege im kaiserlichen Garten, ein Ausflug nach Bad Ischl. Wir lauschen dem Kurkonzert auf verzierten, weiß gestrichenen Stühlen, die Musik ist ihr egal, Hauptsache es trieft, Hauptsache, sie ist gerührt, Hauptsache, ihr Herz wird angegriffen, und Hauptsache, sie erfährt Trost

durch die Geigen, weil die Männer, die sie bekommt, nie die besseren sind.
Ich habe kein Glück in der Liebe, klagt sie.
Ich habe keine Ahnung, was Martha damit meint. Ich kenne nur den glatzköpfigen Mann mit den vielen wie aus Wachs gerollten Stirnfalten, den ich Opa nenne, der eine dunkelblaue Kappe trägt und einen Holzstab mit roter Fahne. Er lächelt, wenn wir ihn an der Bahnstation besuchen, wo er mit einer schweren Kurbel die Bahnschranken öffnet und schließt. Das große Zahnrad ächzt, Geruch von Schmiere, von öligem Holz, von Kohlen im Winter. Dass Frauen zweimal, dreimal heiraten können, habe ich noch nie gehört.
Er schenkt mir kleine, mit Zahlen und Buchstaben bedruckte Rechtecke aus Pappe, händisch gestanzte Fahrkarten. Er schenkt mir eine Münze, die ich in den ersten Automaten meines Lebens stecke, und eine Handvoll Schokoladekugeln springt dafür heraus. In dieser Station habe ich das erste Mal telefoniert. Den schweren, schwarzen Hörer aus Bakelit unbeholfen an meinen Kopf gehalten. Die Stimme des Vaters dringt an mein Ohr. Ich glaube es nicht. Diese verhallten Worte sollen von ihm gesprochen sein?
Ich zweifle auch daran, dass der erste Nachrichtensprecher, den ich auf dem Fernsehschirm meiner Tante sehe, tatsächlich von den Blättern abliest, die er in seinen Händen hält.
Der tut doch nur so.
Und meine, nicht richtig zu hören, als er das Wort ›Nazi‹ ausspricht. Schimpfwörter im Fernsehen? Ist das erlaubt?
Ich schäme mich, als im Religionsunterricht der Pfarrer das Wort ›Sakrament‹ ausspricht.
Warum schimpft der Pfarrer? Warum schimpft der Mann im Fernsehen?
Ich kenne diese Wörter von Großvater, der sie hervorstößt, wenn er sich über jemand, über eine Sache ärgert.
Lass dich bloß nicht mit Männern ein, rät mir Martha.
Männer sind das Verderben der Frauen. Männer sind gemein.

Ich verspreche ihr, mir das zu merken.
Als Mittel gegen das Gift der Männer kauft Martha sich Träume. In den Illustrierten auf ihrem Sofa kann ich mich überzeugen, wie das schöne Leben geht. *Bild der Frau. Herz und Krone. Hörzu.*

23

Martha versorgt mich mit Geschichten über Königinnen und Prinzessinnen, zeigt mir deren Bilder in den Magazinen. Ich beginne mich mit Prinzessin Caroline zu identifizieren. Sogar meine Mutter hilft mir dabei, weil sie dann wie Fürstin Patricia sein kann. Ein Star, eine Schönheit der Fünfzigerjahre, etwas, das sie gewesen wäre, hätte sie nicht mich. Und noch als ich meinen Sohn gebäre, wird mir erzählt, dass Prinzessin Caroline nur ein paar Kilometer von meiner Klinik entfernt ein Kind zur Welt bringt, zur gleichen Zeit.
Mit Martha bespreche ich die Ehen der Königshäuser.
Prinzessin Anne, die ist unzufrieden mit ihrem Mann.
Schau mal ihr Gesicht, das ist keine glücklich Verheiratete.
Und die Queenmutter, frisch und munter. Aber Türkis steht ihr gar nicht.
Ich will auch ein Pferd wie Anne. Oder zumindest einen Hut wie Beatrix.
Aber rosa? Warum trägt sie Rosa?
Aus Marthas Radio klingen Heintje, Peter Alexander und Roy Black. Aus den schlappen, bunten Seiten der Fernsehzeitschrift weiß ich alles über ihre Leben.
Die würden niemals so schlecht über ihre Mutter reden wie meine Kinder. Trichtert Martha mir ein.
Der Heintje, der liebt seine Mama, wie sich das gehört.
Ich nicke. Ich bin in sein breites Gesicht verliebt. Seine Stimme ist die schönste der Welt, weil alle Tanten ihn mögen. Ich beschließe, Sängerin zu werden. Übe Lieder hinter verschlossener Zimmertür, schlage den Takt mit einer leeren Flasche Schaumbad.

Martha fühlt sich von ihren Nachkommen verfolgt. Dann, je rascher die Jahre vergehen, helfen die Illustrierten nicht mehr: Martha verlegt sich aufs Beten. Sie ist gepeinigt. Die Kinder. Die Männer. Erträgt nichts mehr. Sie muss pilgern.

24

Die Madonna wird wichtiger als Jesus, weil nur die Gottesmutter die Sorgen der Frauen versteht. Martha wagt sich bis nach Polen, dort ist Marienland, fährt mit einem klapprigen Aufzug hundert Meter hinunter ins Bergwerk. Als sich das Gefährt ruckartig in Bewegung setzt, beginnen die Frauen bange zu murmeln. Unten angekommen, sind die Gehwege zu schmal, um sich an Händen zu fassen. Sie tappen hintereinander her, aufgeregt schnatternd zu Anfang, ihre Stimmen hallen in den riesigen salzverkrusteten Gewölben und werden dumpf in Tunneln, die sie geduckt passieren. Nach einer Stunde geht sogar den Hartnäckigsten der Atem zum Reden aus.
Ist es noch weit bis zur Kapelle? Will eine zittrige Stimme wissen.
Eine Stunde etwa.
Martha bekommt Angst. Ihre Beine sind schon jetzt zu schwach. Wie soll sie durchhalten? Wird sie hier je wieder herausfinden?
Ihr Atem verheddert sich, ihre Knie wie Pudding, der Kopf schwindelt ihr. Sie treten in einen Raum voller Lichter, glitzernde Wände, angestrahlt in Grün und Rot, ein unterirdischer See, wie aus einem Märchen, ein Ruderboot, geschmückt mit künstlichen Rosen und einem Marienbild.
Den Toten zu Ehren, erklärt die Führerin.
Viele Männer ließen ihr Leben im Dienst um das Salz. Manche krochen in die Stollen, um Methangas abzufackeln, hochexplosiv. Jeder siebte starb.
Martha blickt erschrocken einer Frau in die Augen, die neben ihr gegen das Holzgeländer lehnt.
Ich kann nicht mehr. Flüstert Martha.

Die Frau lächelt freundlich, zuckt die Achseln.
Nix Deutsch.
Martha drängt sich vor, bettelt die Führerin an:
Ich muss mich ausruhen, mein Herz, meine Knie, ich falle gleich in Ohnmacht.
Sie können hier nicht alleine bleiben. Die nächste Gruppe kommt erst in zwei Stunden durch. Inzwischen gehen die Lichter aus. Wir müssen Strom sparen. Wollen Sie im Dunkeln hier sitzen?
Martha presst die Lippen zusammen.
Die Gottesmutter ist bei uns. Schickt Kraft. Kommen Sie, gehen Sie direkt hinter mir. Bietet ihr die Führerin an und setzt fort:
Innerhalb von neunhundert Jahren wurde so viel Salz aus dieser Mine gefördert, dass man ...
Martha hört nicht zu. Ihre Ohren brausen. Sie fingert in ihrer Handtasche, wickelt ein gefülltes Bonbon aus dem knisternden Papier, beißt hinein. Klebrig-süße Masse verbreitet sich auf ihrer Zunge, Zucker saust ihr ins Blut. Schon besser.
Sie konzentriert sich darauf.
Siebzehn zerknüllte und vorsorglich auf den Boden geworfene Bonbonhüllen später haben die Pilgerinnen ihr Ziel erreicht. In der unterirdischen Kapelle erhellen fünf enorme Kronleuchter in Kreuzform angebracht den Raum. Der Boden blinkt, alles aus Salz, an den Wänden Reliefs von Heiligengestalten. Alles glänzt. Die polnischen Frauen beginnen zu singen, fallen auf die Knie, murmeln Gebete, entzünden Kerzen. Die Frau neben Martha streckt ihre Zunge heraus und leckt dem Gottessohn die Zehen. Viele drängen nach. Beklommen blickt Martha nach oben, sorgt sich. Die Seitenwände sind mit Holz verstärkt. Ob sie halten?
Sie lässt sich bis vor den mit Glühlampen geschmückten Altar treiben, die polnischen Gebetsworte werden heftiger, überschlagen sich, als die Frauen die Statue der Madonna sehen, geschnitzt aus Salz.

Sie darf nicht zu warm werden, weil ihr Gesicht sonst schmilzt. Wir bewahren sie vor Tränen.
Flüstert die Führerin, tritt zur Seite und in eine dunkle Öffnung hinein. Bald mischt sich der Geruch nach Weihrauch mit Tabak. Rauchpause.
Und das Gas? Denkt Martha panisch.
Sie beginnt zu beten, all die Anrufungen, die Fürbitten, die Buß- und Dankgebete, die Beschwörungen und Ablassformeln aufzusagen, die sie jemals lernte, und als ihr die Worte ausgehen, denkt sie sich selbst welche aus. Sie will nicht bestraft werden, will weiterleben, will in ihrem Haus bleiben, von Sünden befreit.
Maria, Mutter Gottes, gebenedeit ist die Frucht deines Leibes.
Die Glocke läutet zum Aufbruch. Die Frauen stolpern zum Eingang des Lifts, der sie nach oben bringen wird. Erleichtert drängt sich Martha hinein. Nur nicht mehr gehen müssen, die Tür schließt sich und zuckelnd bewegt sich der Aufzug nach oben, Richtung Licht, Luft. Sie stehen dicht gedrängt, lauschen furchtsam den Geräuschen außerhalb ihrer Kabine. Martha schwört, nie mehr schlecht über andere zu reden, wenn sie hier herauskommt. Aber schwören ist umsonst.
Der Aufzug kommt zum Stehen. Martha starrt auf den Riss in der Salzwand, bevor noch die anderen aufgeregt zu schnattern beginnen, geht das Licht aus. Alles dunkel, sie stecken mitten im Fels. Schrilles Schreien, beruhigendes Flüstern, dann erneut Gesang. Martha muss dringend aufs Klo. Dann schwarz.
Als sie erwacht, liegt sie im Freien flach auf Beton, ihr Kopf auf eine Strickjacke gebettet, die Führerin und ein paar Frauen aus dem Dorf besorgt über ihr.
Du bist ohnmächtig geworden. Wir dachten, du würdest es nicht überstehen.
Martha lächelt.
Danke, Madonna. Sie faltet die Hände.

Die Busfahrt über lächelt sie. Sie ist wiedergeboren. Nun fängt alles von Neuem an. Und wird gut.
Sie stellt die in Polen gekaufte Statue zu Hause an ihrer Eingangstür auf. Zum Schutz.
Für einige Zeit ist sie beruhigt. Packt die Perlnüsse aus, wenn ich komme. Schenkt mir ein Marienbild mit echtem Schleier. Blase ich darauf, hebt sich der leichte, durchsichtig schwarze Stoff, schwebt kurz und legt sich erneut über den Körper der heiligen Frau. Martha ist die Göttin des Genusses und der Illusion.

25

Ein paar Monate später setzt ihre Rastlosigkeit erneut ein. Sie ruft nun jeden Tag an, erzählt ihrer Tochter Erika, was sie kochen wird, was sie essen wird, was im Fernsehen geschieht und wann sie schlafen geht. Ihr Mann wohnt indessen in anderen Häusern, wo er arbeitet, wo er renoviert, unablässig unterwegs auf seinem Fahrrad. Opas Nachfolger an der Bahnstation schließt eines Morgens die Schranke zu spät. Wir sitzen bereits im Zug, hohe grüne Waggons mit Holzbänken, in denen wir zur Schule fahren. Durcheinander mit Lederranzen, Streit um Sitzgelegenheiten, als die Lokomotive mit einem Ruck zum Stehen kommt. Wir fallen übereinander, kreischend, warten angespannt, was ist passiert? Als das überraschte Gezeter verebbt, tritt Stille ein. Danach können, danach müssen wir sie hören: Schmerzensschreie. Schrille Töne. Unerträgliches Klagen zerreißt die Luft, die wir anhalten. Wir wollen die grässlichen Laute nicht wahrhaben, fangen an zu reden, uns Mut zu machen. Wir schwärmen von gut aussehenden, älteren Schülern, in die wir verknallt sind, schnattern und kichern. Nichts, nichts wollen wir wahrnehmen von dem, was über die Ohren ins Gehirn dringt.
Trotzdem wissen wir: Die besseren Kinder werden mit dem Auto zur Schule gebracht, müssen nicht die Bahn nehmen wie wir. Gefangen zwischen den Bahnschranken auf den Schienen wurde

das Auto von der Lok erfasst, zusammengedrückt, geht in Flammen auf, die Kinder verbrennen. Keiner überlebt. Die Feuerwehr zieht das Wrack von den Schienen, wir fahren weiter, zur Schule, als wäre nichts geschehen. Kichern aufgeregt. Keiner der Erwachsenen fragt nach.

Martha muss nun immer weiterpilgern, um sich von Schuld zu befreien. Je mehr sie betet, desto größer werden ihre Sünden. Tagelang sitzt sie in Autobussen hinter dem Fahrer, dafür bezahlt sie gerne mehr, steigt nur mittags und abends aus, um zu essen und ihr Zimmer zu betreten neben der Autobahn. Toilette im Bus und Volksmusik, die Witze des Fahrers über Mikrophon, während Landschaften, Städte, Wegmarkierungen vorbeiziehen. Meist schließt sie die Vorhänge, den Fensterplatz hat sie Monate vorher reserviert. Fotos schießt sie nur von ihren Reisegefährtinnen, wenn sie in den Pausen am Straßenrand stehen.

26

Eines Morgens erreichen sie Fatima, eine Stadt am Ende des Kontinents. Als der Bus die zwanzig Meter hohe Kerze am Ortseingang umrundet, falten die Frauen die Hände, beginnen zu beten. Der Fahrer legt eine Kassette mit Marienliedern ein, reiht den Autobus auf dem Parkplatz in die Unmengen anderer Gefährte, die Pilger aus ganz Europa hierhertransportieren.

An der Betonrampe des riesigen Platzes vor dem Heiligtum fallen die Frauen auf die Knie, nicht Martha, sie hat ein ärztliches Attest, ihr linkes Knie ist steif, sie kann nicht rutschen, ist gekommen, um Heilung zu erbeten und Erlösung von den Sünden. Sie kommen kaum vorwärts auf dem leicht abfallenden Weg, es sind zu viele und viele sind schlechter zu Fuß als Martha, werden auf Bahren geschoben, hängen an Krücken, rollen auf Gefährten aller Art. Die feuchte Luft nahe am Meer ist von Murmeln erfüllt, aus der Ferne dringen Fetzen von Predigten in allen Sprachen der Welt an Marthas Ohr. Sie schwitzt unter den Achseln, die

Nylonstrumpfhose klebt an ihrer Haut, die Hühneraugenpflaster schmerzen, sie bindet sich das Tuch über ihr Haar, als Schutz vor der Sonne, die hier brennt. Sie blickt um sich, die Frauen vom Dorf findet sie nicht mehr, untergegangen in der Menge. Sie versucht die Gottesmutter zu kontaktieren, sich auf die Erscheinung zu konzentrieren, deren Geschichte sie so oft gelesen hat, dass sie sie auswendig kennt. Die Geheimnisse Marias, die sie drei kleinen Hirtenkindern verriet.
Die Welt hat mich beleidigt. Sie hat sich abgewandt von mir, spricht Maria.
Ihr müsst mir helfen, die Gefahr im Osten abzuwehren. Ihr seid das auserwählte Volk. Nur die Kraft eurer Gebete kann die Welt noch retten.
Geht und erzählt.
Es geschah in einer Höhle.
Martha fragt sich, warum die Jungfrau gerne in Höhlen erscheint: Wieliczka, Lourdes, Fatima. Im Inneren der Erde. Weil die Mütter immer Höhlen sind?
Martha weiß, dass eines der drei Hirtenkinder als Nonne in einem Kloster in der Nähe lebt. Nonne müsste man sein. Tag und Nacht bei Gott. Vielleicht sollte sie Nonne werden. Aber die Schaumrollen würden ihr fehlen und die Cremeschnitten. Martha spürt, dass sie hungrig ist, sie haben nicht gefrühstückt. Fasten für die Madonna. Stunde für Stunde rückt sie ein paar Meter vor, schwindelt sich schließlich durch die Reihen der Invaliden, die schlechter zu Fuß sind als sie, und erhält ihren Segen.
Erfrischt tritt sie in den Laden hinter der Kirche, kauft Heiligenbildchen, Marienanhänger, Magneten mit den drei kleinen Hirten für die Daheimgebliebenen und für sich ein Knie aus Wachs, ein großes Herz. Überlegt kurz, welches Organ für ihre Zuckerkrankheit infrage kommt, greift schließlich nach einer wächsernen Zunge. Schleppt die Körperteile zum Eisengestell mit den schwarzen Spießen, steckt die geformten Wünsche drauf, entzündet ihren

Docht und betet den Rosenkranz. Schleppt sich zurück zum Bus, auf das Schäkern des Fahrers steigt sie nicht ein, Schluss damit ab nun, legt sich das Tuch über die Augen, schläft ein und erwacht erst, als sie bereits fahren.

Und während ich schwanger mit meiner Tochter Lila durch Portugal wandere, werden die Wege Marthas kürzer.

Nachdem sie ins Altenheim gezogen ist, muss sie nicht mehr pilgern. Jeden Tag zweimal in die Kirche ist genug. Kirche, Essen, Kirche, Bett. Sie will niemanden mehr sehen. Widmet sich vollständig ihrem Antrag aufs Paradies. Sie will da hinein. Und nicht noch einmal in die kühle, salzige Hölle.

Mit meinem Kindsbauch trete ich vor eine Säule, die Pilger seit Hunderten von Jahren berührten. Die Abdrücke ihrer Hände gruben sich tief in den Stein. Ich lege meine rechte Hand in die Vertiefung, versuche mich zu sammeln, genau zu wissen, was ich will. Wünsche mir Arbeit und Kind. Meine, ich könnte auf die Zustimmung des Vaters meiner Tochter vertrauen, der hinter mir steht. Und hinter mir in Richtung des Altars geht, die Stufen hochsteigt. Eine kleine Treppe führt zum geschnitzten Körper des Heiligen Jakob, ich küsse seine kalte Holzwange, bitte ihn, mich und mein Leben zu mögen, auch wenn ich keine Gläubige bin. Doch je dicker mein Bauch wird, desto mehr denkt der Tod sich in mich hinein.

27

Erika in der Hocke, den breitkrempigen Schlapphut als Schutz vor der Sonne, die ihr auf die bloßen Schultern knallt, sie drückt eine Eisenkralle auf die oberste Lage getrockneter Erde, die einbricht unter ihrer Kraft, dunklere Brocken, die sie mit den trockenen Schichten vermischt. Sie muss schnell sein, zieht die Kralle Streifen für Streifen über das Beet, Schweiß sammelt sich zwischen ihren in der Hocke zusammengepressten, nackten Schenkeln. Erika trägt nur ein dünnes Baumwollkleid über dem Bikini in Orange. Sie reckt ihren Oberkörper kurz hoch, dehnt sich, steht auf, staubige Gartenerde zwischen ihren nackten Zehen. Die Holzsohlen ihrer Schlappen klatschen gegen die Fersen, als sie zur Regentonne eilt, sie kann nicht langsam gehen, taucht die Gießkanne in das von der Sonne gewärmte Wasser. Ihre Armmuskeln spannen, als sie die schwere Kanne hochhebt, zu den Beeten schleppt und gießt. Beruhigendes Rieseln der Wasserstrahlen gegen die Kohlrabiblätter. Wieder und wieder füllt sie die Kanne, Beet für Beet saugt das Nass gierig auf, Vorrat für das Versprechen eines heißen Tags. In der hintersten Ecke des Gartens wartet der Rhabarber. Die großflächigen Blätter rauschen unter dem Wasserschwall, Geruch von vertrockneten Kartoffelschalen, verrotteten Salatresten, matschig zersetzten Anschnitten von Gurken steigt Erika in die Nase, organische Abfälle, die zu Dünger werden. Ein Zug nähert sich dröhnend auf den Gleisen neben dem Garten. Sie steht mit dem Rücken zu den Waggons, die vorbeidonnern und in der Bremskurve deutlich verlangsamen, Lokalzug, ein paar hundert Meter weiter befindet sich die Station.

Erika nimmt das Bündel Karotten, die sie vor dem Auflockern der Erde aus dem Beet gezogen hat, wäscht sie unter fließendem Wasser neben der Tonne, greift sich die dünnste, beißt hinein. Das Krachen der harten, saftigen Wurzel zwischen den Zähnen erfüllt

ihren Kopf, mischt sich mit süßem Geschmack und lässt sie für einen Moment vergessen. Die Sorge hält kurz still.
Sei froh, dass du noch lebst! Zu Anfang des Zweiten Weltkriegs geboren, hat Erika gelernt, unauffällig zu sein, nicht zu jammern, alles zu ertragen, still ihrer Arbeit nachzugehen. Andere haben es viel schlimmer! Sie lernte, nach Essen zu suchen im Wald, in den Hügeln, in der Erde, Pilze, Beeren, Rüben, essbare Pflanzen. Erikas Wert wurde nach ihrem Beitrag zum Hungerstillen bemessen: Je mehr Pilze, desto nützlicher war sie der Mutter. Doch weil alle ständig hungerten, sammelte sie nie genug. Immer unterwegs, kannte sie die Stellen der Hollerstauden und die genaue Erntezeit, zerdrückte Spitzwegerich auf der Wunde des kleinen Bruders, stillte sein Blut, stieg jeden Sommer zum Himbeerschlag hinauf.

28

Meine saftverfärbten Finger greifen nach einem Zweig, ziehen die duftenden Beeren ab. Erika füllt ihren Kübel dreimal so schnell, kippt ihre Beute in den großen Eimer. Hinter meinen Lidern tanzen die schwer beladenen Zweige des Himbeerstrauchs, Früchte, die pflück mich, pflück mich schreien, mich peinigen, denn ich bin faul, Pechmarie, ich fürchte mich davor, die Böse zu sein, weil auch ich den Baum nicht schütteln will, ich will die Bohnen nicht schneiden, ich will nicht den kleinen Plastikkübel füllen, der vor meinen Bauch gebunden hängt. Ich will nicht gekratzt werden von den Dornen des Himbeerstrauchs, ich will nicht Spinnweben, Staub, Fichtennadeln in meinen Haaren fangen, ich will nicht gegen Wespen kämpfen, gegen Bremsen, gegen das Jucken. Ich will am Fluss liegen und die Steine beobachten, die ihre Formen unter sich wechselnden Strömen verändern. Doch ich soll Erika helfen. Wir müssen alle Sträucher abräumen, niemand sonst kümmert sich darum. Wir gewinnen Marmelade, wir gewinnen Saft. Und brauchen dafür kein Geld. Wir stehen am Hang und blicken hinunter auf die Straße, die Gleise, das Bauernhaus, den Fluss, die

Hügelkette gegenüber, an deren Beginn der Bauernhof mit den Behinderten liegt. Es ist Spätsommer. Erika zieht sammelnd durch die Gegend, nachdem sie alles Gemüse aus ihrem Garten geerntet hat, in riesigen Bottichen zerkleinert, gewürzt, eingelegt hat, es gedämpft, in Plastikbeuteln verschlossen eingefroren hat, nachdem sie die Ribisel gepflückt, in Zucker gekocht, geliert, in Gläser abgefüllt, mit Plastikfolien verschlossen hat. Und längst sind die Hollerbeeren mit feinen Fingerspitzen von den dünnen Ästen abgezogen und eingefroren. Morgen sind die Brombeeren dran, und nach den Brombeeren die Äpfel, die Nüsse, die Zwetschken. Kartoffeln kommen zuletzt, wenn die Nächte kalt werden und die Schule erneut beginnt. Mit den ersten Schultagen bin ich von den Garten- und Pflückpflichten erlöst. Aber im September ist der Fluss zum Baden nicht mehr warm. Erika findet nicht mehr ausreichend Sonne für ihren Liegestuhl im Garten. Im Sommer traut sie sich den Bikini nur in den Pausen anzuziehen, zwischen dem Gießen, dem Ernten, dem Zerschnipseln, dem Einkochen, dem Radfahren, dem Nähen, Aufgabenmachen mit den Kindern, kurze Momente des Eintauchens in Licht.

29

An Sonntagnachmittagen gehen wir spazieren. Im Wald zeigt mir Erika den essbaren Klee, in der Wiese die erfrischenden Blätter des Sauerampfers, sie erklärt, auf welche Weise aus gerösteten Eicheln ein Getränk erzeugt wird, ähnlich wie Kaffee, mit ihr finden wir den verlassenen Mirabellenbaum, klauben wir die kleinen Birnen, die sonst keiner nimmt, die breiten Pilzschirme der Parasols erkennt sie aus weiter Entfernung, nie bricht sie ohne eine Tüte auf, einen Korb, um das Gefundene zu sammeln. Schulfreie Tage verbringen wir als Mundräuberinnen, und ich lerne, wie wir uns von dem, was andere nicht brauchen, ausreichend ernähren. So werden wir niemandem zu viel, fallen keinem zur Last, müssen uns nicht dauernd dafür entschuldigen, dass wir existieren.

Und ich bin ja schuld, so wie auch Erika schuldig ist. Ich bin schuld, dass Erika Mutter geworden ist, und Erika ist schuld, dass ihre Mutter Mutter geworden ist. Das ist die Erbschuld der Frauen. Hätte sie mich nicht, wäre sie frei, zu tun und zu lassen, was sie will. Hat Erika mir erklärt. Nun ist ihr wirkliches Leben zu Ende. Die eleganten Seidenkleider warten vergebens im Schrank. Jetzt trägt sie Schürzen, feste Schuhe und Kopftuch, um sich gegen den Regen zu schützen beim Fahrradfahren. Erika steigt nicht mehr in die Eisenbahn, um zur Arbeit zu gelangen. Sie bleibt stets daheim. In der Küche, im Garten, im Wald. Sie zeigt mir Verstecke im Maisfeld, lehrt mich, über die seichte Stelle im Fluss zu gehen. Ich bin ihr Unglück.

30

Erika wächst ohne ihren leiblichen Vater auf.
Dein Vater ist im Feld.
Erklärt ihr die Mutter, als sie nachfragt.
In welchem Feld?
Im Krieg.
1939, im Jahr von Erikas Geburt, beginnt der Zweite Weltkrieg mit dem deutschen Überfall auf Polen. Österreich ist Teil des Deutschen Reichs. John Steinbeck veröffentlicht die *Früchte des Zorns*. Béla Bartók flieht aus Deutschland. Aus der Dachluke in Erikas Elternhaus hängt nun eine rote Fahne, im Zentrum ein weißer Kreis mit Hakenkreuz. An der Brust von Erikas Vater ist nun ein Parteiabzeichen befestigt, er trägt Uniform, die Hose ist ihm zu lang und zu weit. Seinen rechten Arm stützt er auf die Hüften, zögerlich, zu große Hände ragen aus zu kurzen Jackenärmeln. Der schwarze Schirm einer Uniformkappe wirft Schatten auf seine Miene. Er versucht ein Lächeln. Bald ist er an der Ostfront.
Auf dem ersten Babyfoto blinzelt Erika unter einer hellen Mütze, ihre Mutter im karierten Kleid mit weißem Kragen faltet die Hände über Erikas Bauch. Daneben die große Schwester in kariertem

Kleid mit weißem Kragen, die ihre Hände über eine Puppe faltet. Die Puppe ist das Wertvollste, das sie besitzt. Sie trägt ein kariertes Kleid mit weißem Kragen. Die große Schwester hat gelernt, dass eine Frau ein Kind braucht. Nur so ist sie etwas wert.
Erika wächst ohne Puppe auf. An das Aussehen ihres Vaters erinnert sie sich nicht. Fotos tauchen erst spät auf, siebzig Jahre nach ihrer Geburt. Auf dem von der Front geschickten Bild, die Arme auf seinen Rücken geschlagen, lächelt ihr Vater nicht mehr. Sein Uniformrock ist schlampig gegurtet, steht vorne auf, der Kragen schief. Weil er keine Mütze trägt, kann ich seine Gesichtszüge erkennen. Hohe Backenknochen, schmale Augen, voller Mund, diese Merkmale hat er Erika vererbt. Vereint mit dem runden Gesicht ihrer Mutter wurde sie zur Schönheit als junge Frau. Dann die Fotos vom Heimaturlaub, aufgenommen vor der Trauerweide in der Sonne. Er lacht, mit geschlossenen Augen, sein langes Kinn tritt stärker hervor, er sieht Erika ähnlich. Erkenne ich mich in ihm? Nein. Nur die Backenknochen, die erkenne ich an.

31

Als Kind wünscht sich Erika, beschützt von ihrem Vater zu sein, in einem besseren Leben. Sie befreundet sich mit seiner Abwesenheit. Ihr Lieblingsfoto zeigt mir Erika im Nähzimmer. Nur dort kann sie reden. Dort löst sich das Knäuel in ihrem Inneren ein wenig. Sie zeigt mir ein loses Ende, an dem ich sie aufrollen soll. Nach so vielen Jahren gibt dieses Foto Erika eine Erinnerung an den Menschen, den sie ihr Leben lang vermisst. Einen Vater, der sie am Arm hält und sich zu ihr bekennt. Er trägt hellen Anzug ohne Krawatte, die Jacke hängt ihm über die Schultern, alle sind mager, haben abgenommen im Krieg. Sein Gesicht hager, lang, spitz, ernst. Seine Tochter festlich gekleidet, weiße Strumpfhosen, weißer Kragen, helles Kleid, keine Schürze, dafür Wolljacke, gestreift. Erika blickt aufmerksam in die Linse der Kamera. Da alle anderen

Frauen Kittelschürzen tragen auf diesem Bild, war es ein Arbeitstag. Fronturlaub für den Soldaten.
Drei Jahre war Großmutter Martha mit Erikas Vater verheiratet. Als Zeitpunkt seines Todes wurde später der 15. 8. 1943 festgestellt. Die Schlacht bei Charkow. *Nachteinsatz 14./15. 8. 1943 (22 Flugzeuge) Bahnbekämpfung im Raum Nowy Oskol – Kastornoje – Kursk – Lgow. Treffer in 8 Zwischenbahnhöfen auf abgestellte und fahrende Züge (insgesamt 9). Gleiszerstörungen und Wagenentgleisungen. Abschüsse: keine. Verluste: keine. Tageseinsatz 15. 8. 1943 eingesetzt: 1177 Flugzeuge, davon: 54 Aufklärer, 440 Kampfflugzeuge, 320 Stuka, 66 Schlachtflieger, 84 Pz.Jäger, 213 Jagdfl. In Morgen- und Abendstunden mit Masse auf Bereitstellungen im Raum Isjum eingesetzt. Während des Tages Einsatz vor Kampfraum III. Pz.Korps südl. Merla und im Raum ostw. und südostw. Kotelewka (besonders vor SS-Pz.Gren.Div. Totenkopf Stukaleitverkehr). Schlachtflugzeuge und Pz.Jäger bekämpften feindliche Kolonnen und Panzer im Merla- und Worskla-Abschnitt. Erfolge: 4 Panzer, 1 Pz.Spähwagen, 125 mot. Fahrzeuge, 72 bespannte Fahrzeuge, 23 Geschütze, 3 Tank- und 1 Muniwagen vernichtet. 3 Kraftstoff- und Munilager explodiert. Abschüsse: 23 im Luftkampf, Verluste: über Feindgebiet: 1 Hs 129 Flakvolltreffer, über eigenem Gebiet: 1 Ju 88 und 1 Fw 190 Zusammenstoß in der Luft, 1 Fw 190 durch Feindbeschuß bei Landung in Brand, 1 Bf 109 (Aufkl.) durch Jäger abgeschossen.*
Erika verliert weiter an Wert, als ihr Vater fällt.
Wo ist mein Papa?
Gefallen.
Sie versteht nicht, was das heißt.
Wenn man hingefallen ist, steht man doch einfach wieder auf?
Du bist so dumm!
Erikas Mutter weint aus Zorn.
Der lässt mich allein. So wie der erste schon. Kein Verlass auf die Männer. Kein Verlass.

Wenn die Mutter zu sehr schimpft, versteckt Erika sich im Wäldchen hinter dem Haus, hockt sich hin, wartet darauf, dass sie endlich fällt. Wartet auf den Tod.

Erst nach dem Krieg heiratet Großmutter Martha erneut. Heiratet sich einen Mann ins Haus. Sie hasst seinen Körper, erträgt ihn nur im Dunkeln. Will ihn nackt nicht sehen. Schickt Erika zu ihm, wenn er sich wäscht.

Die Stieftochter muss ihm den Rücken einseifen, zuerst mit dem Lappen schrubben, dann mit der Bürste. Er grunzt genüsslich. Die Spitze seines Schwanzes leuchtet rot.

Mit dem Finger zeigt er Erika die Körperstellen, an denen sie fester bürsten soll. Je stärker sie drückt, desto schneller quillt das weiße Zeug aus seinem Schwanz.

Danach läuft Erika in das Wäldchen hinterm Haus. Hockt sich hin. Versteckt sich, als der Stiefvater in einer Woche erneut nach ihr ruft. Weigert sich. Doch die Mutter drängt sie zurück in die Waschküche, wo der Mann in der Badewanne wartet, zwischen den Eimern. Erika nimmt den Lappen in die Hand.

32

Erika klappt das Fotoalbum zu.

Und wehe, wenn du darüber schreibst! Das verbitte ich mir!

Ein Klopfen an der Tür, Lila, meine Tochter, betritt das Nähzimmer, ein Kätzchen auf dem Arm.

Schau, Mama.

Erika erstarrt: Wo kommt die denn her? Schnell raus damit.

Lila: Schau, wie süß.

Streichelt ihre Schnauze.

Erika: Das ist eine dahergelaufene Katze, die hat hier nichts verloren.

Lila, beschwörender Blick auf mich gerichtet.

Ich: Gehen wir runter, vors Haus. Es ist schön draußen.

Wir treten in den Garten.

Erika folgt uns nicht.
Meine Tochter lässt das kleine weiß-schwarz gestreifte Tier nicht aus den Händen.
Lila: Mama, die will gar nicht mehr weg. Schau, die schleckt meinen Finger. Ich glaub, die hat Hunger. Ich frag die Oma nach Milch.
Erika steht nun in der Küche. Beobachtet uns.
Lila: Oma, die Katze will Milch.
Erika: Das kann schon sein.
Lila: Darf ich Milch haben?
Erika: Aber warum denn, die Katze gehört uns nicht.
Lila: Sie braucht mich, ich kann sie nicht alleine lassen.
Erika: Nein, man darf sie nicht füttern. Sonst bleibt sie da.
Lila: Ja!
Erika: Und verlangt jeden Tag Fressen.
Lila: Ja! Krieg ich die Milch?
Erika: Das kostet nur Geld, so ein Haustier.
Lila: Wir müssen für sie sorgen.
Erika: Die macht nur Dreck.
Meine Tochter, bestürzt, schnappt das Tier, läuft wieder nach draußen: Mama, die Oma ist so gemein.
Zweimal hat Erika uns eine Katze erlaubt. Beide Male siegten die Gleise. Die Tiere konnten nicht widerstehen, sich auf die warmen Holzschwellen zu legen, und wenn der Zug kam, war es zu spät.
Ich streichle dem Kätzchen über die Nase, beruhige Lila, gehe in die Küche, nehme eine Schale, fülle etwas Milch hinein, trage sie weit durch den Garten fast bis an die Straße.
So, lass sie hier trinken, aber sie darf nicht ins Haus.
Beim Mittagessen sitzt meine Tochter nicht still, dreht sich unruhig dauernd nach dem Fenster, hebt die Gardinen hoch, sorgt sich um die Katze. Lilas Regenjacke liegt zusammengeknüllt auf der Terrasse, sie hat ein Bett gebaut für die Katze, damit sie nicht friert.

Erika schüttelt den Kopf.
Wirst sehen, die läuft gleich weg. Katzen brauchen niemanden.
Lila schreit auf.
Als wir später spazieren gehen, erlaubt Erika nicht, dass meine Tochter die Katze hochhebt und mitnimmt. Die Katze folgt uns, und erst am Fluss, wo ich Lila zeige, durch die flache Stelle zu waten, um den Weg abzukürzen, bleibt das Tier zurück.
Die wartet auf uns, ist Lila überzeugt.
Doch Tiere liebt man nicht, weiß Erika. Tiere sind dem Menschen von Nutzen und Punkt. Nur deshalb lässt man sie leben. Nicht wegen der Liebe. Liebe ist ein Befehl, weil man sonst die eigenen Kinder nicht gut aufziehen kann, weil man sonst die eigenen Kinder gar nicht kriegt. Katzen sind höchstens zum Mäusefangen gut.
Wir stapfen durchs hochgewachsene Gras. Erst seit ich eine Tochter habe, traue ich mich, die Wege zu wiederholen, die ich als Mädchen ging. Traue mich, in meinem Elternhaus zu übernachten, traue mich, Cousinen und Tanten zu grüßen. Ich schiebe meine Tochter vor mir her, als Ausweis, der mir den Eintritt erlaubt in ein Gebiet, aus dem ich ausgeschlossen wurde, weil ich nicht sein wollte wie die anderen Frauen der Familie. Nun ist der Abstand zwischen ihnen und mir nicht mehr so groß. Die Natur hat gesiegt. Und ich lasse sie in dem Glauben, denn der Glaube ist bequem, erübrigt das Reden.

33

Der vierkantige Bauernhof steht an einer Kreuzung von mehreren Wegen. Die Spuren ständiger Umbauten haben seine Wände vernarbt. Die alten Bäume, die Schatten und Früchte spendeten, sind abgeholzt, die Grasflächen zubetoniert. Die Flecken in allen Schattierungen von Grau an der Fassade notdürftig verputzt. Das Wetter zeichnete Geschichten von Feuchtigkeit und Verfall an die Wand, riss die Schutzhülle des Hauses auf, legte ziegelrotes Fleisch frei. Um die Reparatur des löchrigen Daches zu finanzieren, wurden mehrere Grundstücke rund ums Haus verkauft, für Fertigbauten, die es nun umzingeln. Viele Fensteröffnungen des Bauernhauses sind vermauert. Wo ich als Kind im Vorbeigehen eine Familie um den Tisch versammelt sah, prallt mein Blick heute gegen Mauerwerk. Die Öffnungen der verbliebenen alten Gitterfenster wurden aufgerissen, nach oben hin verlängert, ersetzt durch Plastikrahmen, die Wunden aus roten Bausteinen behelfsmäßig geflickt. Der Umriss des großen, runden Eingangstors mit Ziegelaufbauten verengt, eine rechteckige Tür hineingezwängt.

Das Guckloch in den Keller existiert noch. Verrostetes Eisengitter hält heute wie damals Neugierige und Einbrecher davon ab, ins Innere des Hauses zu dringen. Die Öffnungen in die Unterwelt waren verschlossen für Kinder. Nur gruseln, die Nase hineinstecken und den Geruch von Moder, Feuchtigkeit, Äpfeln und Kartoffeln erspüren war erlaubt.

Vielleicht war dieses Haus früher gut gelegen, auf seiner Rückseite geschützt durch den Hang, gleich neben einem Fluss. Als ich dort aufwachse, ist die Landschaft bereits von Autostraßen zerschnitten, das Haus eingekreist von Wegen und Eisenbahnschienen, das Leben dort gefährlich, sobald einer sich abwendet von der richtigen Seite und die falsche zu erkunden beginnt.

34

Durch die Mitte des Hauses verläuft eine Grenze, die keiner überschreiten darf. Auf der Seite des Flusses wohnen die Guten: Mutter, Vater, Bruder, Tante, Onkel, Cousins, Cousinen, Großvater, Großmutter. Auf der Seite der Bahngleise wohnen die Schlechten. Wir sollen dorthin nicht gehen. Auf der guten Seite wachsen Obstbäume, Kirschen, Aprikosen, Zwetschken. Unter dem mächtigen Nussbaum verbringe ich die Sommer lesend, nur ein paar Meter vom Misthaufen entfernt.

Auf der schlechten Seite, neben den Bahngleisen, wuchern die giftigen Königskerzen mannshoch, fallen saure, ungenießbare Birnen von drei Bäumen, unter denen sich der Brunnen befindet. Kein fließendes Wasser im Haus. Die Frauen holen sich ihren täglichen Bedarf in bunten Plastikkübeln, stehen an warmen Tagen in blumige Schürzen gekleidet an der Wasserstelle, tratschen. Anstrengend für uns Kinder, den eisernen Schwengel auf und ab zu ziehen, das kühle, erfrischende Nass aus dem Tank an die Oberfläche zu pumpen. Es ist verboten, wir sollen Wasser nicht verschwenden, sollen das Spiel unterbrechen, nach Hause laufen, dort aus einem Glas trinken. Aber der Durst und die Lust an der Bewegung des Brunnens lassen uns nicht zögern. Wir brechen das Verbot.

Die Wohnung meiner Eltern in diesem Haus besteht aus drei Räumen. Im Bad warten stets mehrere Eimer voll Wasser, die wir am einzigen Wasserhahn in dem weitläufigen Haus füllen und hierherschleppen. Dass wir Wasser nicht draußen am Brunnen, sondern drinnen holen können, macht den großen Unterschied zwischen denen und uns. Warmwasser wird auf dem Gasherd in einem Bottich erhitzt. Die große Wäsche in der alten Waschküche erledigt. In riesigen dampfenden Kesseln werden Bettwäsche und Handtücher gekocht, wird mit hölzernen Zangen in dem Gebräu gerührt, körperlich harte Arbeit.

Das Wohnzimmer ist im Winter der einzig warme Raum. Ich sitze auf den von Vater gebastelten Möbeln, schwarz lackiertes Gestänge, auf der Polsterung ein weiß-grauer Wollbezug, mit kleinen Knöllchen, die ich zwischen meinen Fingerkuppen rolle. Ich soll ruhig sein, was mir selten gelingt. Ich soll häkeln, mag jedoch keine Handarbeit. Will lieber nach draußen.
Die Küche ist getrennt durch einen Schilfvorhang. Dahinter stehen die Eltern vor dem Babybett. Vater versucht, Mutter zu küssen, sie wehrt sich. Peinlich. Auf dem Herd zischt der Druckkochtopf. Manchmal darf ich ausnahmsweise im Elternbett einschlafen und werde danach ins Kinderzimmer transportiert. Ich lasse mir Zeit, erkunde den fremden Raum, sauge am Furnier des Nachtkästchens, beiße hinein, nage daran, der Klebstoff schmeckt süßlich. Ich hinterlasse den Abdruck meiner Zähne. Das Klacken des Lichtschalters schreckt mich auf. Wenn ich nicht bald schlafe, muss ich hinübergehen, wohin ich nicht will.

35

Das Kinderzimmer ist durch einen kalten, langen Flur von der Wohnung getrennt. Nachts schreien mein Bruder und ich, können uns nicht beruhigen. Wir sind zu weit von Menschen entfernt, zu nahe an den Tieren. Wenn wir ins Bett müssen, hören wir das Rasseln der Ketten, das Grunzen der Schweine, das Muhen der Kühe aus dem Stall. Daneben der Aufgang zum Dachboden, dessen Treppen sich gleich neben unserer Zimmertür befinden. Wir fürchten uns vor der riesigen schwarzen Leere. Vor dem tobenden Quieken der Schweine, dem blitzenden Messer des Fleischers, der ihnen den Hals aufsticht. Wir haben Angst, dass das Böse aus dem Dachboden heruntersteigt zu uns. Wir haben Angst, dass die Tiere ausreißen und uns in unseren Betten bedrohen. Nacht für Nacht schreien wir, bis Mutter frierend durch den Gang gelaufen kommt. Bei schweren Albträumen verlangen wir nach dem Vater. Nur er kann das verrückt gewordene Nilpferd unter dem Bett besiegen,

nur er kann den mit der Axt entzweigehauenen Teddy aus den Händen der Verbrecher befreien.
Das Haus meiner Kindheit riecht nach Misthaufen, nach Hühnerdreck, riecht nach Heuboden, nach zerquetschten Äpfeln, riecht nach Wasserdampf mit Seife. Es riecht nach Kohlen, nach Feuer, nach feuchtem Holz, nach Schnee. Rund ums Haus riecht es nach Kälte, nach Raureif. Es riecht nach Baby und ausgekochten Windeln, nach Schweiß. Die Speisekammer riecht nach Essig und Most, Speck und Brot. Es riecht nach Schweinefutter bei meiner Großmutter. Bei meinem Vater riecht es nach Leder, Motoröl, Gummi und Blut. Die steinerne Treppe hinauf wetzen wir heimlich die Messer, freuen uns über Funken. Mit großen Steinbrocken brechen wir Marillenkerne auf, genießen den mandelartigen Geschmack des Gifts.

36

Im Haus meiner Kindheit regiert das Vieh, kontrolliert von Großmutter Hanna. Sie überwacht alles, die Onkel, die Enkel, die Tanten, die Tiere, die Besucher, die Postboten, die Gemüsemänner, die Limonadenlieferanten, die Bäcker, die Birnen, die Kirschen, den Salat. Von Großmutter Hanna gehen die Regeln aus, die alle bestimmen, die alle einhalten, denn sonst fliegen sie raus. Und alle brauchen dieses Haus.
Ich darf nicht schreien, darf nicht laut lachen, darf nicht pfeifen.
Ich darf keinen Spaß haben.
Ich muss immer arbeiten. Müßiggang ist nicht erlaubt.
Ich darf mir nicht gefallen. Aus dem Spiegel schaut der Teufel raus.
Ich darf mich nicht an meinem Körper freuen. Das ist Sünde.
Ich darf mich nicht über andere erheben. Deshalb ist zur Schule gehen und studieren schlecht.
Ich muss Schlimmes ertragen können. Ich darf nicht versuchen, etwas zu verändern.
Mädchen sind weniger wert als Buben. Weiblichkeit ist ein Fluch.

Ich muss alles so wie die anderen tun.
Nicht aber wie die Ausgestoßenen und Fremden auf der schlechten Seite des Hauses. Sie heißen Dahergelaufene, Spinnerte, Stinkende, Vechter, Invalide, Rauschige, Jugos. Und wegen des Verbots schleichen wir uns heimlich hin, wollen wissen. Sind keine braven Kinder. Und verlassen wir das Revier des Kindheitshauses, sprechen die Leute schlecht über uns, die ganze Familie, das verfemte Haus. Wir haben Krankheiten, die nur die Armen und die Unsauberen haben, schlechte Haut, mysteriöse Infekte, werden wegen Tuberkuloseverdachts auf Erholung geschickt. Wir baden im chemieverseuchten Fluss und faustgroße stinkende Blasen bilden sich auf unserer Haut. Die Ärztin schüttelt den Kopf. Da ist keine Hoffnung für uns, wir sind der Abschaum. Schwimmen darin.
Der Sohn der ledigen Tante ist mein bester Freund. Er ist fast Ich. Ich bin fast Er. Wir begleiten uns. Erst als wir dreißig sind und er bei einem Verkehrsunfall stirbt, fallen mir die vielen Toten auf, die unser Heranwachsen umrahmen.

37

Die Erwachsenen wollen ihre Kinder schützen durch das Verbot, über die Grenze zu gehen. Aber ein Haus zu teilen, ist unmöglich. Was ich nicht sehen soll, prägt sich ein. Seitdem haben die Toten mich nicht mehr verlassen und sprechen mit mir. Als Odysseus die Unterwelt aufsucht, zählen für ihn nur die Helden. Über die Töchter und Mütter der heroischen Männer weiß er nicht viel. Leerstellen hinter der bloßen Nennung ihrer Namen. Mehr ist nicht bekannt. Die Frauen sind Trägerkörper, Wirtsmenschen, Geburts- und Stillgeräte, die ausleiern, schadhaft sind und entsorgt werden. Ich schlüpfe in Odysseus' Haut, um ihre Geschichten zu entdecken. Sonst kann ich nichts ausrichten gegen das Verschwinden und die Angst davor. Ich fülle blinde Flecken.
Denn der Untergrund gibt nach, öffnet den Blick auf das Schreckliche. Ich werde angezogen davon. Sogar im Keller des Kindergartens,

wo wir spielen sollen. Während die anderen Kinder sich fangen, reiße ich mich los, kauere mich ans Fenster, drücke die Nase ans Glas. Da drunten zerschneiden sie Fleisch. Weiß gekleidete Männer mit blutigen Schürzen schieben ganze Schweinehälften über Tische, hacken sie in Stücke, stapeln sie in Kühltruhen. Es ist verboten zuzusehen, die Kindergärtnerin zieht mich an den feinen Haaren in meinem Nacken hoch, bis ich nachgebe vor Schmerz. Sobald sie fort ist, hocke ich mich erneut ans Fenster. Die Bauern der Umgebung bringen ihr Schlachtgut hierher, lagern das Fleisch unter unseren kleinen Füßen ein. Ich fürchte mich, kann mich aber nicht lösen vom Einblick in die untere Welt.

38

Eines Tages, ich bin vielleicht zehn Jahre alt, finde ich unter verstreuten Spielsachen ein Erwachsenenbuch, dünne Seiten, eng bedruckt. Die Deckblätter sind vollgekritzelt, Strichmännchen mit Kugelschreiber, wütende Girlanden, deren Vertiefungen bis durch die ersten Seiten des Romans gedrückt sind. Ich beginne heimlich zu lesen, obwohl ich wenig verstehen kann. Ein mit der Axt begangener Mord, ein verlorener junger Mann, die wahre Liebe einer jungen Frau, Strafe, Gefängnis, Reue. Bis dahin war mir nicht klar gewesen, dass Geschriebenes über die Erzählung einer Geschichte hinausgehen kann, dass Geschriebenes den Menschen erklärt, sein Befinden in der Welt, seine Zweifel. Tagelang begebe ich mich in dieses Buch. Meine erste Begegnung mit Literatur. Erst als ich es ausgelesen habe, versuche ich, Titel und Namen des Autors unter dem kindlichen Gekritzel zu entziffern: *Schuld und Sühne* von Dostojewski. Sehr, sehr viel später wird mir in Paris in einer Diskothek ein junger Schwarzer mit weiß gebleichten Haaren auffallen und ich werde ihn auf dem Foto zu einem Zeitungsartikel wiedererkennen, der von seinen Morden an Rentnerinnen berichtet, umgebracht, um sein Vergnügen im Pariser Nachtleben zu finanzieren. Ich werde ein Buch darüber schreiben und längst den

ersten Roman meines Lebens vergessen haben, in dem ein junger Mann eine alte Frau mit einer Axt erschlägt.
Als Erwachsene wage ich mich selten zurück ins Gebiet meiner Herkunft. Meine Faszination für verwahrloste Gegenden und Menschen ist jedoch von den Erfahrungen damals bestimmt. Während des Studiums widme ich mich selbstmörderischen und gewalttätigen Schriftstellern, bin von sich ritzenden und Blut spritzenden Künstlern fasziniert, forsche und schreibe über Wahnsinn und meine, ich hätte mich längst aus dem Einflusskreis dieses ersten Hauses entfernt.
Später in Chicago lotse ich meine Tochter Lila an Crackhäusern vorbei, erkläre ihr die farbfrischen Graffiti zu Ehren von erschossenen Gangmitgliedern, weiche mit Kinderwagen torkelnden Junkies aus und verlasse die Wohnung nie nach sieben Uhr abends, um den Schießereien zu entgehen.

GEBURT (ICH)

39

Ich bin nicht richtig. Ich bin lästig. Ich trete gegen die dunkle Wand, die mich umhüllt, sauge Angst ein. Ich höre Weinen. Danach Stille. Kurz das Öffnen einer Tür, eine Stimme, die Tür schließt sich wieder. Ich möchte mich strecken, habe aber keinen Raum. Wo soll ich hin? Etwas zieht mich. Ich halte meine Augen geschlossen. Höre Schreie. Erika schreit. Wieder geht die Tür auf.

Ist es so weit?

Erikas Schreien antwortet.

Hören Sie auf. Hier wird nicht geschrien.

Sie verstummt. Wimmert.

Blasensprung?

Sie wimmert.

Ist ja alles nass. Warum haben Sie nichts gesagt?

Ich muss aufs Klo.

Aufstehen bitteschön.

Ich spüre, dass Erika langsam in einen anderen Raum geht, höre sie Wasser lassen, sie heult.

Tränen sind gut, so rutscht das Baby besser in die Welt.

Brummt die Stimme.

So und jetzt aufs Bett. Los geht's!

Ich will nicht heraus. Nicht aufgeben, was ich hier habe. Aber es ist eng.

Ich spüre die kreisenden Bewegungen von Händen auf Erikas Bauch.

Etwas drückt meinen Kopf nach vorn.

Etwas berührt meinen Kopf.

Nicht schreien. Pressen. Eins zwei eins zwei.

Hände packen meinen Kopf, ziehen daran, Keuchen, es ist kalt, zu kalt, ich möchte wieder hinein. Meine Schultern im Freien.

Pressen, pressen. Eins zwei eins zwei, sehr brav.

Die Stimme lobt.
Ich flutsche. Ich friere, ich schreie. Ich werde hochgehoben, abgewischt. Ich will nicht hier sein. Ich schreie, eisige Flüssigkeit rinnt über meinen Kopf. Ich schnappe nach Luft, etwas Kratziges legt sich um meine Haut, meine Nase stößt auf Weiches, Warmes, da ist Erika, ich öffne meine Lippen, will schreien, Süßes spritzt mir in den Mund, ich sauge mich fest, ich trinke, ich trinke sie aus.
Erika stillt. Ostersamstag. Österreich. Die Legende vom allwissenden Baby besagt, dass das Kind bis zu seiner Geburt alles Wissen der Welt besitzt. Wenn es aus dem Mutterleib kommt, versetzt ihm der Engel des Lebens einen Klaps, sodass es alles vergisst und dann ein Leben lang braucht, um dieses Wissen noch einmal zu gewinnen.

40

Fidel Castro übernimmt 1959 die Macht in Kuba. Der Dalai Lama entkommt nach Indien. Der erste Fotokopierer wird der Öffentlichkeit vorgestellt. Die Programmiersprache COBOL eingeführt. Antisemitische Aufstände in Köln. William S. Burroughs bringt *Naked Lunch* heraus. Die Barbie-Puppe bestärkt ein neues Schönheitsideal für Frauen. Statt Strümpfen werden nun Strumpfhosen getragen.
Nach meiner Geburt komme ich ins Bauernhaus, das unter dem Regiment von Großmutter Hanna steht. Einen Monat vorher hat Hannas ledige Tochter einen Sohn geboren: Stefan. Ein uneheliches Kind. Ein Beweis der Schande wie ich auch, die ich bereits zur Hochzeit meiner Eltern sichtbar war. Ich mache die Heirat der beiden notwendig.
Nahezu gleichaltrig wachsen Stefan und ich gemeinsam auf. Ich mit dem Vorteil eines Vaters, er mit dem zeitlichen Vorsprung, der ihm Nähe zu Großmutter Hanna verschafft. Seinen Vater haben wir nie vermisst. Im Gegenteil, dem Vaterlosen wird mehr erlaubt als mir. Seine Mutter will nicht Nein sagen und die Großmutter

bringt es nicht übers Herz, ihn zu bestrafen. An seiner Freiheit nehme ich bloß teil. Doch das reicht mir. Wir haben einen Vertrag. Ich würde weggehen, er würde bleiben. Während ich als Teenager meine Flucht vorbereite, besuche ich Stefan täglich in seinem Zimmer, um hier Dinge zu benutzen, von denen ich nur träumen kann: Poster, Pop-Hefte und *Bravos*, Fotobände, Stereoanlage, Schallplatten, Kopfhörer, Fotoapparat, Zigaretten, Bücher. Mich in diesem Zimmer aufzuhalten, bedeutet zu erfahren, wie ich sein werde, wenn ich einmal fortgegangen bin.

41

Als Stefans Mutter einen Mann findet, der bereit ist, ins Bauernhaus zu ziehen und den unehelichen Sohn zu übernehmen, ändert sich nichts. Stefan soll Papa zu ihm sagen. Die Mutter seines Stiefvaters trägt schwarzen Rock, schwarze Wollweste, schwarze Schürze, schwarze Strümpfe, schwarze Schuhe, schwarzes Kopftuch. Ich sehe ihr Haar nicht, nur ihr ruhiges, rundes Gesicht. Sie spricht mit Akzent. Wenn Stefan und ich den kleinen Bach entlanglaufen, drücken wir uns an der Keusche seiner neuen Großmutter vorbei, um nicht gesehen zu werden von den Schwarzgekleideten, die aus dem Banat gekommen sind. In Geographie habe ich von diesem Land nie gehört. Mein Blättern im Atlas gibt keinen Aufschluss. Mehr als zwanzig Jahre später, als ich selbst dieses Land bereise, lese ich nach. Mit dem Sieg der Sowjetunion werden die Deutschen in Rumänien Anfang 1944 über Nacht zu verfemten Verrätern. Sie hatten mit den nationalsozialistischen Soldaten kollaboriert, ihren Einmarsch mit Liedern freudig begrüßt. Aufgerieben zwischen Mächten und Kriegen verloren die Einwohner ihre Heimat. Kamen zuerst in Arbeitslager, flüchteten dann. Endlich in einem Land, in dem ihre Sprache ›zu Hause‹ war, werden sie als Überzählige, Fremde wahrgenommen. Ihre Aussprache klingt komisch, sie haben nichts zu suchen ›bei uns‹. Das Wort ›Banater‹ wird abwertend ausgesprochen. Oder ist es Mitleid? Können die

Ansässigen sich vorstellen, vertrieben zu werden, ihr Land aufzugeben, ganz unten wieder zu beginnen? Immer gilt das Misstrauen der Einheimischen den Verpflanzten.

42

Stefans Stiefvater muss mehr als andere leisten, um als Schwiegersohn anerkannt zu sein: Er muss den Bauernhof retten, den Grund, die Tiere, muss den ungebärdigen Sohn erziehen, neue Söhne zeugen und muss Geld verdienen, damit das Haus nicht verfällt. Dafür gehört er jetzt zu den Guten. Die Bewohner jenseits der Grenze, die quer durchs Bauernhaus verläuft, sind die Schlechten. Wenn wir auf diese verbotene Seite schleichen, grüßt Herr Swaton mit tiefer Stimme. Man munkelt, er sei nach dem Krieg aus Wien geflüchtet, und keiner weiß wovor. Er trägt Jägergewand, hat aber kein Gewehr. Seine Kniestrümpfe, seine Bundhosen, seine Jacke, alles in Braungrün. Wenn er davongefahren ist auf seinem schwarzen Waffenrad, spähen wir durchs Fenster in seine Wohnung. Und sehen einen Tisch, ein Bett, einen Stuhl, eine Kochplatte, ein Waschbecken.
Frieda wohnt allein mit ihrem Sohn. Vom Fenster im oberen Stockwerk beobachtet sie uns, wenn wir auf dem Vorplatz toben, Anschlagen spielen, Himmel und Hölle, wenn wir auf den Limonadenmann warten. Ihr Sohn ist dick und spielt nicht mit. Geht in die Sonderschule. Sobald die Mutter von seiner Seite weicht, verspotten wir ihn.
Die ungeheizten Räume der Krexbergers riechen nach ungewaschener Haut, nach Haarschuppen, Achselschweiß, nach verkochter Milch. Die Alte mit dem abgetragenen Schlafrock und den dünnen grauen Haarsträhnen darf uns nicht einladen.
Bei denen stinkt es. Sagen die Mütter.
Wenn die Alte schweigt, lässt sie ihre Unterlippe hängen. Ihr Mann hat lange, gelbliche Fingernägel, trägt stets Hut. Sie sitzen auf einer Bank vor dem Haus, er die Hände auf einen Gehstock gestützt.

Wenn sie fortgehen, sind sie in verschlissene beste Gewänder gekleidet, in ausgefallenen Farben, wie vertrocknete Erbsen oder Maisbrei. Der alte Mann zieht seine Hosen hoch, fast bis unter die Schultern. Sie sind kleinwüchsig, aber nicht klein genug, um echte Zwerge zu sein. Echte Zwerge mögen wir gern, doch mit diesem Paar haben wir nichts zu tun, werden bestraft, wenn die Mütter uns auf den Treppen erwischen, die zu den Zimmern führen. Die kleinen Alten dürfen sich nur mit der Schatzl-Oma unterhalten, nebenan in der Eckwohnung. Edi, Rudi und die anderen Schatzl-Kinder werden von uns getrennt. Ihre Eltern sind lebenslustig, das heißt kriminell. Sie rauchen vor ihren Kindern, sie feiern mit Bier. Edi, Rudi und die anderen dürfen länger aufbleiben als wir, laufen noch nach dem Dunkelwerden draußen herum. Sie spielen Cowboy und Indianer, haben die passenden Sprüche dazu aus dem Fernsehen gelernt.

43

Schlechte Filme, schlechte Angewohnheiten, sagen unsere Mütter. Die Söhne kaufen sich Mopeds, oft bevor sie sechzehn sind, an denen sie herumbasteln, sie auffrisieren, polieren. Ihre Hände sind von Öl verschmiert, ihre Fingernägel nie sauber. Sie streichen sich das ungekämmte Haar zurück, mit schwarzen Fingern, hinterlassen Streifen im Gesicht. Sie sehen verwegen aus, hänseln uns, fordern uns zu Mutproben auf.

Wer traut sich, den nackten Fuß auf den brennheißen glänzenden Auspuff zu stellen? Wer kommt mit an eine verborgene Stelle im Heu? Wer will einen Schluck Bier nehmen am Nachmittag?

Manchmal lassen wir uns reinlegen, manchmal sagen wir Nein. Ich halte meine Augen starr auf die Limonadenflasche gerichtet, aus der mir der junge Franzenhuber einen Schluck verspricht, wenn ich tue, was er mir befiehlt. Ich muss mich bücken und seinen Schwanz in den Mund nehmen, ich muss das schlaffe Fleisch, vor dem mir ekelt, fest in meine Hände nehmen, soll es drücken. Rasch

gebe ich auf. Laufe nach Hause, trinke Saft aus den von Erika gesammelten und gepressten Himbeeren.
Sogar die spinnerten Söhne der Franzenhubers haben Mopeds. Sie können sich das leisten, denn sie haben Arbeit gefunden. Aber das viele Bier macht sie traurig. An manchen Abenden können sie zu Fuß nicht mehr vom Gasthaus zurück in ihre Betten laufen. Legen sich schlafen auf den Schienen. Das dicke, schwere Holz ist nachts warm. Manchmal wachen sie rechtzeitig wieder auf. Bevor der erste Zug kommt.
Und wanken die paar Schritte über den Bahnübergang, retten sich. Oder ein Bekannter findet sie, hilft ihnen auf, bringt sie nach Hause.
Die Eisenbahn ist gefährlich für Katzen, Verrückte und Kinder. Die Gleise verführen, faszinieren. Mein Bruder klettert als Kleinkind mehrmals das graue Geröll hoch, setzt sich auf die Schwellen, legt sein Ohr ans Schienenmetall.

44

Ich werde eines Tages von größeren Kindern in den Spalt zwischen Bahnsteig und Waggon gestoßen, liege eingeklemmt, meine Beine auf den Schienen, kann mich nicht befreien. Bin nicht sichtbar für den Schaffner, der bereits das Signal zur Abfahrt pfeift. Meine Erstkommunion soll sonntags darauf stattfinden, das Spitzenkleid hängt fertig genäht in meinem Zimmer und ich überlege, wie die weiße Strumpfhose mit abgefahrenen Beinen aussehen wird, als meine Cousine Helga mich zufällig bemerkt und den Schaffner alarmiert, der mich herauszieht unter dem Waggon.
Die Spinnerten jedoch schaffen es nach und nach zu sterben. Zuerst der Ältere. Die Rettung parkt auf dem Platz vorm Haus. Diesmal wird streng darauf geachtet, dass wir nichts sehen. Wir müssen uns auf die Berichte von Edi und Rudi verlassen, vor deren Fenster das Unglück geschah, der Zug nicht mehr als acht Meter vom

Wohnzimmer entfernt. Edi und Rudi verbreiten die Geschichte von den abgerissenen, über den Bahndamm verstreuten Fingern.
Einige Zeit später wird der Vorgang wiederholt. Sogar dem Jüngeren der spinnerten Familie gelingt der Plan. Ein Zug fährt ihn tot.
Zuweilen erzählt Vater von Vorfällen auf seiner Arbeit als Lokomotivführer.
Das wirst du nie vergessen, wenn so einer direkt vor dir steht auf den Schienen und du weißt genau, dass es zu spät zum Bremsen ist.
Oder: Heute hat sich wieder einer vor den Zug geworfen. Wir hatten Verspätung, Züge mussten umgeleitet werden.
Warum machen die das?
Die spinnen halt.
Wen es nicht auf den Schienen erwischt, für den bedeutet der Fluss eine Gefahr.
Warum ist die alte Huberbäuerin ins Wasser gegangen?
Weiß ich nicht. Hat's nicht mehr ausgehalten.
Was ausgehalten?
Nichts. Die ist halt komisch geworden im Alter. Da kann man nichts dagegen tun.
Der kleine Cousin, zweijährig, marschiert breitstämmig auf kleinen Beinen rund ums Bauernhaus, der Stolz von Stefans Mutter, ihr erster ehelicher Sohn. Eines Nachmittags ist er verschwunden, gerade noch hat er hinten beim Zwetschkenbaum gespielt.
Ein paar Stunden später kommt Stefan gelaufen. Aufgeregt.
Rat mal, was mit meinem kleinen Bruder los ist.
Habt ihr ihn gefunden?
Es beginnt mit T.
Mit T?
Ja.
Weiß nicht.
T wie tot. Er ist tot. In die Trattnach gefallen und ertrunken.
T wie Trattnach.
T wie tot.

Warum? Frage ich Erika. Wie kann so was passieren?
Er hat halt nicht leben sollen.
Aber er war ein Kind!
Schicksal.
Ein Wort, das Erika gefällt.

45

Und wem das Unglück nicht zustößt, der erfüllt den Plan aus eigenem Antrieb. Wie der Vater der Spinnerten. Trägt auch im Wohnzimmer einen Hut, seine gute Jacke hat er angezogen, ein kariertes Hemd. Um anständig gekleidet zu sein, wenn er geht. Stützt seinen Arm auf den Holztisch, schneidet die Pulsadern auf, sitzt und wartet.
Warum?
Na, schau die doch an. Die sind eben nicht normal.
Und meine Cousine? Warum ist sie in die Garage gegangen, hat Kohlenmonoxid durch einen Schlauch eingeatmet? Warum ist das passiert?
Das ist das Gesetz der Natur. Die Starken überleben. Die zum Leben Unfähigen nicht.
Erklärt Erika. Kurzerhand.
Aber das ist Faschismus. Biologischer Determinismus!
Inzwischen habe ich in der Schule einiges an Fremdwörtern gelernt.
Kannst du nennen, wie du willst. Bleibt sich gleich.
Erika ist ungerührt.
Dann plötzlich ist das Kindheitshaus fast leer. Nach den Vertriebenen und den Gestörten kommen die Gastarbeiter. Stefans Stiefvater fährt täglich in die Stahlfabrik nach Linz. Er lernt Ahmet kennen und bringt ihn ins Haus.
Mein erster Türke.

Mit Yunus, seinem Sohn, sitze ich in einem Autowrack am Straßenrand. Er spricht bereits ohne Fehler Deutsch. Ich liebe sein festes, braunes, kurz geschnittenes Haar auf dem runden Schädel, seine riesigen Augen, seine gewölbten Lippen, seine Stimme. Ich packe das Lenkrad und wir phantasieren eine große Fahrt.
In die Türkei, sagt Yunus.
Genau, sage ich. Ich war nie im Ausland und bin froh über die Fremden. Meist ist Yunus bei meinem Vater in der Garage, wenn ich aus der Schule komme. Vater liebt Yunus, weil der sich für sein Werkzeug interessiert. Vater versteckt sein Gesicht hinter einem Schutz aus Karton und Glas. Funken sprühen aus einem Metallkolben. Die Garage riecht nach flüssigem Eisen. Eisen schmilzt unter der Hand des Vaters. Und er schweißt viel. Er verschweißt die Beine des Stuhls mit der Sitzplatte. Er verschweißt Regalstangen, er verschweißt die Halterung der Hollywoodschaukel, er verschweißt Gartengeräte und Dreiräder, er verschweißt alles, was wir brauchen. Weil er schweißt, braucht er für Möbel kein Geld. Vater verschweißt unser Leben mit all dem Eisen, das er günstig kauft. Er ist tüchtig. Yunus bewundert ihn. Yunus' Mutter schenkt allen Frauen der Nachbarschaft ein Kopftuch. Selbst umhäkelt. An den Rändern des Stoffes ranken sich Girlanden aus feinem, glänzendem Garn in mehrfach gekreuzten Durchgängen. Meine Tanten sind begeistert. Sie lieben Ahmets Mutter. Nur Yunus' Schwester Hatice tut uns leid. Wegen der strengen Erziehung beginnen wir zu flüstern. Hatice darf nicht mehr mit Kindern spielen, seit sie zwölf ist. Für sie gelten andere Regeln.
Sie muss lange Röcke anziehen.
Sie muss im Haus bleiben und kochen lernen.
Sie muss neben ihrer Mutter auf der Bank sitzen und häkeln.
Sie muss ihr Haar verdecken und ein schönes, mit Blütenornamenten umhäkeltes Tuch auf dem Kopf tragen.

Hatice ist klein und dünn. Sie sieht jünger aus. Ihr mädchenhafter Körper verschwindet hinter den dunklen Stoffen auf Nimmerwiedersehen.
Dann geht sie in die Fabrik. Alle sind froh, dass sie Arbeit hat, als ihr Vater seinen Job verliert. Hatice ernährt alle. Die Familie befürchtet, dass sie zurück muss in die Türkei. Yunus und ich gehen noch zur Schule. Ich bin fünfzehn, er ist acht, und als Junge darf er zum Spielen hinaus. Ich auch. Obwohl ich weiblich bin.

47

›Am nächsten Morgen stürze ich nach dem Erwachen zum Spiegel: Wenn ich über Nacht einen Ausschlag bekommen hätte? Aber nein, die Sorge erweist sich als überflüssig. Beruhigt schreite ich an meine Toilette. Erst sechs Uhr! Ich habe alle Muße, um an mir herumzuarbeiten. Die Trockenheit der Luft bekommt meinen Haaren gut: Sie gehorchen jedem Bürstenstrich und legen sich, wie ich will. Der Spiegel zeigt mir ein schmales, zu bleiches, zu spitzes Gesicht. Aber Mund und Augen sind nicht übel, das müssen Sie mir glauben! Das Kleid raschelt leise.‹
Um mich zu retten, greife ich nach *Claudine*, dem dicken Buch mit rotem Lederrücken vom Regal, und tausche mich ein gegen diese Figur. Natürlich sind Erwachsenenbücher verboten. Sie heimlich zu lesen, erhöht ihren Wert. Wenn ich Claudine bin, vergesse ich die Welt der Eisenbahnen und der Toten. Ich bin versessen auf Kleider, habe langes, schwarzes Haar, ich bin neugierig, unabhängig, weil ohne Mutter. Der Vater, bloß auf seine Forschungen konzentriert, überwacht mich kaum, lässt mich im Wald herumstreifen. Ich verliebe mich in die appetitliche Lehrerin Mademoiselle Aimée. Ich bin auch Dolly. Jeden Herbst begebe ich mich ins Internat, das in einem alten englischen Schloss untergebracht ist, und ohne mich würden die Abenteuer nie gut ausgehen. In der darauffolgenden Woche bin ich Hanni und Nanni. Ich bin Zwillinge und schlage mich mit einer eitlen Internatsschülerin herum, die jeden Tag ihr langes, blondes Haar mit hundert Bürstenstrichen kämmt, damit es glänzend bleibt. Wir spielen ihr einen Streich, reiben die Bürste mit Butter ein. Nachts treffen wir uns auf Felsen am Meer und veranstalten Picknicks mit Keksen und Limonade, die wir aus der Internatsküche mitgehen lassen, und werden später dafür bestraft. Ich bin Mary Poppins und kann fliegen. Leider nicht den ganzen Tag. Mutter versteckt das Buch, damit ich nicht für immer drinnen

verschwinde. Sie weiß nicht, woher sie die vielen Bücher nehmen soll. Beim Kaufmann im Dorf borge ich mir von seinen Töchtern ausgemustertes Lesematerial. Ich bin Trotzkopf, ich bin ein Backfisch, nicht sehr überzeugt.

Ich borge Bücher in der Pfarrbibliothek. Ich bin fünf Freunde, alle Bände. Mutter schließt die Bücher ein und schickt mich raus. Aber draußen bin ich auf der Suche nach einem Schatz, einer einsamen Insel, einem verdächtigen Fremden, der uns verfolgt.

Ich bin Winnetou, ich bin Kara Ben Nemsi. Alle Bände. Ich bin das kleine Ich bin ich. Ich bin alle Verse von Vera Ferra-Mikura und Guggenmos.

Ich bin sämtliche Göttinnen und Nymphen, ich bin Aladin, ich bin Kriemhild, ich bin Medea, ich bin Scheherazade.

Ich bin nicht nur der Mörder mit der Hacke, ich bin auch die alte Frau, die er umbringt, und die junge Frau, die seine Seele retten will. Und beharrlich bin ich Claudine erwacht, Claudine in Paris, Claudine in der Ehe und Claudine geht fort. Im Schwarz-Weiß-Testprogramm beobachte ich mit Kirschblüten geschmückte, schwarzhaarlackierte, Kimono tragende japanische, in amerikanische Soldaten (bis in den Tod) verliebte Frauen. Ihr Blut ist Gott sei Dank nicht rot. Lese von Juwelenbaum schenkenden, Turban tragenden indischen verschmähten Verliebten in London, die wertvolle Familiengeschenke mit der Faust zerdrücken, aus Wut über die Schmach, ein Ausländer zu sein. Ich bin die unglückliche Liebe. Ich bin der indische Einwanderer. Ich bin die Früchte des Zorns. Dank Bertelsmann, Donauland und stundenlanger Abwesenheit meiner Eltern bin ich sämtliche Bände von Heinrich Böll. Wenn die Eltern zurückkommen, schicken sie mich aus dem Haus.

Ich werde mutiger, stibitze Nietzsche vom Regal, nehme ihn mit ins Schwimmbad. In der Hitze im Bikini bin ich Zarathustra.

Nachdem ich Siddharta, der Steppenwolf, nachdem ich Narziss und auch Goldmund, nachdem ich K. gewesen bin, bei Tag und bei Nacht, Seeräuber-Jenny, Polly Peachum, ich singe jedes Lied auswendig, entdecke ich die Bibliothek in Wels. Sie ist größer. Eine Rettung. Meine Rettung. Solange ich zu lesen habe, kann mir nichts passieren. In den Büchern finde ich keine Lösung, aber das schmerzhafte Kratzen der Gegenwart hört auf für die Dauer eines Romans.

Inzwischen bin ich Malte Laurids Brigge, bin ich Malina, bin ich Malapartes Haut. Ich spiele in den wichtigsten Theaterstücken des 20. Jahrhunderts. Dank Wels höre ich einen echten Dichter. Er gibt mir die Hand. Und eine echte Dichterin arbeitet in der Bibliothek. Ich sehe einen Ausweg. Ich benutze die Bahn, um mich fortzubewegen, weit genug, so wird einmal alles gut. Doch leider fährt das Dunkle mit. So oft ich auch geboren bin, so oft holt das Sterben mich wieder ein.

48

Ich sitze in meinem Zimmer auf der von Mutter gehäkelten Tagesdecke, mit einem von ihr bezogenen Polster in meinem Rücken, schaue trotzig zur Seite, durch die von Erika ausgewählten und genähten Gardinen auf den von ihr gepflegten Garten. Die verschlungenen Strähnen werden zu Schlangen. Gemacht von ihren Fingern.

Du kannst am Montag anfangen.

Was?

Ich will Erika nicht ansehen. Ihr Eindringen in diesen Raum, gerade heute, ist mir nicht recht. Endlich habe ich die Wirtschaftsschule abgeschlossen, in die meine Eltern mich überredet hatten zu gehen, um einen Beruf zu erlernen, was Vernünftiges.

Ich habe mit der Volksbank gesprochen.

Nein.

Was nein.

Ich werde studieren.

Kannst du doch gar nicht.

Kann ich wohl.

Wie willst du das bezahlen? Wir können dich nicht finanzieren. Deshalb bist du doch weg vom Gymnasium gegangen, damit du nicht studieren musst.

Ich will aber.

Wie denn?

Meine Stimme ist ganz leise.

Stipendium. Flüstere ich.

Ja, und dann müssen wir alle Papiere für dich bereitstellen. Glaubst du, das ist angenehm, vor aller Augen zuzugeben, dass wir keine Großverdiener sind?

Aber ich will.

Und denk mal an die Wohnung. In der Stadt ist das zu teuer.

Aber ich habe schon ein Zimmer.
Wie?
Eine Bekannte hat eine Wohnung in Wien und ich werde bei ihr einziehen.
Das wird nicht klappen und dann wirst du uns auf der Tasche liegen. Wir als deine Eltern müssen für allen Blödsinn aufkommen, den du machst.
Aber ich will studieren.
Wer weiß, was du da wirklich willst, in Wien. Dann nimmst du vielleicht Drogen und wir müssen für dein Begräbnis aufkommen.
Erika steht auf, ergreift die Türklinke, dreht sich noch mal um:
Und was soll ich jetzt dem Chef von der Volksbank sagen? Du hättest eine feste Arbeit gehabt. Ab Montag. Wie kannst du so was wegwerfen? Jede andere wäre froh an deiner Stelle.
Ich will studieren. Ich werde arbeiten dafür. In Wien.
Sie schließt die Tür hinter sich, reißt sie noch einmal auf.
Und das ist jetzt der Dank dafür, für alles.
Erika ist den Tränen nahe. Sie tut mir nicht leid. Ist mir egal.

49

Nachdem ich fort bin aus dem Kindheitshaus, beginne ich, alte Erfahrungen auf neue Begegnungen zu verschieben. Mir fällt nicht auf, dass ich mich rückwärtsbewege anstatt vorwärts, obwohl ich meine, ich hätte mich längst genug entfernt. In Wien bin ich angezogen von Todessüchtigen und Verlorenen oder ziehe sie an. Ich lerne Menschen kennen, die verwirrt sind, sich umbringen, durch Drogen sterben, die gewalttätig sind. Ich suche mir Männer, die Alkoholiker sind, aus Alkoholikerfamilien stammen oder solche, die Handwerksberufe ausüben, gerne Motorräder und Autos reparieren, keine Akademiker. Ich ziehe in schlechte Gegenden, denn das bin ich gewohnt. Als Künstlerin mit wenig Geld kann ich mir ohnehin nichts anderes leisten. Mir macht das nichts aus, kein Problem. Ich beschäftige mich, genötigt durch meine Umgebung,

mit Außenseitern und Diskriminierten. Weil ich so aufgewachsen bin.
Erst als ich schwanger werde, will ich nichts mehr davon hören, nicht mehr daran erinnert werden, woher ich kam. Ich will neu sein. Unbeschrieben.

SCHWANGER (KIND I)

50

Ich stehe an einer Kreuzung in Wien, Tränen schießen mir in die Augen, ich muss dringend telefonieren.
Was ist los? Warum weinst du?
Ich war gerade beim Arzt. Ich bin schwanger.
Ist doch gut.
Ja, aber, was soll ich tun?
Wie?
Wir wollten doch nach Mexiko reisen. Dann nach Mauretanien, dann Brasilien.
Können wir immer noch.
Mit dem Baby?
Na, später, irgendwann.
Und das Schreiben?
Was ist damit?
Wie werde ich weiter schreiben können?
Warum nicht?
Babys schreien viel und ich werde keine Zeit haben zum Schreiben.
Komm, ich helf dir dabei. Ist doch unser gemeinsames Kind.
Du hilfst mir? Wie?
Na, wir teilen uns die Tage auf.
Sicher?
Sicher. Nun steig mal in die Straßenbahn, zu Hause reden wir.
Na gut.
In der Wohnung lege ich die Beine hoch, lasse mich füttern, verheimliche wochenlang vor anderen meinen Bauch, wandere und schreibe, gestehe meinen Zustand nur engsten Freundinnen.
Ich bin schwanger.
Wovon werdet ihr leben? Ein Baby kostet viel Geld.
Weiß ich noch nicht.
Du traust dir was.

Ich bin schwanger.

Es gibt schon zu viele Menschen auf der Welt. Wozu noch einen hinzufügen.

Weiß ich nicht.

Die meisten hören nicht hin, wenn ich es verkünde, sind selbst gerade dabei, erwachsen zu werden oder das Erwachsenwerden möglichst zu vermeiden. Unter Intellektuellen herrscht Kinderverbot. Schriftstellerinnen mit Kindern, der reine Wahnsinn.

Die Kreativität geht verloren.

Meine Bücher sind meine Kinder.

Sie sind so begabt, werden Sie jetzt nur nicht schwanger, sonst ist alles dahin.

51

Zufällig begegne ich einer Schriftstellerin, die Mutter ist, und frage sie aus.

Anfangs habe ich nichts bemerkt. Dachte, ich wäre krank. Ging zum Arzt mit Verdacht auf Aids. Aber nein. Ich war schwanger. Mit achtunddreißig.

Die Schriftstellerin setzt das Baby auf den großen Tisch im Besprechungsraum. Die korrekten Schriftsteller diskutieren über Sonnenuntergänge, nationalistische Phantasien, die Beschreibung einer Szene, in der eine Frau pisst, während das Baby über die Tischplatte kriechen will, die Wassergläser fast umstößt. Das Baby gibt Laut zwischendurch. Die Schriftstellerin verlässt den Raum. Später im Restaurant sitzt das Kind im Kinderwagen in einer Ecke und schläft, während die Schriftsteller rauchen, essen, reden. Die Schriftstellerin diskutiert mit.

Am schwierigsten ist der Schlafmangel. Vertraut sie mir später an. Ich kriege zu wenig Schlaf, das setzt mir zu.

Und das Schreiben?

Geht gut. Geht gut. Ich teile mir die Zeit mit meinem Mann.

Fast bin ich überzeugt. Kinder zu kriegen ist ein Experiment. Wir sind inzwischen weiter entwickelt als unsere Eltern. Müssen nicht mehr in männliche und weibliche Rollen unterscheiden. Ich werde das Baby im Tragetuch auf den Rücken binden und schreiben.

Das Baby will nur nicht getrennt sein vom Körper der Eltern, lese ich Odettes Sohn laut vor.

Spürt es körperliche Nähe, bleibt es zufrieden und ruhig. Beim Spazierengehen wird es im Kinderwagen schlafen und ich kann dicke Bücher lesen. Ich muss nicht mehr jeden Tag auf die Piste. Das viele Trinken, das viele Rauchen war sowieso nicht gut.

52

Während neben, unter und über mir Alkohol ausgeschenkt wird, Bier, hartes Zeug, Cocktails, trinke ich roten Saft, simuliere Wein, die Stunden vergehen und die Schnäpse. Joints werden gerollt, geraucht, ich atme aus und ein, öffne das Fenster.

Ich hab da was, una cosita.

Kommt, kommt her. Conchita hat ein weißes Etwas.

Ich darf nicht.

Sei doch nicht so. Ist was ganz Feines.

Sag ihr, dass ich schwanger bin.

Sie ist schwanger.

Qué?

Also, wer will?

Conchita packt mit geheimnisvollen Gesten die Päckchen aus.

Ich verlasse den Raum. Die anderen gehen in die Bars. Aufgedreht, geputscht. Zwei Uhr früh. Ich bleibe in irgendeinem Bett in irgendeinem Zimmer in irgendeinem Haus in irgendeiner Stadt in irgendeinem Land. Gelächter, laute Wortgefechte auf Spanisch dringen durch die Wände, Feiereien, einzelne Fetzen kann ich verstehen, vertreibe mir so die Zeit, schlafe aber nicht ein wegen des Lärms. Schwangersein ist das Baby schützen, ist Vereinzeltsein, bevor es kommt. Ich bin wütend auf die lärmenden Männer hinter der

Wand, auf die Männer, die mich hier liegen lassen, auf mich, weil ich mich eingelassen habe. Schon stecke ich fest.

53

Ein paar Tage später sitze ich in der Sonne auf dem Balkon in Lissabon und werde nicht ruhig. Etwas sucht mich heim. Mein Körper, darauf programmiert, Leben zu erzeugen, kann die Gedanken ans Sterben nicht vertreiben. Jedes Wort, das ich schreibe, jeder Satz, den ich erfinde, jedes Lied, das ich höre, findet seinen Weg in die Finsternis, vor der ich mich ängstige, eine Bodenlosigkeit, die mich verfolgt. Ich wandere bergab, bergauf durch die Stadt, lasse mich vernebeln von den Wolken der Holzkohlenfeuer neben den Hauseingängen, den Öfen der Kastanienröster, streife die Strandpromenade entlang, lasse mir die Ohren vollbrausen, mich von meterhohen Wellen, die gegen Betonmauern donnern, anspritzen, springe zur Seite, das hilft kurz. Das Baby beginnt, gegen meine Bauchdecke zu kicken, mein Wunschbild vom blonden, sanften Kind wird heftig gestört. Mit jedem Tritt fällt mir ein anderer Name für das erwartete Mädchen ein. Doch ein Baby ist kein Buch, dem die Mutter einen Titel gibt oder eine Widmung einschreibt. Meine Ängste senken das Dopamin im Körper des Ungeborenen, erhöhen sein Cortisol. Meine Verantwortung ist groß. Sein Gehirn verschaltet sich wie meines. Bin ich beunruhigt, klicken die Synapsen des Babys einen negativen Weg. Freut sich die Mutter auf ihr Kind, fühlt sich das Baby sicher und gut aufgehoben. Ich wandere, um dem Ungeborenen einen Rhythmus zu geben, es abzulenken von der Dunkelheit. Die Mutter ist mit ihrem Kind enger verbunden als geglaubt. Selbst ihr Blut gehört einer Frau nicht mehr allein, sobald sie einmal schwanger war. Bis ans Ende ihrer Tage schwimmen einzelne Zellen der Kinder in ihrem Lebenssaft herum.

Das Baby in mir drückt aufs Gemüt. Aber das ist nicht erlaubt. Eine zukünftige Mutter muss guter Dinge sein. Ich sitze nachmittags in der milden Sonne, wärme meinen Bauch und fürchte den Tod.

Obwohl ich gebären werde, macht das Sterben mir Angst. Suche die Unterwelt auf in Gedanken, blicke vom Balkon aus über eine Mündung. Ich bereite mich vor.

54

Gute Vorbilder fehlen. Ich kenne bloß Mütter, nach denen ich nicht geraten will:
Großmutter Hanna, die alle Ab- und Anwesenheiten ihres Mannes, ihrer Kinder ständig kontrolliert.
Großmutter Martha, die andauernd Verlassene, die intrigiert und resigniert.
Odette, die fortwährend Betrogene, die von ihren Kindern nicht Angerufene.
Odettes Mutter, die aus der Pariser Gesellschaft Entfernte, verbannt nach Versailles.
Meine Mutter Erika, der immerzu Stimmen einflüstern: Du bist gar nichts, du bist nichts wert. Du sollst sterben. Am besten gleich. Die nicht aufhört, mir zu versichern, dass mit meiner Geburt ihr Leben endete, so wie sie es erträumte.
Unica, über die ich meine Doktorarbeit schreibe, die eigentlich Ruth heißt und ihre Kinder an den Mann verliert, verrückt vor Schuldgefühl.
Die Kollegin mit Nervenzusammenbruch, sobald das Kind aus ihrem Körper geschlüpft war, eingeliefert in die Psychiatrie.
Das Leben ist vorbei, sobald du gebärst.
Es beginnt, leicht zu tröpfeln auf dem Balkon, ich will nicht hinein, blicke über den breiten Fluss, sitze geschützt unter einer blauweiß gestreiften Markise.
Und so viel ich auch suche, mir fällt keine Mutter ein, deren Leben mir gefällt. Ich muss diese Rolle erst erfinden. Noch wird mir versichert, dass ich guter Hoffnung bin, noch kann ich glauben. Doch die Gedanken an die Unterwelt umwölken den Balkon, meine

Aussicht. Mein Blick fällt über die glitzernde Wasserfläche, Boote fahren ein, Hunde bellen, knabbern nachts am Müll.
Und dann schiebt sich tatsächlich Marthas Tod vor die Geburt ihrer Urenkelin. Meine Tochter wird erst nach Marthas Begräbnis geboren. Erst danach trete ich in die Folge der Mütter ein, die vor mir waren. Erika hat mir vom Ableben ihrer Mutter erst nach der Geburt meiner Tochter erzählt.

GEBURT (KIND I)

55

Ich liege, den Wehenschreiber um meinen Bauch geschnallt, höre das quietschende Herzpumpen des Babys verstärkt durch die Maschine. Das Dehnen der Muskeln, die sich anstrengen, weiter zu werden, tut weh. Doch nicht weh genug. Ich schlucke Kügelchen, ich lutsche Pastillen, ich hänge am Wehentropf. Ich schreie. Treibe durch die Wehen, falle von einer Betäubung in die nächste. Die Wörter sind sehr weit entfernt.

Man darf nicht denken. Sagen die Hebammen.

Sie kennen Geheimnisse. Das Leben beginnt in Schmerzen. Ekstase. Sagen die klugen Frauen. Wunderschön. Wehen sind ein Schmerz, der nicht schwindet, sondern begrüßt wird, weil er dem Kind hilft. Das Leiden ist eine Arbeit, ist ›labour‹ in einer anderen Sprache. Das Leiden öffnet der Mutter den Mund. Trotzdem geht mein Muttermund nicht auf. Mein Körper versagt sich der weiblichen Natur.

Die Hebammen sagen: Es wird. Mal schauen!

Noch stecken ihre Hände in den Taschen.

Sie sagen: Gebären hat mit Bewusstsein wenig zu tun. Wie Sex.

Aber Sex kann man üben. Geburten nicht.

Sie sagen: Bewusstsein schadet, hemmt, verspätet die Ankunft des Kinds.

Die Hebammen verstärken die Wehenmittel, um heftigere Schmerzen hervorzurufen und damit das Kind. Endlich springt die Blase und rinnt aus. Fruchtwasser und Tränen. Weil der Muttermund dennoch fest bleibt, wird die Dosis erhöht. Wehen, Wehen, Wehen. Heiß, kalt, Schüttelfrost, Fieber. Badewanne Ball Badewanne Ball, ist das ein Spiel? Wehen und an den Schreiber geschlossen, einen Sensor über den Bauch, Herztöne abgehört, Synkopen, Trommeln, und in der nächsten Untersuchung tastet die Hebamme tief in den Muttermund, misst seine Weitung mit den Fingern.

Sie sagt: Man muss lästern, schreien, sich ärgern, wehren und mitmachen zugleich. Der Mund der Mutter muss mit dem Muttermund reden und schimpfen mit ihm.
Mein Körper geht in die Knie, ans Fensterbrett gekrallt. Ich winsele und jammere. Sobald ich schweige, flucht die Hebamme.
Mach deinen Mund auf! Verdammt!
Dann weist sie mich an: Schrei, so laut und so lange du kannst! Wirst sehen, das hilft.
Ich setze an. Sie ist nicht zufrieden. Lauter! Viel, viel lauter!
Sie provoziert: Ist das alles, was du kannst?
Ich strenge mich an, brülle, und während ich damit beschäftigt bin, greift die Hebamme in mein Schreien hinein, reißt den Muttermund mit bloßen Händen auf. Überlistet meine Angst. Ich bin ihr dankbar. Die Öffnung ist nun groß genug. Nach ein paar Pressungen purzelt das Kind heraus. Dreifach umwickelt mit der Nabelschnur.
Wie eine Handtasche, sagt die Hebamme.

56

Ich erblicke eine fremde, eine nie gesehene Person, und der schreiende, fertige kleine Mensch wird mir auf die Brust gelegt und verstummt. Das Kind ist schön.
Schließlich lässt die Hebamme mich mit dem Baby allein. Erschöpft will ich schlafen, aber das Baby schreit, gleitet ab von den Brustwarzen, erwischt keine Milch. Wir sind uns gegenseitig ausgeliefert, Mutter und Kind. Ich rufe die Hebamme.
Mit der Kleinen wirst du noch viel Spaß haben! Die schreit gern.
Die Hebamme lacht und verlässt den Raum.
Der Mutter ist heiß, das Kind friert. Die Mutter öffnet das Fenster, das Kind schreit. Die Mutter löscht das Licht, das Kind schreit. Nur Tragen hilft, aufrecht Gehen, Stehen. Die Mutter will dem Kind Tee geben, um es zu beruhigen, die Flasche rinnt aus.

Die Hebamme kommt, wechselt dem Baby die Kleider. Es schreit. Gegen Morgengrauen schlafen wir ein.
Bereits die erste Nacht verbringt das Kind in meinem Bett, nah an meinem Körper. Jahrelang bleibt das so.

57

Mein Busen ist Schlafplatz und Essen. Alles ist jetzt von ihm bestimmt. Er dient der Zukunft, schafft eine Perspektive, ist die Verbindung des Kindes zur Welt. Ich dusche den Busen, knete ihn, ich putze, öle, presse, pumpe den Busen. Ich verhülle den Busen und ich entblöße ihn, hänge ihn in die Luft, in die Sonne, packe ihn wieder ein, wärme ihn mit dem Fön. Ich will stillen, um später unabhängig zu sein. Ich will stillen der Stille wegen, denn das neue Leben erwächst aus Lärm.

Mein Körper muss dem kleinen Menschen Festigkeit bieten, Halt, Rundung. Ich schlafe kaum, erlebe das Morgengrauen, den Sonnenaufgang mit dem Kind im Arm. Folge dem Wechsel des Lichts am Himmelsausschnitt durchs Fenster. Meine inneren Bilder sind mit dem Gesicht, dem Körper des Kindes verbunden. Es folgt mir bis in den Traum, in dem ein Kinderwagen aus Hartleder, flach, mit mehreren Fächern, erscheint. Alte Handwerksarbeit. Ich kann ihn später, wenn das Kind sich alleine fortbewegt, als Aktenkoffer verwenden. Doch bloße Gedanken füttern keinen Mund. Können die Milch sogar blockieren. Weil Milch nicht bedingungslos fließt.

Sagt die Hebamme.

Sogar die Milch macht, was sie will. Das Kind saugt an verstopften, dick gefüllten Kanälen, aus denen nichts rinnt.

Massagen, Wärmewickel, Bäder, Entspannung. Empfiehlt die Hebamme.

Oder heul doch einfach, das hilft manchmal auch!

Ich zucke mit den Schultern.

Trink ein Glas Bier, ein Glas Sekt! Was ist los mit dir? Du darfst keine Angst haben! Angst verursacht den Stau!

Und wie werde ich sie los?

Sekt löst Angst. Trink und die Milch wird fließen!

Sagt die Stimme der Hebamme am Telefon.

Ich trinke. Die Milch fließt spärlich. Die Befürchtung, als stillende Mutter zu versagen, wächst.
Na, dann hör Musik! Musik, die du liebst, die dich entspannt. Hör Mozart! Mozart geht immer!
Ein paar Tage Mozart helfen mir kaum. Ich rufe die Hebamme wieder an.
Denk an Wasser, die Niagarafälle, denk an alles, was rinnt.
Und als die Milch auch damit nicht kommt, bringt sie am nächsten Tag Hormone. Ich schnupfe Oxytocin. Doch die Angst, dass das Mittel nicht wirkt, ist stärker als das Spray.
Du musst weiter probieren!
Die Stimme der Hebamme am Telefon klingt genervt.

58

Am nächsten Tag bringt sie Brusthütchen. Auf den Busen geklebt sollen sie Brustwarzen imitieren. Das Kind schmeckt Plastik. Das Saugen ist anstrengender als mit echten Warzen und das Baby schläft zwischendurch erschöpft ein.
Alle zwei Stunden saugt das Kind und saugt eine Stunde. Die Tage sind zerschnitten in kleine, dünne Scheiben. Ich vergesse zu essen, in Sorge um das Kind. Doch je kaputter ich bin, desto weniger rinnt die Milch. Das Kind hat Hunger, es schreit. Je mehr das Kind schreit, desto erschöpfter wird die Mutter und desto weniger rinnt die Milch.
Die Stillgruppenfrau am Telefon ist optimistisch:
Nicht aufgeben, das muss funktionieren! Die Natur irrt nie! Nimm die Brusthütchen fort! Das Plastik ist schlecht.
Und wenn das Kind inzwischen verhungert?
Kein Problem. Es wird überleben. Natur siegt.
Die Mutter sitzt mit dem Kind auf dem Sofa und versucht zu stillen. Das Baby schreit, verzweifelt, findet die echte Warze nicht, dreht sich hungrig fort. Die Mutter weint auch. In ihrem Kopf tobt ein boshafter Kreisel: Du kannst es nicht. Du bist nicht natürlich, wie

die Stillgruppenfrau und die Hebamme verlangen. Nicht natürlich. Sich darüber hinwegdenken hilft dem Kind nicht. Was ist los?
Die Mutter muss reiner Körper sein, kein Gehirn. Sie muss alles geben, darf sich nicht aufhalten im Überlegen. Ihr Körper wird eingefordert durch das Kind. Was Mutter zu sein bedeutet, kann die Seite des Wissens nie zureichend bestimmen. Die Trägheit, die das Denken abwehren soll – der Milchfluss, die Freude daran wollen sich sonst nicht einstellen –, lässt sich nie mit Sinn verbinden und kennt kein Begründen. Und es scheint unmöglich, eine Beziehung zwischen Mutter und Kind zu denken, die nicht von anderen vorherbestimmt war und dadurch Norm. Jenseits der Natur, vertreten von der Hebamme, jenseits der Technik, vertreten vom Krankenhaus, jenseits der Familienpolitik und der Religion finde ich keinen Raum für mich mit meinem Kind. Und die Milch bleibt aus. Die Madonna, aus deren Brüsten Milch spritzt, bin ich jedenfalls nicht.

59

Obwohl das Stillen nicht gut genug funktioniert, darf ich kein Milchpulver nehmen. Sagt die Hebamme. Milchpulver ist schlecht. Weil Flaschennuckel schlecht sind. Auch Schnuller sind schlecht. Stundenlang stehe ich mit dem Baby und stecke ihm den kleinen Finger in den Mund, an dem es saugt, damit es nicht schreit. Das Baby verliert an Gewicht. Tag für Tag bringt es weniger auf die Waage. Sein Körper leidet unter der Strenge. In äußerster Not gibt die Hebamme das Experiment ›natürliches Stillen‹ auf und verrät endlich ein Geheimnis, von dem in keinem meiner Ratgeberbücher je etwas stand.
Du musst pumpen!
Ich schließe eine Plastikflasche an meine Brüste, während die Maschine an mir saugt. Die Milch tröpfelt vorerst, spritzt sodann in starken Strahlen, und das Kind trinkt die Flasche gierig aus. Der Tag ist nun in noch dünnere Schnittchen zerteilt. Zur Arbeit des Nährens kommt das Pumpen. Rechtzeitig und regelmäßig, damit

die Milch nicht versiegt. Flaschen und Sauger müssen sterilisiert, ausgekocht werden, um Infektionen zu verhindern. Ich werde zur Fabrik, um mein Kind bestmöglich zu ernähren.

Die Stillgruppenleiterin ist allerdings dagegen.

Mit der Pumpe wirst du die Milch verlieren. Du gibst dich einer Illusion hin.

Behauptet die Stimme am Telefon.

Der Speichel des Babys muss sich mit den feinen Milchdrüsenöffnungen verbinden, das regt die Produktion an.

Was soll ich tun? Ich fürchte um das Baby.

Leg das Kind zwischendurch an. Zwischen dem Pumpen. Es soll den Busen einspeicheln.

Ich gebe mein Versprechen, lege den Hörer auf.

Betrachte das Kind an meinem Körper, wünsche mir das Glück, das die Abbildung auf der Brustpumpenpackung mir verspricht. Eine lächelnde Blondine sitzt entspannt im Wohnzimmer, einen Plastiktrichter vorm Busen. Dabei kommt zum Pumpen noch die Peinlichkeit. Ich kann keinen Besuch empfangen, während ich pumpe. Und ich pumpe ständig.

Auf den Fotos mit Mutter-Kind-Motiven bildet mein Körper nun den Hintergrund, die Haltevorrichtung, eine Unterlage. Das Baby ist als Hauptfigur im Zentrum. Ich bin Haarsträhnen, Gesichtsränder, Hände, Oberkörper mit Brüsten, Schultern. Nichts sonst.

60

Ich taumle durch Tage und Nächte. Ich pumpe Milch, ich friere sie ein. Und gewinne damit freie Zeit, in der ich fortgehen kann. Ohne das Kind. Der Vater stillt das Kind inzwischen mit der Flasche. In diesen freien Momenten suche ich nach Orten, an denen ich schreiben kann, ein paar Sätze, ein paar Worte, um mich als etwas zu fühlen, das ich früher war, vor dem Kind. Zu Hause lässt das Baby mir keine Zeit zu verschnaufen. Immer habe ich zu wenig Raum, um den Bleistift zu nehmen, einen Satz zu finden, der beschriebe, was geschieht. Und das ist wichtig so, wäre nicht anders möglich, wäre die Abschiebung des Kindes. Also wird zwangsläufig das Schreiben verschoben. Das Baby vertreibt die Schrift. Die Schrift vertreibt das Kind. Sie schließen sich aus. Das Baby beherrscht die Wohnung. Und gehe ich mit ihm hinaus, gelten die Blicke der Passanten nur ihm, nicht mir. Ich bin die Trägerin, die Wagenschieberin, die Stillerin, die Versagerin, wenn es in der Öffentlichkeit schreit. Der Mutter-Kind-Pass ist meine Identität. Während der Schwangerschaft werden hier die Messwerte meines Körpers eingetragen; nach der Geburt die Körpergröße, Gewicht, Kopfumfang und Entwicklungsstufen des Kindes. Ich bin aufgegangen in ihm. Wir sind die Einwohner von Mama-Land. Väter können da nicht rein.

Im Haus meiner Herkunft bin ich nun – da bekehrt zum Muttersein – plötzlich besser angesehen. Ich bin nicht mehr die Fremde, denn ab jetzt sprechen sie mit mir über das Kind. Über meinen Körper ist es mir gelungen, den anderen Frauen näher zu sein. Trotzdem muss ich mir alles selbst verdienen, denn für Autorinnen gibt es weder Mutterschutz noch Muttergeld. Ich gelte als freie Unternehmerin und schreibe Rezensionen. Aber wann soll ich lesen? Ich schiebe dicke Bücher zwischen mich und das Kind. Während ich es schaukle, lese ich Yourcenar, Ndiaye, Béjart, verrenke mich beim Umblättern. Sobald das Baby sitzen kann, versucht es, die schweren Brocken zu betatschen. Ich existiere nur als Paket: Mutterkörper und Buch. Gierig sauge ich die Worte ein, pumpe erfundene aus mir heraus.

GESCHREI

61

Kinder schreien sich in den Schlaf. Schreien tut ihnen gut.
Kommentiert Odette das Plärren Lilas kurz nach ihrer Geburt.
Milchpulver bläht nicht, nur Muttermilch. Mit Fläschchen gibt es daher kein Klagen und kein stundenlanges Tragen.
Behauptet Odette.
Ihre Tochter Toinette, auch sie ist nun Mutter, macht alles richtig.
In guten Zeiten liebt Lila es, berührt zu werden, gestreichelt, gedrückt. Wenn sie schreit, packe ich sie fest in eine Decke ein. Geheimtipp von der Hebamme. Erinnerung an den Mutterbauch. Hilft garantiert. Lila schreit. Ich schiebe Kügelchen zwischen Lilas Lippen.
Das ist eine Schreierin. Sagt Odette.
Besonders in der Dämmerung. Ein Urtrieb. Weil um diese Zeit die Wölfe kamen. Sagt Chübeer, ihr Mann, der am Kopf des Esstisches thront im Sommerhaus.
Ich entschuldige mich, verzichte auf den Käse und das Dessert, weil Lilas Schreien die Gesellschaft stört. Im Tragetuch hängt das Baby vor meinem Bauch, ich schlüpfe in Holzpantoffeln und streife durch das abendnasse Gras, steige die Stufen zur Straße hinauf, biege um die Ecke mit dem jammernden Kind. Das Gewicht zählt jetzt nicht. Das Bauchdrücken des Babys bestimmt meinen Lauf, ich schlage den Wiesenweg ein, beeile mich. Je langsamer ich gehe, desto unzufriedener ist das Kind. Lila will mich keuchen spüren, das Auf und Ab meiner Brust, meines Zwerchfells soll gegen ihren verkrümmten Körper drücken und den Bauchschmerz vergessen machen.
Sie schreit, weil ihr langweilig ist. Behauptet Chübeer.
Die Sprache fehlt ihr. Sie will sich mit uns unterhalten.
Ich laufe über die Wiese, den Hügel hinunter zum Tennisplatz, bis der Lärm um meinen Bauch verstummt. Ich verschnaufe auf den

Holzstreben einer Bank vor der Kapelle. Genieße die kurze Ruhe, bis ich leise Kommandos vernehme. Jeden Abend treffe ich den Nachbarn, der seinen Hund ausführt.
Dann laufe ich zurück, manövriere mein Bündel vorsichtig ins Bettchen, und in dem Moment, in dem das Kind die Matratze berührt, wacht Lila erneut auf. Sie will nicht ohne mich sein.
Du darfst nicht nachgeben. Sagt Odette.
Kinder brauchen ihren eigenen Raum. Wir könnten das Bettchen in den oberen Stock tragen, dann hören wir hier unten nicht, wenn Lila schreit.
Schlägt Odette vor.
Ich weigere mich.
Babys müssen früh lernen, alleine zu sein. Fährt Odette fort.
Toinettes Sohn schläft brav, er isst brav, er weint kaum. Ein glückliches Kind. Toinette ist glücklich mit ihm. Ich bin glücklich, weil Toinette gut ist zu ihrem Kind. Der kleine Prinz. Ein blonder Engel.
Schwärmt Odette.
Lila hat ein dunkles Wesen. Behauptet Chübeer.
Woher das wohl kommt? Und von wem? Fragt Odette.

62

Die nächtlichen Schreiereien fallen mir ein. Ich und mein Bruder im Kinderzimmer neben dem Stall. Brüllend versuchen wir, die Tiergeräusche zu vertreiben. Im Dunkeln spüren wir uns nicht mehr, wissen nicht, ob die Tiere geträumt sind oder unter den Betten lauern, ob sie vorm Fenster schleichen oder mit schweren Ketten an den Kojen befestigt im Stall. Wir schreien so lange, bis Mutter kommt, woraufhin Großmutter Hanna sie als schlechte Mutter beschimpft.
Die lässt ihre Kinder schreien.
Auch wenn Großmutter Hanna bemerkt, dass Mutter bei uns liegt am Abend, bis wir einschlafen, wird sie als schlechte Mutter verspottet.

Kinder müssen schreien.
Jedes Familienmitglied hat etwas zu sagen über jedes Kind. Jeder weiß, was zu tun ist mit jedem Kind. Die Verwandten teilen seine Gesichtszüge ein:
Die Stirn vom Papa. Die Nase von der Großmutter. Die Ohren vom Onkel. Der Mund vom Opa. Und von dir das Schreien. Schadenfroh. Nur wenn die Worte der anderen vergessen sind, kann die Mutter manchmal sehen, wer das Kind ist, als Mensch, als eigener Sinn. Wenn das Baby schläft, mit glattem Gesicht sich gefunden hat im Traum. Mit seinem Erwachen bricht dann die Unordnung wieder ein. Gegenstände fallen zu Boden, sie rinnen, kleben, schmieren, schmutzen. Breiiges trifft auf Hartes, Glattes. Die Gegenstände verstecken sich oder verschwinden, sie rollen und rieseln, unkontrolliert. Die Mutter muss sich andauernd bücken, sie muss wischen und waschen und sauber reiben. Sie muss lernen, listig zu sein. Weil auch das Kind Listen lernt, je älter es wird.

63

Lila kann vor Hunger schreien und dennoch die Lippen zusammenpressen, sich weigern zu essen. Sie zerdrückt Kuchen in der Hand, Saft quillt zwischen ihren Fingern, zeichnet Streifen in den Brei. Spuckt mir Karottenpampe auf den Schoß. Ich stecke Lilas Hände in eine Tasse Wasser, rolle ihr eine Blechdose unters Kinn, zeige ihr ein Bild, damit sie die Lippen öffnet, lasse sie spucken, wenn sie dazwischen nur ein paar Bissen schluckt. Sie patscht in die Sauce, steckt sich Reiskörner ins Ohr, schmückt ihre Wangen mit Schokolade, freut sich über einen Bart aus Grieß. Und ich lerne zu putzen und aufzuräumen, mich an sauberen Flächen zu freuen, hebe Lila hoch. Sie spuckt mir in den Nacken, kotzt auf den Teppich, scheißt ins Bett. Ich wechsle die Wäsche, ich wechsle die Sprache.
Sobald Lilas erste Worte kommen, wird gemischt.
Wenn ich auf diese table steige, kann ich bis zum ceiling reachen. Sagt Lila.

Und sometimes my papa furzt.
Familiensprache.
Lila ist nicht zu fassen, sprengt jedes Bemühen, buhlt um Beachtung, hält nie still. Verlangt Käse zum Nachtisch, schnuppert in Töpfen, schmeckt die leisesten Misstöne der Speisen heraus, sogar in Paris.

64

Wenn wir Toinette in Paris besuchen, bin ich die einzige Mutter, sind wir die einzigen Eltern auf dem Spielplatz, weil alle Eltern arbeiten. Die Kinder sind den Kindermädchen anvertraut. Sind wir in Paris, bauen wir Lila in Toinettes Ablauf ein, geben sie den Kindermädchen, die sie waschen und ernähren. Sie essen von Plastiktellern, während für die Eltern zu den Festtagen die Tische und Teller überladen sind. Das Porzellan ist Hunderte Jahre alt, die Ornamente an den Rändern vergilbt, das Besteck aus schwerem Silber, die Gläser aus Kristall.
Ich begleite Toinette auf den Markt, wir schnipseln und mischen und würzen und rühren und braten tagsüber, wir lecken und riechen und schmecken und sprechen abends über den Geschmack bis in die Nacht.
Bereits als Kleinkind hat Lila einen feinen Gaumen. Ihre Nase wird mit Geruchsfläschchen geschult, sie leckt sich die Mundwinkel, bevor sie spricht. Sie hüpft aufgeregt vor der Käsetheke, kennt die Namen der Sorten, wünscht sich zum Geburtstag Reblochon. Sie kann schmecken wie die Großen, aber schlafen will sie nicht. Sobald sie schlafen soll, beginnt sie zu schreien.
Da ist was nicht in Ordnung. Meint Monsieur le Comte, Toinettes Ehemann.
Lila ist gestört, ihr kriegt das nicht hin. Vielleicht war gleich was falsch bei der Geburt, die viele Muttermilch, das viele Herumtragen, das viele Reisen, sie hält das nicht aus, dieses Kind nervt.

Im Flugzeug gebe ich sie ab an die Stewardessen, an die Reisenden hinter uns. Lila hält durch, hüpft auf deren Schoß auf und ab, auf und ab, ohne innezuhalten. Neunzig Minuten dauert der Flug von Paris nach Wien.
Sie ist wie drei Kinder auf einmal. Sagt mein Bruder.
She is quite a handful. Sagen Freunde in Chicago.

65

Lila trägt niemals Pink, trägt die Sachen ihres blonden Cousins auf, Toinettes Sohn. Hosen aus dickem Cord, edle Karohemden, feine Wollpullover in den männlichen Farben Beige, Braun und Blau. Sie beginnt zu laufen in seinen Schuhen, teilt auf dem Spielplatz Ohrfeigen aus, lutscht an den nackten Zehen von Babys, die unter den Daunendecken hervorlugen. Sie bläst zart in Richtung meiner Wangen. Das ist küssen.
Unmöglich. Sagt Monsieur le Comte. Er schläft vor ihr ein.
Ich will herausfinden, ab welchem Alter, zu welchem Anlass die Aufteilung in männlich und weiblich beginnt. Ich verzichte auf Schleifen, Rüschen, Spitze und Pink. Die Töchter erfüllen die Wünsche ihrer Mütter. Sagt man. Die Töchter aber wollen nichts wissen davon.
Odette freut sich über die Heirat, den Adel von Toinette. Die berufliche Tüchtigkeit der Tochter nimmt sie nicht wahr.
Martha ist über Erikas Ehemann froh, der bei ihr bleibt und nicht gleich stirbt.
Hannas älteste Tochter erfüllt das ganze Programm: Ehemann, Haus, drei Kinder, kein Beruf.
Erika möchte, dass ich Sekretärin bin, um zu erlangen, was sie viel zu kurz gewesen ist, wünscht mir ihre Position in einem kaufmännischen Betrieb. Am besten Bank.
Ich hüte mich zu wünschen.
Erika näht Kleider für Lila. Rüscht sie auf. Versorgt sie mit Stoffen, schreibt ihr Geschichten aus Prinzessschnitt, Empiretaille,

Spitzenkragen auf den Körper. Lila dreht sich im Kreis vor dem Schloss, ihr Rock schwingt, sie liebt dieses Gefühl, hat nur mit kleinen Jungen Umgang, spielt das Vater-Mutter-Kind-Spiel im Wald. Erwachsene geben diese Rollen vor. Nachts schläft Lila nicht durch. Wacht ständig auf. Solange sie nicht sprechen kann, ist sie diejenige, die ständig schreit. Später kann sie sich bewegen, später kann sie sich unterhalten, wird zum Partygirl. Liebt Gesellschaft. Tanzt, lernt Leute kennen, Erwachsene, wird nie müde. Und mindestens einmal im Jahr treffen wir ihre Großeltern im Sommerhaus.

66

Odettes Tochter Toinette meidet das Haus, in das die Eltern sie jeden Sommer zwangen. Lila und ich nutzen es, weil wir den Garten mögen. Wir wollen einen Ort, der immer gleich bleibt. Obwohl er uns nicht gehört. Odette ist hier alleinige Herrscherin. Beim Frühstück bespricht sie den Speiseplan des Tages. Sie braucht viel Butter, um ihr Essen schlucken zu können, ihr Leben zu verdauen. Der Knoten in ihrem Hals zieht sich stärker zusammen, sie schnappt nach Luft, nach der Liebe ihrer Kinder, ihres Mannes, ihrer Enkel. Ich lerne kochen: Clafoutis, Pissaladière, Hachis Parmentier, Blanquette de Veau, Tarte au Citron, blättere morgens in *La Cuisine de Mapi*. Die Verschiebung französischer Rezepte in die österreichische Umgebung gestaltet sich schwierig. Die originalen Zutaten lassen sich im Dorf nicht finden. Wir müssen lernen zu improvisieren. Selchfleisch überwiegt, gemischter Aufschnitt, Bratwürste, Schwarzbrot, das Odette hasst, geräucherter Speck, den Chübeer liebt, weil das Fett ihn gerettet hat nach dem Krieg.

Ich lerne die Sitzordnung, immer eine Dame und ein Herr, die Kinder am Kindertisch auf der Seite. Ich lerne die Ordnung von Messer, Gabel, Löffel, lerne Servierbesteck, Präsentierplatte, Brotkorb, Buttermesser, die korrekte Aufstellung der Gläser. Bei Tisch wird die Dame des Hauses zuerst bedient. Die Mutter braucht Butter. Die Käseplatte kreist. Man nimmt nicht zweimal! Ich lerne nicht die Zubereitung der Aperitifs, das ist Männerarbeit. Ich lerne, Hors-d'œuvres zu reichen und Pralinen, Petits Fours zum Kaffee. Ich lerne, wir essen nicht allein, um den Hunger zu stillen. Wir essen, um zu schmecken, um zu sprechen, um unsere Zunge zu beweisen. Wir essen, um uns von denen zu unterscheiden, die nur das Sattwerden interessiert.

67

Im Sommerhaus lerne ich sogar mit der Motorsäge hantieren, um die Hecke, die das Grundstück einsäumt, zu beschneiden, die Schubkarren voller abgeschnittener Äste um die Kurve zu manövrieren und mit einem Schwung auf den Haufen zu bugsieren. Ich lerne, die Garage freizuschaufeln im Winter, die Holzscheite zu stapeln vor dem Kamin, ich lerne, Küsschen zu geben, *faire la bise*, ich lerne *bonne nuit* sagen, schlinge seidige Foulards um meinen Hals. Ich lerne alle Anekdoten von Chübeer, alle seine Witze auswendig. Ich lerne zu lachen im richtigen Moment. Ich lache über Odettes Lachen im falschen Moment, weil sie die Witze schon jahrzehntelang kennt. Sie beobachtet nur mehr die Reaktionen der Gäste auf Chübeers Pointen, ist erleichtert, wenn sie weiterhin zünden, sobald neue Zuhörer um ihren Tisch versammelt sind. Gäste sind daher willkommen, aber nur wer sich zu benehmen weiß. Und Chübeer blüht auf, ist unterhaltsam, charmant wie lange nicht mehr. Odette spürt erneut, wie sie den Hang hinabrutschte und in seine Arme hinein, seinen Duft nach Tabak wie zu Beginn ihrer Liebe. Nach all den Jahren dünstet Chübeer nun jedoch Chlor und Medikamente aus. Das Wasser des Swimmingpools darf ihn länger berühren als Odette, seine Frau. In Gesellschaft aber schmilzt Chübeer, geht in Worten auf, die er lustvoll in die Menge wirft, um begehrt zu sein, anerkannt, respektiert. Odette kichert, weil sie die Hälfte nicht versteht, ihr Deutsch ist müde geworden. Ich schüttele mich vor Lachen, weil sie versucht mitzuhalten und ihr Missverstehen drolliger ist als die Geschichten von Chübeer.
Das sind die guten Stunden, kurz nach unserer Ankunft. Am ersten Tag ist Chübeer meist vorbildlich gekleidet, befolgt die Regeln, hält Hof, brilliert. Odette fließt über vor Liebe zu ihm, zu uns.

68

Ein paar Tage später erscheint Chübeer im Bademantel aus Frottee, die Unterhaltung bei Tisch wird zäh, bis sie schließlich fast

versiegt, bis die richtigen Gespräche nur mehr zwischen den Mahlzeiten stattfinden, ohne ihn, bis Schweigen ausbricht und bis es gebrochen wird durch ein winziges Missgeschick, eine Kleinigkeit reicht und Chübeers Donnerwetter erschüttert den mit Wurst- und Käseplatten gefüllten Tisch. Odettes Knoten im Hals zieht sich blitzschnell zusammen, sie spuckt Schwarzbrotbrocken aus. Keine Butter hilft hier, kein Wasser, sie kotzt bei Tisch in ihren Teller.
Ça se fait pas! Tränen steigen ihr in die Augen.
Chübeer kaut die fettige Kante des Rauchfleischs ungerührt, schwelgt in wohliger Erinnerung an seinen jungen Körper und was er damit anstellen kann, genießt sein flottes Herz. Fett ist gefährlich, aber nicht für ihn, er wird unsterblich sein.
Tagsüber besprüht Chübeer mit nacktem, behaartem, gebräuntem Oberkörper die Rosen mit Gift, sodass Odette, in ihrem Leinenstuhl sitzend, in ihrem kurzärmeligen Kleid, die Aussicht nichts mehr nützt. Sie flieht vor Chübeers Gartenwut, schleppt sich die knarrenden Treppen hoch, in ihre Räume, macht Toilette, schmökert, schläft neuerlich ein.
Ich wasche die Tassen, die Teller, trockne sie und räume sie vorsichtig in die Kommode, das gute Geschirr, dickes Porzellan mit grünen Streifen, die kugelförmige Zuckerdose, passende Salzstreuer, sorgfältig, um die Hochzeitsschüssel nicht zu zerstören, handbemalte Teller, die Kristallgläser nicht zu zerbrechen, die nur für besondere Tage und besondere Gäste sind. Ich schließe die metallisch in ihren Gelenken ächzenden Türen des Kirschholzschranks. Vier rotbraun leuchtende Möbelstücke wurden aus einem einzigen Stamm gefertigt. Die Kommode, der Kleiderschrank und der Tisch, an dem ich in freien Momenten sitze, nach draußen schaue in den Regen und zu schreiben versuche, bevor die Wäsche aufzuhängen ist, die Kartoffeln zu schälen für den nächsten Auflauf.
Unter mir klatschen Chlorwasserwellen gegen Kacheln, während Chübeer schwimmt. Über mir höre ich Odette hin- und

herschlurfen, mit ihren Döschen spielen, die keinen Zweck haben, zu nichts nutz, wie Hanna sagen würde, nur zur Dekoration.
Sie sind wertvoll. Sagt Odette.
Die Döschen versprechen Trost, Genugtuung darüber, dass der Deckel schließt. Wie ihre Mutter hat Odette sich auf die Sammlung von Eiern und Gefäßen spezialisiert. Nur dass die Eier aus Edelstein geschliffen sind und die Döschen nichts umfassen, leer sind. Mein Blick wandert fort vom Notizbuch auf dem Kirschbaumschreibtisch zu den Tellern an der Wand: Jagdszenen schwarz auf weiß, Hunde und ein Mann gebückt unter der Last von Wild, gerahmt von Blüten und Girlanden, Eisenhaken halten die Teller in senkrechter Position.

69

Ich erhebe mich und rüttle am verbogenen Schloss des Kirschholzschranks, öffne nach einigen Mühen die Türen. Hier hängt die Vergangenheit: das alte Blaudruck-Dirndl und das grün-orange gemusterte von Odette, das Sechzigerjahre-Pflaumenkleid aus Berlin, Chübeers gestreifter Morgenmantel, den ich mir heimlich ausborgte zu Lilas Geburt. Die graue Schijacke mit den roten Strickbündchen, die Odette als junge Mutter trug. Ein Ensemble aus schwarzem Stoff mit roten Blüten, Kleid und Bolero, die Kanten in Rot gefasst. Odette kauft gerne Trachtenstoffe in Österreich und lässt in Frankreich Kleider daraus entwerfen, aparte Auslegungen zum Thema Alpin. Odette fährt gerne nach Bad Ischl, um Trachtenstutzen zu kaufen, Janker, Hüte mit Hirschknöpfen, Lodenmäntel mit Chinchilla-Futter, Rauleder-Pumps mit Trachtenschnallen. Als Französin kann sie sich das leisten. Sie muss nicht wissen, was dahintersteht. In Paris betont sie auf diese Weise ihr Anderssein, sie ist die Mutige, hat einen Boche geheiratet, spricht drei Sprachen als Einzige in ihrer Familie.
Ich stehe vor dem Kirschholzschrank, lasse meinen Morgenrock fallen, halte Odettes abgelegte Kleider vor meinen Körper. Mein

Lieblingsspiel als Mädchen schon: die Gewänder anderer anzuziehen, mich vor dem Spiegel zu verwandeln. Sobald meine Mutter aus dem Haus ist, stehe ich vor ihrem Schrank, ziehe die Prunkstücke heraus, die sie niemals mehr trägt, die sie genäht hat, vor meiner Geburt. Ich verkleide mich als elegante junge Frau, setze zum seidigen, rosenübersäten Kleid ihren breitkrempigen Hut auf, ziehe ihre langen Handschuhe über, wackle in spitzen Fünfzigerjahre-Stöckelschuhen vor dem Spiegel. Mit besten Freundinnen tausche ich Jacken, Hosen, Kleider, Schuhe, Schals, ich trage die italienischen Sakkos meiner Freunde, verwandle mir Odettes alte Kleider an, borge Schmuck von Lila. Ich löse mich auf. Einerseits wünsche ich mir, immer wieder eine andere zu sein, und glaube daran, dass mir das Verwandeln über den Wechsel von Hüllen gelingt. Andererseits laufe ich Gefahr, zu sehr in die Haut der anderen zu verschwinden, finde aus der Täuschung nicht mehr heraus. Diesen Mantel würde ich mir nicht anziehen, sagt eine Freundin, wenn sie mich auffordert, unpassende Zumutungen abzuwehren. Eine Aufgabe, die nur schwer gelingt.

70

Fäden und Textilien bilden Verbindungslinien zwischen Generationen von Frauen. Die Häute, die ich von meiner Familie übernehme, sind eng gespannt. Sie abzuziehen tut weh. Aber sie anzubehalten, schmerzt noch mehr. Ich reiße mich auf. Meine Mutter Erika zertrennt alte Kleider, nutzt die Stoffe, näht Neues daraus. Als Kind verbringe ich ganze Nachmittage mit ihr und blättere durch schwergewichtige geborgte Kataloge voller Stoffproben. Kleine viereckige Textilstreifen mit gezackten Rändern in verschiedenen Farben auf eine Seite geklebt. Ich hebe den Stoff vorsichtig hoch, er ist nur an der oberen Kante befestigt, prüfe seine Beschaffenheit auf der Tastfläche zwischen Daumen und Zeigefinger. Ich erahne Ausschnitte größerer Wünsche über meine Fingerspitzen: feinste Gewebe in Pastellgrün, Ocker, Türkis. Bewundere die Bezeichnungen der Farben: Burgunder, Kobalt, Cognac. Lese murmelnd die Namen der Stoffe: Trevira, Pepita, Georgette. Ich wähle aus, weise meine Mutter auf Vorlieben hin, während ihre Nähmaschine schnarrt. Mein Vergnügen beschränkt sich aufs Schauen und Betasten von zentimeterkleinen Vierecken, spinnwebenleicht oder spitzendurchlöchert oder satinglänzend oder wollfadengrob. Fingern und Fädeln. Die Nadel sticht ein Loch, zieht den Faden durch den Stoff, kommt auf der anderen Seite wieder heraus. Folgt dem nächsten Stich. Mutter zetert, wenn der Stoff verrutscht, sich die Naht verzieht, ein Unterfaden verknotet, der Faden reißt, das Genähte aufgetrennt werden soll. Nach den Katalogen stöbere ich in Knopfsammlungen, ordne Garnspulen, während die Maschine rattert und nach Öl stinkt. Nur in Gemeinschaft mit der Nähmaschine gelingt eine Nähe zwischen uns. Wir brauchen die Maschine. Sie näht uns zusammen.

PLAN I

Verlegen betritt Erika das Sprechzimmer des Arztes und klagt:
Jeden Morgen wache ich um vier Uhr auf. Beginne zu kochen, die Speisen des Tages für die Kinder und meinen Mann vorzubereiten. Und wenn dann noch Zeit bleibt, koche ich für die kommenden Tage vor, friere alles ein.
Sie sind sehr fleißig.
Aber ich bekomme zu wenig Schlaf. Abends bin ich müde, aber ich schlafe nicht ein, und morgens stehe ich zu früh auf.
Wollen Sie Tabletten?
Ja bitte. Die ganz starken, wenn's geht.
Der Arzt unterschreibt das Rezept, Erika bedankt sich, steht auf und verlässt die Praxis.
Lässt nach drei Monaten die Verschreibung verlängern.
Schlafen Sie jetzt besser?
Ja, danke. Es geht mir besser.
Irgendwelche Beschwerden wegen des Schlafmittels?
Nein.
Gut. Aber eines Tages müssen Sie damit aufhören. Sie wissen das.
Sicher. Ich verspreche es.
Erika bedankt sich, steht auf und verlässt die Praxis des Arztes.
Lässt nach drei Monaten das Rezept verlängern. Spricht nur mehr mit der Sprechstundenhilfe. Der Arzt gibt seine Unterschrift.
Zu Hause greift sie in die hinterste Ecke des Geschirrschranks, holt eine Plastikdose hervor, öffnet den Deckel und gibt die Großpackung Schlaftabletten zu den anderen beiden.
Das müsste reichen.

An der U-Bahn stürze ich die Treppen hinauf, meine schwarze Strumpfhose reißt, ein Loch, eine Laufmasche, das Knie blutet, ich muss weiter, zum Bahnhof. Ins Krankenhaus. Meine Mutter Erika befindet sich dort.

Das Telefon riss mich aus dem Schlaf.
Mama ist im Krankenhaus.
Warum? Was hat sie?
Sie wollte sich umbringen.
Wie?
Schlaftabletten.
Du hast sie gefunden?
Ja.
Wie geht es ihr?
Es tut ihr leid, dass es nicht geklappt hat mit dem Sterben.
Wozu hast du mich gerettet, war das Erste, das sie stammelte, als sie aufwachte auf der Intensivstation.

Ich sitze mit Erika auf der Terrasse.
Warum?
Ich habe es wegen Hanna gemacht.
Wegen der Großmutter?
Sie kann mich nicht leiden. Hat mich dauernd kritisiert.
Wie?
Na, wegen euch. So wie ich euch erzogen habe, das war ihr nicht recht.
Was genau?
Sie wollte nicht, dass ihr weiter in die Schule geht.
Aber das kann ihr doch egal sein.
Nein, sie fand das schlecht. Und gab mir die Schuld.
Erika weint.
Auch meine Schwester sagt, ich bin ein schlechter Mensch.
Wie lange musst du noch hierbleiben?
Ich will weg. Ich bin nicht verrückt. Ich weiß nicht, warum man in die Psychiatrie kommt nach einem versuchten Selbstmord.
Die müssen herausfinden, was der Grund war.
Aber ich kenne den Grund. Ich bin nicht verrückt.
Nein.

SCHLOSS

71

Endlich werde ich ins Schloss in der Nähe von Dole eingeladen. Bombenhitze lagert über dem ansehnlichen Gebäude und seinen ausgedehnten Ländereien.
Jeden Sommer stöhnen wir, halten es kaum aus. Deshalb kommen wir hierher. Sagt Toinette.
Sie zieht ihr langes, dunkelbraunes Haar aus dem Nacken, dreht es einhändig zu einem dicken Strang und befestigt ihn mit einer Haarnadel.
Paris ist unerträglich im August. Hier haben wir zumindest den Pool.
Kann ich noch Kaffee?
Toinette, in duftiger Sommerbluse aus Batist, gießt mir ein.
Frühstück machen wir uns selbst. Das Kindermädchen sorgt nur für die Kleinen, kocht nicht für uns.
Ich lade Feigenmarmelade auf Weißbrot. Kaue genüsslich. Ich mag Hitze.
Zu Mittag essen wir meist Salat. Ein wenig Käse.
Ich nicke.
Wollen wir im Garten nachsehen, was reif ist? Kommst du mit?
Sicher.
Toinette springt auf, schlüpft in ihre Sandalen, betritt den verwinkelten Gang, der zur Notküche führt. Die riesige, höhlenartige Schlossküche im Keller wird nicht genutzt, ist zu veraltet, zu verstaubt. Sie schnappt sich einen Korb, reicht mir einen zweiten. Wir verlassen das Schloss durch einen Seiteneingang, nehmen den Weg über die Wiese. Das Gebäude aus roten Ziegeln hinter uns wurde niemals fertiggestellt. Von Anfang an blieb seine Symmetrie ein Traum. Das Vermögen reichte bloß für eine Hälfte.
Toinette, die Schlossherrin, weist mich ein.

Hier die Mirabellenbäume. Wir sollen so viel von den Früchten essen, wie es nur geht. Vielleicht machen wir Kompott?

Wir nähern uns den Beeten.

Die Zucchini wachsen wie verrückt. Kennst du Rezepte?

Ja, Suppe mit einem Würfel Schmelzkäse.

Toinette lacht.

Das hast du von Odette, nicht wahr? Ich kenne die Tricks meiner Mutter.

Ich grinse. Von der Schwiegermutter habe ich französisch kochen gelernt. Wir bücken uns, greifen zwischen die flächigen, dunkelgrünen Blätter, pflücken fett geschwollene Früchte.

Nehmen wir nur die überreifen. Die anderen halten bis morgen.

Toinette führt mich zu den Tomaten hinter Glas.

Mit der Sonne werden sie schön süß.

Wir greifen uns die rötesten.

Und jetzt Salat.

Mit einem kleinen Messer säbelt sie die Strünke durch.

Drei Stück reichen für heute.

Wer gießt denn das alles? Du?

Nein.

Toinette wischt ihre Handflächen am Jeansminirock ab.

Das macht der Gärtner. Der kommt jeden Tag aus dem Dorf. Wir sind ja nur einen Monat im Jahr hier. Um zu ernten und zu essen.

72

Kurz nach ihrer Heirat, als Toinette eingeführt wurde in die aristokratische Gesellschaft, stellte ihr Mann sie den Dorfleuten als neue Herrschaft vor. Inzwischen macht sie jedes Mal die Runde, sobald sie ankommt in Neuchamps, wird als Madame la Comtesse begrüßt, bevorzugt behandelt, die Verkäufer halten das frischeste Brot für sie bereit, die teuersten Stücke Fleisch.

Sie schnappt ihren Korb.

So und jetzt Dessert. Magst du die, wie heißen sie nur?

Sie führt mich zu einem Gebüsch, dessen Äste mir bis zu den Schultern reichen, gezackte Blätter.
Ribisel.
Genau.
Toinette ist in Frankreich aufgewachsen. Verbrachte als Mädchen die Sommer in Österreich. Spricht nur Kinderdeutsch. Spricht Deutsch nur mit mir.
Ich liebe Ribisel, sind schön sauer.
Siehst du? Wir haben für jeden was.
Ich fahre zwischen die Blätter, zupfe an den roten Dolden, stecke mir die runden Früchte sofort in den Mund.
Mhm. Angewärmt von der Sonne verbreitet sich ihr Aroma auf der Zunge.
Toinette lächelt, zufrieden, dass es mir schmeckt. Ich ziehe Büschel für Büschel von den Ästen ab, lege sie auf die Salatköpfe im Korb.
Es gibt noch diese anderen. Meint Toinette.
Diese, ich weiß nicht mehr, wie sie heißen, diese groseilles à maquereau ...
Maquereau? Das Wort kommt mir irgendwie unanständig vor.
Die haben so Dornen, wie die Rosen.
Dornen?
Hier, schau. Sie führt mich zu einem Strauch an der Wand des Wirtschaftsgebäudes. Die Haut der Früchte ist haarig, dickwandig, das Innere klumpig süß.
Stachelbeeren.
Genau. Gerade erinnere ich mich an den Namen. Magst du?
Ich liebe Stachelbeeren.
Was kann man damit kochen?
Ich esse sie roh.
Für die Kinder ist das zu sauer wahrscheinlich. Meinst du, wir könnten eine Tarte machen?
Tarte oder Kuchen mit Meringue.

Gute Idee! Kannst du nachher mit einer Schüssel kommen, um die Beeren zu ernten?
Klar.
Wir müssen zurück zum Schloss. Sonst hat das Kindermädchen keine Zeit, das Mittagessen zu bereiten. Wir sind hier sehr gut organisiert.

73

Mit gefüllten Körben schlendern wir durchs Gras, hören die Kinder von Weitem lärmen. Sie laufen uns entgegen, in Badeanzügen und -hosen. Meine Tochter Lila, den Schwimmreifen unter die Achseln geklemmt, die zwei Kinder Toinettes und zwei Kinder ihrer Schwägerin. Hintennach Toinettes Mann, Monsieur Le Comte. Dunkelhaarig, gut aussehend, lächelnd, in Shorts, Polohemd, Bootsschuhen, mit einem Stapel Handtüchern.
Er ist schön, nicht wahr? Flüstert Toinette.
Ich grinse bloß. Was sagen? Zum ersten Mal habe ich ihn auf den Hochzeitsfotos gesehen. Toinette in Brautkleid und bodenlangem Schleier, zart, märchenhaft, und ihn, lächelnd, ihre Wangen nah aneinander. Sie ist verrückt nach ihm, ihre Zunge wartet feucht hinter ihren weißen Zähnen.
Besser gefällt mir die Aufnahme, in der Toinette alleine im Freien neben der Kirche steht, das enge, weiß glänzende Oberteil mit winzigen stoffüberzogenen Knöpfen verläuft in einen bauschigen Rock. Ein unbekannter Mann bückt sich nach dem Schleier, zieht ihn zur Seite, weil der Wind ihr den Tüll ins Gesicht zu wehen droht. Auf einem anderen Foto streckt die Braut den rechten Arm, bietet ihre Hand zum Kuss. Ein Mann drückt seine Lippen darauf. Diese Bewegung und das Abgehobensein des blendenden Kleids vom Straßengrau, perfekte Inszenierung einer hofierten Frau, hatte ich ihr geneidet. Und weniger den Ehemann, auf den die Familie stolz sein kann.

Denn Monsieur le Comte bringt ein *de* als Mitgift und Zugang zu diesem Schloss in Neuchamps und anderen Schlössern und Forsthäusern und Gutshöfen im ganzen Land. Toinette hat eingeheiratet. Ihre Mutter Odette lässt sich alles haargenau erzählen. Sie schwärmt. Diese Tochter macht alles richtig. Toinette erfüllt Odettes größten Wunsch.

Während auf dem Foto weißer Tüll Toinette um dunkle Löckchen weht, hat Odette ihr dichtes, braunes Haar zu einem Turban um ihr glattes Gesicht gebaut. Bauen lassen vom Friseur. Sie stehen vor der mit wildem Wein bewachsenen Wand von Odettes Kindheitshaus. Odette, deren Tochter nun den Namen eines Adeligen trägt. Das Aufwachsen in Versailles, die Nähe zum Schloss hat sich endlich gelohnt.

74

In Neuchamps wurden nur einige Trakte renoviert. Ich streife durch die Etage, in der unser Zimmer liegt, verirre mich, verwechsle Gänge, gelange durch Tapetentüren, durch begehbare Schränke in kleine Kammern, ein unablässiges Öffnen und Hinter-sich-Lassen von Räumen. Gerate in die Sackgasse einer geheimen Bibliothek. Ein Paradies für Versteckspiele, auch wenn ich mich selbst zuweilen nicht mehr finde, dafür Schriftrollen, alte Baupläne, eine Sammlung von Kunstzeitschriften aus den Dreißigerjahren, *Tintin*-Bände in Originalausgaben oder einen Plastikplattenspieler mit Plastikplattenalben, französischer Rock'n'Roll aus den Siebzigern. In diesem Schloss werde ich klein, weil die Räume riesig sind und die Schränke voll, weil die Treppen breit und endlos sind und der Blick vom Turm aus dem Fenster sehr weit. Ich merke, dass ich nichts besitze, von niemandem abstamme, kein *de* habe, sondern nur meine Tochter Lila, die mir Zutritt verschafft in dieses Schloss. Nur das gilt. Nur durch meinen Beitrag zur Familie gelte ich.

In der Küche hantiert das Kindermädchen aus Österreich, gehört zum Inventar eines unbeschwerten Sommers. Ich darf nicht Deutsch sprechen mit ihr. Sie füttert die Kinder mit Hähnchen und Chips, das Mirabellenkompott verschmähen sie. Ziehen Pudding vor.

75

Am Pool blättere ich in den Fahnen meines nächsten Buchs. Monsieur le Comte will wissen, wovon es handelt.
Dalida.
Dalida? Die Schnulzensängerin? Warum?
Sie hat sich ihr Leben lang immer wieder verwandelt.
Das ist doch Kitsch.
Sie hat in allen Sprachen gesungen.
Sie hat sich umgebracht?
Ja, nach zahllosen Versuchen ist es ihr gelungen.
Das ist kein gutes Vorbild. Eine ältere Frau, die sich in jüngere Männer verliebt. Das ist lächerlich.
Ich finde ihre Stimme toll.
Das ist kein wichtiges Thema.
Monsieur le Comte liest in den Ferien die Memoiren General de Gaulles. Freiwillig.
Ich beuge mich über meine Korrekturfahnen, rücke in den Schatten, bin mir nicht klar darüber, dass ich mich seit Jahren auf etwas vorbereite, das ich eigentlich vermeiden will. Den Tod meiner Mutter Erika. Deshalb schreibe ich über todessüchtige, depressive, ohnmächtige Frauen: Dalida, Maria, Unica, Herta, weil meine Mutter sich nichts mehr wünscht, als zu sterben. Weil sie diesen Schatten über mich ausbreitet. Weil ich endlich begreifen soll, wie sehr sie leidet, suche ich im Text nach Kommafehlern, Peinlichkeiten, falschen Anschlüssen, während Monsieur le Comte sich in eine Wirtschaftszeitschrift vertieft. Bald schläft er ein.

76

Schweiß rinnt unter meiner Hutkrempe heraus, die Hitze schwer wie Blei, die Kinder laut im türkisen Poolwasser, tauchen unter, verschlucken sich, Lilas Schwimmflügel grellpink. Sobald die Lippen der Kinder sich blau färben, fischt das Mädchen sie heraus. Sofort springen sie abermals hinein, klettern dann erneut über den Beckenrand, gepeinigt von Durchfall, rasen zur Toilette.
Das Kindermädchen zuckt die Achseln: Das Chlor im Wasser. Sie trinken zu viel davon. Haben alle die Scheißerei.
Sie flüstert, weil sie deutsch gesprochen hat, mit mir. Unerlaubt. Folgt den Kleinen nach, um ihnen im Klo beizustehen.
Kreischend hüpft Lila als Erste zurück in den Pool, sie ist die Wildeste, die Lauteste, die am schlechtesten Erzogene. Verhält sich französisch nur in Frankreich, fügt sich in den Plan für die Kinder, lässt sich vom Au-pair versorgen, wie die anderen. Seit der Geburt spricht ihr Vater französisch mit ihr. Seine Muttersprache. Ihre Vatersprache. Ich stehe für Deutsch, und auch in Frankreich will Lila mich nicht vergessen, platscht auf meinen Schoß am Liegestuhl, nässt die Korrekturen.
Abends haben die Kinder zu verschwinden, sie essen in der Küche, bereits im Schlafanzug, begegnen den Erwachsenen nur, um sich zu verabschieden für die Nacht.
Bonne nuit. Bisou. Bisou. Bonne nuit.

77

Die Eltern beim Aperitif auf der Terrasse, der Abend ist lau, und die Kinder werden in die weitläufigen Räume aufgeteilt. Ich muss mit, Lila schläft alleine nicht ein, hat Schlafen nie richtig gelernt. Hat alleine Weinen nicht gelernt. Ich trainiere sie nach einem falschen Programm, nach gar keinem.
Das tut den Kindern nicht gut. Sie brauchen strenge Regeln. Sagt Monsieur le Comte.

Man nennt das Eselseltern, wenn die Mutter zu viel Zeit mit den Kindern verbringt. Meint Toinette.

In Österreich stehe ich unter Verdacht, eine Rabenmutter zu sein, weil ich sechs Monate nach Lilas Geburt alleine verreise. Und weil ich mich ärgere, wenn ich sie stundenlang trage, weil sie sonst schreit.

In Frankreich bin ich die Gluckenmutter, die sich nach ihrem Kind richtet und nicht umgekehrt das Kind einrichtet nach ihrem Plan.

Lila blickt auf die mit Stuckornamenten verzierte Decke, beäugt misstrauisch das Fenster, aus dem das Sommerlicht schwindet. Ich knipse einen mit Fransen verzierten Lampenschirm an, beginne vorzulesen:

Le petit chacal et le vieux crocodile.

Lege mich neben den kleinen Körper, dessen Hände mich umklammern, mich festschrauben, ich darf nicht fort.

Le petit chacal aimait beaucoup les coquillages.

Mama, bleibst du immer bei mir?

Ich muss es versprechen.

Ich will nicht alleine schlafen.

Mach die Augen zu.

Ich blicke gegen die Decke und weiß, dass sie unten auf mich warten. Bereits das dritte Glas Jerez wird eingeschenkt. Verhalte mich ruhig, bis Lilas Griff schwächer wird. Bewege mich leicht zur Seite, ihre Finger krallen sich fester in mein Fleisch. Als sie endlich in längeren Zügen zu atmen beginnt, rolle ich mich langsam, damit das alte Bett nicht kracht, heraus, auf den schmalen Seidenteppichstreifen, der über dem Steinboden liegt. Erhebe mich in Zeitlupe, vermeide ein Rascheln meines Kleids, drücke den Knopf am Babyphon, schleiche, die Sandalen in der Hand, in Richtung Tür, schlüpfe hinein, der Stein ist kühl, mache ein paar Schritte.

Mama, wo bist du?

Lila holt mich zurück.

Du hast versprochen, dass du nicht gehst, Mama.
Vorwurfsvoll.
Ich lege mich hin, dämmere. Schlafe ein.

78

Toinette ist gekommen, berührt mich an der Schulter.
Komm, wir trinken Champagner.
Unten ist ein Fest in vollem Gang. Neue Gäste. Der Geburtstag von Monsieur Le Comte wird gefeiert. Ich schlürfe, stoße an. Dann die Suppe aus Zucchini.
Wir haben auf dich gewartet.
Sieht scheußlich aus, meint Monsieur le Comte.
Ja, wie Saft aus der Vagina, meint sein Freund.
Odettes Rezept kommt nicht gut an.
Sie löffeln die Suppe trotzdem aus.
Und dann Fasan. Und neuer Wein. Und dann Salat. Und neuer Wein. Und dann das Babyphon. Herzerreißendes Geheul.
Kaum hörbar unter Gelächter, Besteckklappern, Witzeln, Trinksprüchen. Alarmiert springe ich auf und laufe, das Gedächtnis bereits verwirrt vom Alkohol, verpasse die Abzweigung, gerate in den falschen Trakt, während in irgendeinem dieser Räume meine Tochter weint. Ich hoffe, dass sie in ihrem Bett bleibt, nicht versucht, mich zu finden, und sich ebenfalls verirrt, begebe mich zurück an den Ausgangspunkt des Salons, versuche mich zu erinnern und brauche mehr als zehn Minuten, um nach Lilas Alarm bei ihr zu sein.
Fast hat sie sich beruhigt, ein Albtraum. Ich halte ihre Hand, lausche ins Dunkel, von der festlichen Gesellschaft ist nichts zu hören durch die dicken Wände. Lila schläft ein.
Unten sind die Erwachsenen beim Käse angelangt, eine schwere Holzplatte, die von Gast zu Gast kreist, ich breche das knackend frische Weißbrot, streiche Ziegenkäse drauf, stecke ein Stück Hartkäse in den Mund, dazu Wein, dazu Musik, dann das Babyphon.

Wieder laufe ich hinauf, bemerke Toinettes Kopfschütteln, erreiche mein Kind über 147 Stufen, das Bett knarrt.
Unten wird die Geburtstagstorte serviert. Toinette ist betrunken.
Mein schöner Mann. Jetzt ist er fünfunddreißig, wie wir alle hier.
Wurde auch Zeit.
Alle applaudieren, alle singen das Geburtstagslied, und das Geburtstagskind bläst die Geburtstagskerzen aus. Er lacht nicht, lächelt nur.
Du bist langweilig, schreit Toinette.
Trinkt! Trinkt alle auf ihn!
Es ist mein Geburtstag. Und ich kann sein, wie ich will.
Monsieur le Comtes Stimme ist eisig.

79

Toinette wirft ihr braunes, lockiges Haar zurück und einen liebevollen Blick auf seinen Freund, sie hängt sich ihm an den Hals. Er lacht. Zum Kuchen erzählt er Zoten.
Toinette bewundert ihn. Die Ehefrau des Freundes sieht besser nicht so genau hin. Ihr Redefluss beschleunigt.
Und dann kommen die Schnäpse, die Cognacs und die Armagnacs und zwischendurch das Gras. Dann Kaffee.
Hey, wir ziehen uns alle aus. Ruft Toinette.
Alle zum Pool, alle hinein ins Badezeug, aber ich will nackt sein.
Wir springen hinaus in die Nacht, über den Kies, durchs feuchte Gras, wanken zum Pool, wo Toinette Bikinis und Badehosen verteilt.
Wer traut sich zuerst?
Verlockend leuchtet das Wasser aus dem Dunkeln. Die Luft ist bereits kühl, Mitte August, der frühe Herbst behauptet sein Recht.
Der Freund, Hals über Kopf lässt er sich hineingleiten, zieht eine glänzende Spur.
Bravo, bravo!
Toinette ist begeistert, ist die Zweite. Dann traue ich mich.

Der Freund taucht neben mir auf, doch Toinette lässt mich nicht mit ihm allein, zieht ihn fort, planscht, kreischt, hängt sich an seine Beine, er drückt sie unters Wasser, Balgerei.
Ich ziehe mich den Beckenrand hoch.
Wo ist das Geburtstagskind?
Ach, der Feigling, ist im Schloss geblieben. Soll sich selbst ficken.
Kreischt Toinette.
Ich ziehe mich rasch um, laufe zurück, auf halbem Wege höre ich ein Schreien. Lila.
Monsieur le Comte kommt mir entgegen. Kopfschüttelnd.
Schon wieder. Was ist los mit diesem Kind?
Missbilligend.
Das ist nicht normal. Kinder schlafen nachts.
Ich laufe vorbei an ihm, die Treppen hinauf, irre mich diesmal nicht in den Gängen, ernüchtert durch das kalte Bad, rette ich Lila vor einem schlimmen Traum und schlafe neben ihr ein. Toinette ist eine bessere Mutter.

80

Die Kinder, das Essen, die Kleider. So kommen sich die Frauen nah. So können sie miteinander reden. Ohne Gefahr. So tauchen sie nie in eine Tiefe ein, die schmerzt. So nennen sie die Dinge nie beim Namen, die sie wirklich sind. Als Frauen.

Momente der Vertrautheit: Meine Mutter erklärt mir Pflanzen.

Spitzwegerich, du drückst die langen Blätter leicht zusammen, sodass die Membrane aufbrechen, etwas Saft austritt, den streichst du über die Wunde. Und das Blut ist gestillt.

Löwenzahn, die Blätter kannst du für Salat verwenden, die Stängel voll milchiger Flüssigkeit. Aufpassen, die schmecken bitter.

Wir zeichnen uns Muster damit auf die Haut, der Saft trocknet braun in unsere Poren, Kindertattoos. Wir schlitzen die dickfleischigen Röhren der Stängel, werfen sie in ein Wasserbecken, warten. Ihre Enden ringeln sich, bilden Schlüssel, damit schließen wir den Himmel auf.

Brennnessel, wird gekocht und gegessen, ist vom Geschmack her wie Spinat.

Hagebutten, die roten Früchte enthalten pelzige Kerne. Mein Cousin drängt seine Hand in meinen Kragen, reibt mir über den Rücken und die Samen beginnen zu jucken. Schreiend laufe ich heim.

Momente der Vertrautheit: Wenn ich neben Mutter liegen darf im Ehebett, der Vater im Dienst über Nacht. Die Tuchent ist dicker als in meinem Bett, kühler, und im Dunkeln rede ich leichter. Wünsche fließen über meine Lippen. Archäologin will ich sein, wenn ich groß bin, und Mutter zieht die Luft scharf ein, ich kann ihr Nein bereits spüren.

Warum nicht?

Das ist etwas für Leute mit Geld. Wir haben keins. Du musst etwas werden, womit man Geld verdient.

Ich versinke vor Scham und die weißen Säulen, die Göttinnenstatuen, die Fresken bleiben unter der Erde, unentdeckt von mir. Ich darf nur die Kartoffeln herausholen, nicht die Geschichten. Rote Rüben schmecken nach Dunkelheit. Mutter schneidet sie in Scheiben, legt sie in Zucker, Essig, Kümmel ein. In ihrem Nähzimmer im Keller sitzt sie auf Höhe der Wurzeln, tagelang, monatelang, jahrelang, brütet Kleider aus, Gespinste, steigt aus dem Untergrund in den Garten hoch, jätet, sorgt, harkt, schützt, erntet, räumt die eingemachten Gläser ins Regal.
Momente der Vertrautheit: frisch gezogene Radieschen. Genüsse, die Lila nur von ihrer Großmutter Erika erfährt.

81

Nur an besonderen Festtagen aß ich mit den Eltern im Gasthaus. Wenn wir durch andere Familienmitglieder gezwungen dazu waren. Ansonsten war es verboten, Geld auszugeben für etwas, das man selber besser kann. Sparen ist Pflicht. Mutter fährt mit dem Fahrrad zu Verwandten, um Schürzenkleider gegen Eier zu tauschen, Stricksocken gegen Speck, Hosen gegen Suppenhühner. Wenn wir einen Ausflug machen, holt sie im Auto die Dauerwurst heraus, die Brotschnitten und den Most. Wir kehren nicht ein.
Momente der Vertrautheit: Schon als kleines Kind gebraucht Lila ihre Zunge, leckt sich die Mundwinkel, schiebt Stücke von Roquefort in ihren Mund mit bloßen Fingern, scharfer Käse, mmhm. Sie nimmt Teil am Essen der Großen, schreckt nicht vor Krabben zurück, verlangt Fisch mit Augen, lässt sich die Bissen auf der Zunge zergehen, reißt Fleischstücke vom Grill, in die sie gierig beißt. Sie ist Feinstschmeckerin, besitzt mindestens 425 Geschmacksknospen pro Quadratzentimeter. Fast dreimal so viel wie der Durchschnitt.
Am Esstisch der Großmutter lernt Lila den Zusammenhang von Essen und Sprechen. Die Knospen ihrer Zunge erzählen die Geschichte der Zutaten, sie kann wiedergeben, was eine Speise

enthält, spürt Kleinigkeiten heraus. Sie hat le goût, das höchste Gut, das eine Französin haben kann.
Auch Odette hat Geschmack. Toinette hat Geschmack. Lila hat Geschmack. Sogar ich habe Geschmack, sagt Odette.
Alle haben von Odette gelernt. Sie ist Meisterin der Zeremonien von Tagen, an denen alles sich um die korrekte Speisenfolge dreht. Odette hasst es zu kochen und liebt es, sich bedienen zu lassen. Lieber will sie übers Essen reden, die Gerichte kritisieren, als sie zu produzieren. Während ihre Tochter Toinette einen teuren Herd kauft für ihre Küche und Kochen liebt, weil sie tagsüber essen gehen muss als moderne Frau. Sie arbeitet mindestens zwölf Stunden im Büro und kann nur an freien Tagen Köchin sein. Ich leiste meiner Schwägerin Gesellschaft.

82

Ich ziehe den roten Einkaufswagen hinter mir nach in Paris. Wir sind früh aufgestanden, um auf den Markt zu gehen. Toinette weiht mich ein. Genüsse ihrer Kindheit: Andouillette, Boudin, Choucroute, wir sind nicht so weit voneinander entfernt: die gewissenhaft gefaltete Wurst aus den Mägen von Kälbern und Kühen. Der mit Innereien, Blut und Gewürzen gefüllte Darm. Das mit Würsten gekochte Kraut. Doch beim Gemüse beginnt der Unterschied.
Sind sie wirklich reif, fragt Toinette vor den Tomaten.
Sicher, Madame, Sie können sich darauf verlassen, Madame, antwortet der Gemüsehändler aus Marokko, Algerien, Tunesien.
Möchten Sie ein Stück kosten?
Toinette greift nach einer roten Spalte, reicht sie mir, nimmt sich eine, zerdrückt sie auf ihrer Zunge, mahlt das festere Fleisch langsam zwischen ihren Zähnen. Ich lasse das Süßsäuerliche der Tomate auf meiner Zunge zergehen. Wir sehen uns an, nicken uns zu. Der Händler packt ein Kilo ein.

Ja, beim Gemüse beginnt der Unterschied: Die grünen Bohnen sind dünn und alle gleich lang, die Rüben violett und winzig klein. Neuland beginnt mit Fischen, die auf Lorbeerblättern lagern und auf Eis, beginnt mit Meeresfrüchten, die orange, grauweiß schleimig glänzend in ihren Schalen liegen, bereit zum Verkauf. Beginnt mit schroffen Austernschalen, festgehalten von Mollusken, die sich nur mithilfe eines Messers preisgeben, sich zusammenziehen unter der Säure der Zitrone, bevor sie über die Zunge schlittern in Richtung Rachen. Austern werden geschlungen und gesaugt und Austern müssen sein zu den Festtagen. Als Vorspeise bereiten wir Millefeuille de Saint-Jacques aux Navets et aux Pommes. Wir holen das wertvolle Silberbesteck aus verborgenen Laden, das alte Geschirr. Wir legen die grüngläsernen Messerbänkchen auf. Wir kochen Gigot de Chevreuil au Genièvre und Perdreaux aux Noisettes. Wir lassen Cantal, Époisses, Comté, Crottin de Chavignol bei Zimmertemperatur Aroma gewinnen. Wir mischen Maronenmus mit Zucker, Butter und geschlagenem Eiweiß, lassen die Holzscheitform im Gefrierfach kühlen, drücken die typischen Streifen mit einer Gabel ein, stecken Engel aus Zucker drauf, bereiten Bûche aux Marrons.

Wir lachen, wir genießen, wir achten nicht mehr auf die Kinder, nicht auf Monsieur le Comte, der früher schlafen geht als wir. Toinette zeigt mir das fein gearbeitete, goldene Armband, sein Geschenk. Wir trinken, wir feiern, wir lachen.

Schon das Aufstehen um drei Uhr früh ist eine Besonderheit. Erika stiehlt dem Tag die dunklen Stunden. Gekleidet in selbst genähte Kniebundhosen und karierte Bluse, mein Vater trägt ein kariertes Hemd, fahren sie los. Schnüren die Bergschuhe fest. Während Erika steile Pfade stumm in Angriff nimmt, wird ihr das Nachdenken erspart. Ihr Körper funktioniert. Was sie will, weiß sie in diesem Fall genau. Sie muss bloß einen Fuß vor den anderen setzen, sich die Kräfte gut einteilen, richtig atmen, heftig schwitzen, und hat sie den Gipfel bestiegen, liegt alles unten, was sie sonst stört. Da sie nie nichts tun darf, wandert sie gern. So kann sie fort von zu Hause, kann das Nichtstun verkleiden als Wandern.
Sie erreichen den Gipfel, als die Sonne aufgeht. Weil jetzt alles so schön ist, kommt es ab dem ersten Schritt hinunter nur wieder schlimmer. Erika überlegt, für immer zu verschwinden. Im allerbesten Moment. Erika wagt sich bis an die äußerste Kante des Felsens, geht rückwärts in Richtung Abgrund. Stellt sich für ein Foto auf. Umrahmt von den Bergen. Das rot-weiß-rote Karo ihrer Bluse leuchtet gegen das Himmelsblau. Sie zieht die Mundwinkel hoch, imitiert ein Lächeln, während sie die Sohlen ihrer Bergschuhe Zentimeter für Zentimeter nach hinten schiebt.
Wenn er abdrückt, bleibe ich stehen.
Solange er nicht abdrückt, gehe ich immer weiter.
Sie wünscht sich, ins Nichts zu stürzen, damit sie sich einmal spürt.

83

Dann der Schock an einem anderen Ort zu einer anderen Zeit. Frühmorgens klopft Odette an die Schlafzimmertür, tritt unaufgefordert ein, in Morgenmantel und zerrupfter Frisur.
Monsieur le Comte ist fort. Er hat Toinette verlassen.
Odettes Stimme trieft, wackelig steht sie in Frotteepantoffeln auf dem Teppich, blickt vorwurfsvoll.
Ich bin verschlafen und unwillig. Seit wann muss eine Mutter sich um die Ehe ihrer Tochter kümmern? Und was habe ich damit zu tun?
Aus Odette bricht es hervor:
Ich habe ihr gesagt, alles wird gut, sie soll sich nicht sorgen.
Aber warum?
Es gab Streit, mitten in der Nacht ist er nach Hause gekommen und hat seine Reisetasche gepackt.
Odette reckt die Arme hoch, lässt sie erneut fallen, kramt im Morgenmantel nach einem Taschentuch, putzt sich die Nase. Ihre Stimme zitternd und empört.
Toinette, la pauvre, weiß nicht einmal, wo er im Moment wohnt.
Später höre ich sie am Telefon, wie sie ihre Tochter berät:
Männern muss man Zeit geben. Das renkt sich ein. Er liebt dich. Bitte ihn um Verzeihung. Das ist halt so in einer Ehe.
Und ich spüre Toinette weinen am anderen Ende in Paris.
Sie ist allein mit zwei Kindern.
Odette regt sich auf.
Wie kann man so was tun? Er liebt seine Kinder, besonders seinen Sohn. Sein Erstgeborener.
Ein Tag vergeht und Monsieur le Comte kehrt nicht zurück.
Eine Krise. Meint Odette. Eine gute Ehe hält eine Krise aus.
Ich halte mich raus, denke daran, dass Toinettes Ehemann in den letzten Monaten immer schlief, wenn ich sie besuchte. Überarbeitet,

behauptete er, nahm nur an gemeinsamen Essen teil, sprach nicht mehr mit uns, aß und legte sich wieder hin.
Ein zweiter Tag vergeht, ohne ihn, ein dritter, ein vierter. Er hebt das Telefon nicht ab, bleibt verschwunden. Sogar Odette hat seine Nummer gewählt. Vergebens.
Odette stammelt nun. Weiß nicht mehr ein noch aus.
Toinette ist schön, ist klug, ist tüchtig, ist eine gute Mutter, eine gute Ehefrau, er muss froh sein.

84

Odette geht mehrmals in die Kirche, um zu beten, für die Familie, für die Kinder. Allein Gott kennt weder die Lösung noch das Problem.
Nach zwei Wochen kann Toinette die Situation nicht mehr ertragen. Sie will die Wahrheit, eine Entscheidung, und alles kommt heraus. Das Kindermädchen heult.
Monsieur ist heimlich mittags hierhergekommen, um die Kinder zu sehen.
Warum haben Sie nichts gesagt?
Monsieur wollte, dass ich schweige, weil ...
Weil was?
Monsieur bekam auch Besuch, eine blonde italienische Frau.
Toinette sinkt zu Boden, hält sich am Türrahmen fest, darf es nicht. Sie zieht sich wieder hoch.
Was hat die Dame hier gemacht?
Sie spielte mit dem kleinen Prinzen. Ich musste währenddessen aus der Wohnung.
Toinette hat genug gehört. Sie entlässt das Kindermädchen und zieht um, stellt eine Neue ein, denn nur mit Kindermädchen kann das Leben funktionieren.
In Paris kommen sie von den Kapverden, aus Mali, Algerien, aus dem Sudan. In New York kommen sie von den Philippinen, der Karibik, aus der Ukraine. In Berlin kommen sie aus Peru, Polen,

Mexiko. Ohne Kindermädchen können die Frauen nicht gleichzeitig arbeiten und Mütter sein. Die Kindermädchen lassen ihre eigenen Kinder zurück bei der Großmutter in ihrem Land, um auf die der anderen zu achten, damit der Traum von der arbeitenden Mutter gelingt. Zahlreiche Familien der Dritten Welt werden ernährt durch diesen Wunsch.
Während Monsieur le Comte längst weitergewandert ist, zur nächsten Familie, ein nächstes Kind macht, frisch anfängt, alles besser, alles neu. Männer wandern von einer Familie zur anderen, während ich mich von einer Arbeit zur nächsten bewege, Ort und Job sind selten eins. Monsieur le Comte hat Schlösser, einen Familiensitz, eine Grabstelle, die Schränke in Neuchamps quellen über von Dokumenten, die seine Tradition belegen. Ich habe kaum Beweise noch Erzählungen, bei mir ist vieles blank.

85

Auch Odettes Ehemann war ständig unterwegs. Auf Mission. Als Diplomat reiste er durch die Welt. Der Europarat in Straßburg, wo er arbeitete, ist ein einziges Bordell. Chübeer mietete Wohnungen für seine Geliebten, gründete Liebessitze da und dort. Selbst nach seiner Pensionierung erfindet er Kongresse und Arbeitstreffen. Odette weiß nichts davon, oder will nichts wissen. Sobald die Kinder Vermutungen anstellen, ist sie empört:
Man spricht nicht so über seinen Vater!
Als sich Chübeer nach einem Schlaganfall nicht mehr rühren kann, tauchen sie auf: die Geliebten, die Handys und die Schlüssel zu den geheimen Wohnungen.
Doch Odette bleibt comme il faut ihr Leben lang. Ihr einziges Vergehen ist die Liebe zu diesem Mann, einem Ausländer, einem ehemaligen deutschen Soldaten in Paris. Sie sprechen englisch, als sie sich verlieben. Odette kann kein Deutsch und Chübeer hat Französisch erst in Straßburg gelernt, für die Arbeit. Im Alter schließlich wird der Mann wieder fremder. In seinen Gedanken

kehrt er zurück nach Österreich, obwohl er weiterhin in Paris lebt, unter ihr. In getrennten Wohnungen im selben Haus. Odette fährt mit dem Lift zu ihm zum Mittagessen.
Chübeers Zunge wird zum Problem. Er schmeckt nur mehr wenig. Hantiert mit dem Salzstreuer, bevor er einen ersten Bissen kostet, löffelt Chilisauce, die ihm die Lippen wund brennt. Heimlich muss er sich den Mund süßen, verschlingt Eiskrem, Schokolade, Kekse in riesigen Happen und wird dennoch nie zufrieden sein.
Odette hingegen braucht ständig mehr Pelze, Goldschmuck, Ringe, Handtaschen, Operntoiletten. Ihr Salon ist mit Döschen und zierlichen Gefäßen gefüllt, die Wände mit bemalten Tellern geschmückt, mit goldgerahmten Gemälden, ein Kronleuchter prunkt, und das ist alles nichts wert gegen ihre Louis-seize-Garnitur. Möbel müssen alt sein, aus der Familie stammen, eine Geschichte haben, der Odette angehört. Geschmack wird nicht gekauft. Odette ist die Gefühlshaushälterin der Familie, weil ohne sie die Familie nicht existiert, und Odette existiert nicht ohne die Familie. Geschmack ist ihr Reichtum. Nur dadurch wird unterschieden. Geschmack hat mit Geld nichts zu tun. Meine Tochter Lila hat dieses wertvolle Gut von Odette und Odette von ihrer Mutter, Bonne-Maman, gelernt.

86

Lilas Großeltern sind schwerhörig im Alter. Krankheit entfremdet die beiden voneinander. Krankheit erlaubt Chübeer, die strengen Regeln Odettes zu missachten, seine Anzüge abzulegen, wochenlang in ausgeleierten Frotteebademänteln, den kahler werdenden Kopf mit Kapuze bedeckt, durch die Wohnung zu spazieren, oder sogar nackt. Bis Odette spitze Schreie ausstößt, wenn er zum Mittagessen kommt: Chübeer, ihr Revolutionär, ihr Professor, der Bürgerschreck und Diplomat, das Wagnis ihres Lebens. Wegen ihm hat sie Versailles verlassen, ihre Familie. Immer öfter aber zwingt Chübeer sie dorthin zurück, weil er flieht, sobald seine Gesundheit es wieder erlaubt. Er erträgt Odettes Fürsorge, ihr unablässiges Fragen, ihre Bedürftigkeit nicht mehr, sucht geheime Orte auf. Keiner weiß, wo er sich wirklich befindet. Und Odette kann nicht alleine sein. Sie kann nicht existieren, ohne mit anderen zu reden, kehrt zurück zu ihrer Mutter, Bonne-Maman. Bei Parisbesuchen bringe ich Lila nun nach Versailles. Odette führt meine Tochter durch den Schlosspark, ihre Heimat. Sie spaziert, das Kind an der Hand, in Richtung des kleinen Bauernhofs, von Marie Antoinette zum Vergnügen angelegt. Will ihr die Schäfchen zeigen, zum Streicheln. Das Mädchen hält nicht still, reißt sich los, läuft in Richtung des Brunnens, der sie schimmernd lockt, und Odette wankt ihr nach.

Attends, chérie! Attends ta Grand-Maman!

Odette keucht.

Lila bleibt stehen, aufgehalten durch die knallig gelben Blüten am Wegrand, die sie betrachten will, mit den Händen fassen.

Non. Non.

Empörte Rufe der Großmutter.

Zu spät. Lila springt auf den Rasen, hat die Sperre übertreten, zupft ein, zwei Blüten ab, zerdrückt sie fast in der Anstrengung, sie mit

kurzen Armen zu erreichen, wendet sich der wankenden Gestalt zu, die heraneilt, ihr rutschiges Seidentuch fast verliert, es hängt gefährlich über Odettes Schultern. Lila streckt ihr die Blumen entgegen.
Für dich, Grand-Maman. Für dich.
Und Odettes strenge, schwarz gefärbte Brauen glätten sich in sanften Bögen über ihrer Stirn, sie ist gerührt, bückt sich mühsam hinunter, küsst das Kind.
Merci, ma chérie. Je t'aime bien, ma poupette.
Lila kichert, wischt sich Odettes Spucke von der Wange, ihr Kuss war feucht, und läuft weiter, immer zu schnell für die müden Beine der Großmutter.
Attends. Attends, Lila!

87

Odette möchte ihrer Enkelin den großen Park erklären, den sie seit ihrer Kindheit kennt. Die Gärten, die von Herrschern erzählen, von Statuen mit seltsamen Namen, von den Spiegeln, den grünen Girlanden, den vielsagenden Fontänen, möchte ihr berichten von der Sonne, die der König meinte zu sein, und den Pflanzen, die sein Licht brauchten, die Linien, die ihn vergrößerten, von seinen freundschaftlichen Gesprächen mit den Gärtnern, von den Weisheiten, die er versteckte für die Wissenden und verbarg vor den Gelangweilten.
Aber Lila ist beim Brunnen angelangt, dessen blanke Fläche das Blau des Himmels spiegelt, dessen Wasser glänzt. Lila betastet die vergoldete Umrahmung verblüfft, leckt mit der Zunge daran, schmeckt warm, während Odette ihre kurzen Schritte entlang des grünen Grasteppichs vergebens beschleunigen will.
Lila hängt ihren kleinen Körper an die Umrandung, ihre Finger tauchen ins Nass. Sie bestaunt die im Brunnen halb versinkenden Pferde, nackte, muskulöse Männer reiten auf scharfzähnigen Delphinen, sie blasen Muschelhörner.

Papa, Papa und der Bakalon.
Ruft Lila entzückt.
Odette versteht nicht, ist geblendet vom Gold der Brunnenfiguren.
Non, non. Kein Balkon.
Lila patscht ins Wasser mit der flachen Hand, spritzt Odette ins Gesicht und gleitet den Brunnenrand rasch hinunter. Läuft, läuft, läuft davon.
Sorgfältig legt Odette die von Lila abgerissenen Blüten auf die leicht gewellte Fläche, lässt das Gelb treiben in Richtung nackter Männer. Die hat sie als Kind ausgiebig studiert, den Verlauf ihrer Muskeln, die Position der aufgerichteten Brustwarzen, als Halbwüchsige gekichert davor mit den Freundinnen. An diesen Skulpturen durfte sie Männern zwischen die Beine schauen, unbehelligt sich vorbereiten. Wer von ihnen würde zuerst? Odette war die Letzte, die heiratete, sie hatte schon zu lange mit ihrer Mutter in dem kleinen Häuschen gelebt, keiner glaubte mehr daran.
Odette seufzt, dreht sich nach Lila um, die ihr entgegenrennt, dann innehält, die Augen schließt, in die Sonne blinzelt.
Komm, ich zeig dir was.
Sie zerrt Lila zum Gemüsegarten des Königs, Reihen von Apfelbäumen, Sorten von Rüben und Karotten, Kohlsprossen. Im Krieg war Odette heimlich hier gewesen, um die Geschwister zu versorgen, und ihre Mutter, die tagelang das Bett hütete, sich nicht kümmern konnte. Lila zieht eine Karotte aus der Erde, ist erstaunt, dass sie die Wurzel nicht sofort in den Mund stecken kann, sucht Wasser.

88

Odette hält die Familie zusammen. Wäscht zu Hause angelangt eine Karotte an der alten Spüle, reicht sie Lila als Vorspeise, füttert sie an jenem Tisch, an dem sie selbst ein Kind war, an dem sie als Älteste die Verantwortung trug. Das Mittagessen lässt sie vom Traiteur liefern. Bonne-Maman bezahlt. Odette bereitet nur den

Salat, lädt ihre jüngste Schwester Minette ein. Ich sitze mit Lila an ihrem Tisch und die Frauen schenken mir ein.
Den Salat danach oder davor?
Danach.
Sehr gut. Wir essen Salat immer danach.
Kann ich bitte das Brot?
Bitte sehr.
Noch Wein?
Ein wenig.
Lila, chérie, leg die linke Hand auf den Tisch neben den Teller. So ist es schön.
Lila kaut Hasenstückchen, lädt Reis auf ihre Gabel, faltet Salatblätter in ihren kleinen Mund.
Pass auf das Glas auf.
Die Stimmen der Frauen werden höher und höher. Je mehr Wein sie in ihre Kehlen schütten, desto öfter bricht das helle Lachen aus, ein Gezwitscher zwischen den Tomaten, dem Geklimper der Silbergabeln auf handbemaltem Porzellan. Sonntagnachmittags füllt sich der winzige Salon in Versailles mit Kleinkindern, denen Odettes Mutter die Truhe öffnet mit dem Spielzeug. Die größeren Kinder reichen Kekse und Petits Fours. Bonne-Maman kennt die Namen all ihrer Urenkel und die Abfolge ihrer Geburten. Sie hält ihr Gedächtnis wach mit den vielfachen Verzweigungen des Familienbaums. Meine Tochter ist Nummer dreiundzwanzig. Ich bin spät dran. Ich darf überallhin, in sämtlichen Familien werden mir die Türen geöffnet, seit ich Mutter bin.

89

Bonne-Maman war eine schöne Frau, Tochter einer vermögenden Familie, eine gute Partie. Sie war früh fotografiert worden und vervielfältigt, stand ihrem Vater Modell. Aus einem dunklen Hut mit breiter Krempe, der ihre braunen Augen betont, fallen Locken über

die Schultern. Das Foto in Sepia hängt goldgerahmt in den Wohnungen all ihrer Kinder und Kindeskinder an der Wand.
Zu Anfang des Jahrhunderts erfand Bonne-Mamans Vater eine Farbdrucktechnik, inspiriert von der Lichtbrechung auf den Flügeln eines kobaltblauen tropischen Schmetterlings. Die Farbfilter Rot, Grün, Blau werden in einem mehrstufigen Färbe- und Bleichprozess gitterförmig über einer Schwarz-Weiß-Emulsion aufgebracht. Licht kann durch das entsprechende Filter dringen und die Emulsion belichten. Die Ergebnisse sehen wie gemalt aus oder getupft, impressionistisch. Später wurde das Patent von einer britischen Firma gekauft und zu einer Farbfilmtechnik weiterentwickelt, die bis zur Einführung von Technicolor und Kodachrome den Markt bestimmt. Die Familie wurde reich durch diese Erfindung, behielt das Recht, in einem Verfahren zu drucken, das Odettes Großvater Heliophore nannte, nach dem griechischen Namen des Schmetterlings.

90

Als Bonne-Mamans neunzigster Geburtstag gefeiert wird, ist in der Familie alles noch in Ordnung. Alle leben. Kein Krebs, kein Schlaganfall, kein Koma, kein Hirnschlag, keine Lähmung, keine Demenz, kein Parkinson, keine Chemotherapie. Lila im karierten Kleid, eine Ausnahme, abermals haben wir das Kleinkind nicht aus der Großfamilie entfernt, so wie alle anderen das tun. Lila ist unmöglich, weil sie unablässig schreit, sobald sie getrennt wird von uns. Lila bricht in die Erwachsenenwelt ein, streicht stundenlang Butter auf kleine Stückchen Brot, das hält sie beschäftigt und ruhig.
Auf dem Ehrenstuhl sitzend hat Bonne-Maman ihre Kinder und deren Gefährten um sich geschart, Odette erhobenen Haupts, Chübeer, ihre Trophäe, Kopf zur Seite geneigt, und Bonne-Maman mit Lieblingssohn Charles, einander im Gespräch zugewandt. Ihre vertrocknete Haut legt sich an die ausgeprägten Wangenknochen, Mutter und Sohn spiegeln ihr spitzes Kinn ineinander, sind sich

vertrauter als die anderen rundherum. Noch fragt keiner warum. Ein paar Monate danach wird Charles sterben. Vor seiner Mutter. Ich selbst finde mich auf einem Foto, auf dem die Ehegatten von Bonne-Mamans Enkel abgebildet sind, hocke neben Monsieur le Comte auf dem Teppich, in exakt der gleichen Position wie er. Nur habe ich vergessen, dass ich einen Rock trage. So folgt das Auge der Kamera dem Verlauf meiner Beine bis hoch hinauf an die bestrumpften Schenkel. Undamenhaft und unpassend zur festlichen Gelegenheit. Ich schere mich anscheinend nicht darum, und Bonne-Mamans Kopf thront vogelgleich winzig zwischen all den frischen Gesichtern. Weiterhin sitzt Charles neben ihr, hat das Familienarrangement nicht verlassen, blieb ihr nah. Und erst Jahre später wird eine Enkelin fragen warum.

91

In jeder Familie existiert ein Geheimnis, und wenn nicht die Menschen reden, so erzählen die Dinge und die Krankheiten davon. Die Döschen und Vitrinen enthalten Worte, die verborgen sind, die aufgespießten Schmetterlinge hinter Glas flüstern denen, die hören wollen, das Geheimnis zu. Die Gemälde an der Wand hatten es gesehen. Die drei Grazien hatten es bemerkt, die Tapisserien mit den Fabeln von Lafontaine hatten zugeschaut, als Bonne-Maman zusammengesunken war und weinte, für immer von ihrem Liebhaber getrennt. Sie hatte sich ins Bett gelegt, um nichts mehr gekümmert, die Kinder, vernachlässigt, durften nur zu ihr, um den Gutenachtkuss zu geben, sie ertrug sie nicht mehr. Ihr Bauch war gewachsen und sie hatte sich beeilt, oft genug mit ihrem Mann zu schlafen, damit er nicht anfinge, Fragen zu stellen. Sie war verheiratet, die Liebe ihres Lebens hingegen wohnte anderswo, der Sohn ihres Liebhabers wuchs nun in ihr heran und wuchs und wuchs und wuchs. Bonne-Maman sprach nur mehr mit den Tapisserien hinter verschlossenen Türen, vertraute sich gestickten Figuren an, die ihre Tränen aufsogen und nach und nach ihren Schmerz. Und

später, da war Charles längst ein Mann, ging Bonne-Maman mit den Fingerspitzen daran, strich sorgsam über die eng geknüpften Fäden, roch, um sich zu spüren. Und ihn. Und ihren nackten Körper, nackt für ihn.
Ein Skandal. Odette regt sich auf.
Wie kann man so was behaupten!
Sie wedelt mit dem Zeitungssausschnitt von *Le Figaro* vor meinem Gesicht. Eine Buchbesprechung. Bonne-Mamans Enkelin hat einen Roman verfasst.
Odette erhebt ihre Stimme.
Charles ist sicherlich kein Kuckuckskind. Wie kann sie der Familie so etwas antun.
Gleichzeitig bewundert sie den Erfolg ihrer jüngsten Nichte.
Sie ist so intelligent. Und trotzdem hat sie einen Mann in der Regierung und drei Kinder. Sie spricht drei Sprachen fließend. Hat an der Sorbonne studiert. Aber das?
Verächtlich wirft Odette die Zeitung auf den Tisch vor mich hin und erklärt.
Ich weiß, dass Maman eine große Liebe hatte, das hat sie mir sogar erzählt. Trotzdem war sie Papa immer treu, immer.
Odette glaubt, was sie glauben will. Dazu wurde sie erzogen. Eine Frau sieht nicht so genau hin, wenn ihr Mann zur Seite sieht. Zur Seite sehen ist die französische Umschreibung für fremdgehen. Also weiter nicht schlimm. Bedeutet gar nichts. Das ist eine Freiheit, die der Mann braucht. Nicht die Frau. Die Frau geht in die Kirche und hat keinen Hintern, kein Geschlecht. Und Sex wird nur gemacht wegen der Kinder.
Aber Odette hat nun auch andere Sorgen.
Kurz nach dem neunzigsten Geburtstag beginnt Bonne-Mamans Verfall. Die Gratulanten hatten ihr einen Stammbaum geschenkt, eine riesige Karte mit Fotos und Namen all der Menschen, die nach ihr kamen. Auch ich klebe mit darauf. Bis heute.

Nach dem neunzigsten Geburtstag bringt Bonne-Maman eines Tages die Urenkel durcheinander, kennt ihre Reihenfolge nicht mehr auswendig. Verwechselt Namen, Zahlen, Generationen. Je mehr Bonne-Maman verfällt, desto mehr Zeit verbringt Odette in ihrem alten Mädchenzimmer im Haus von Versailles. Blickt auf dieselben Blütenmuster der Tapeten, die Röschen und Girlanden, richtet sich frühmorgens auf in bestickten Laken, hütet die Familie.

92

Lila malt einen Grabstein mit der Inschrift R.I.P. ins Gästebuch, als Bonne-Maman schließlich im Sommer stirbt. Wer sich in dem goldenen Buch einträgt, bleibt dem Haus auf ewig verbunden. Vielen Dank für die Gastfreundschaft, die Berge, den See, das Schwimmbad, die französische Sprache, das exzellente Essen, die Nähe der Festspiele, schreiben die Besucher, das leere Blatt starrt mich an, das Wetter war schön, düster, nass, winterlich, der Sommer ließ auf sich warten, am Kamin saßen wir trotzdem angenehm.
Lila zeichnet ihre Familie mit ellenlangen Beinen, sie schreibt ein Gedicht ins Gästebuch, ohne dass Odette das bemerkt. Den weiblichen Figuren ragen riesige Kugeln aus dem Oberkörper, bedrohliche Brüste, für Lila anscheinend begehrlich. Sie schreibt:
Liebe Grand-Maman, ich liebe dieses haus und den garten, es ist schön, die rosen, die terasse, die bäume, der walt und alles. Und das haus von dir. Es ist gros und ich danke dir, das wir yeden sommer bei dir bleiben. Bisous, das maitchen von maman und papa. Unterschrift: lila.
Ich blättere im goldenen Buch, finde Korrekturen von Toinette, böse Kommentare zu den Fotos aus der heilen Welt, mit Bleistift dazwischengeschrieben:
Rudi und Christl bohren sich sorgfältig in der Nase, während Odette erbarmungslos fragt: Wollt ihr noch ein Stück Torte? Und Chübeer, der fesche Kerl, flirtet mit Christine, alles Gute, aus der Zukunft grüßt eure Plistinguette.

Eine Kopie des Stammbaumes klebt im Buch. In Englisch, denn die Familie ist über die ganze Welt verteilt. Odettes Vater ist als poet and storyteller angeführt, seine Frau ohne Beruf. Hinter meinem Namen stauen sich die unbenannten Felder, an der Stelle meines Vaters: ancestors unknown, an der Stelle meiner Mutter: ancestors unknown. Graue rechteckige Kästen, Leerstellen, ich hänge an dieser Familie nur über die Funktion, die Mutter Lilas zu sein. Das genügt.

SCHWANGER (KIND II)

93

Als Lila drei ist, ziehen wir nach Chicago. Sie will kein Einzelkind bleiben, erzählt im Kindergarten überzeugend von einem kleinen Bruder. Die Betreuerinnen wundern sich, warum ich ihn nie mit zum Abholen bringe.
Where is Lila's brother? Fragen sie.
She doesn't have a brother.
But she told us, in detail.
What?
His name is Leopoldo, she says.
Well, that's her teddy bear.
Wir lachen.
Lila macht Ernst.
Warum habe ich keinen Bruder oder eine Schwester, meine Freundinnen aber schon?
Wir haben nicht genug Geld, meine Liebe.
Sie holt ihr Sparschwein.
Schau mal. Ich habe Geld, ich gebe dir alles, was ich gespart habe, damit ich einen baby brother kriege.
Ich bin beeindruckt, doch nicht überzeugt.
Aber Schwangerschaften sind ansteckend. Ich verbringe viel Zeit mit den Müttern von Lilas Freundinnen, die alle immer wieder Bäuche tragen, komme ihnen gefährlich nahe.
Ich würde mir so sehr wünschen, dass wir zusammen schwanger sind, sagt Rubys Mutter.
Ruby ist Lilas beste Freundin.
Stell dir vor, wir könnten gemeinsam in die Klinik und die Babys danach gemeinsam betreuen.
Ich stelle mir das lieber nicht vor. Mit Schreiben, Lehren, Vernissagen, Kind und Haushalt habe ich genug zu tun. Schleppe wöchentlich einen schweren Sack in den Waschsalon, kippe die

Schmutzwäsche in Rollwägelchen, transportiere sie zu den riesigen Trommeln, halte vor dem Trockner Wacht. Die Dämpfe von Bleiche und Chemie heizen sich auf, stehen dick im Raum. Betäubt starre ich hinter das Glasrund des Trockners, in dem sich vergessene Papiertaschentücher in kleiner werdende Fetzen auflösen, mit den Texturen von T-Shirts und Jeans verkleben, spiele mit den Vierteldollarmünzen, die ich bereithalte und nachwerfe, damit die Maschine nicht aufhört, sich zu drehen.
Niemand hat eine Waschmaschine zu Hause. Die Wäscherei ist meine Außenstation. Während ich Stück für Stück der nahezu getrockneten Kleidung falte und ordne, beobachte ich Familienväter, Mütter mit fünf Kindern, Obdachlose, die entkleidet bis auf die Unterhosen ihre gesamte Ausstattung, sogar die Schuhe, in die Waschtrommel legen.
Zu Hause bette ich mich flach auf den Teppich, den falschen Berber, mir ist schlecht von den Gerüchen im Waschsalon. Erst als mir eine andere Freundin erzählt, dass sie schwanger sei und unter Übelkeit leide, kann ich meine Zustände richtig deuten. Ich erwarte mein zweites Kind.

94

Als ich erfahre, dass das Ungeborene ein Junge sein wird, begreife ich, dass ich bisher nur an ein zweites Mädchen gedacht hatte. Zöpfe flechten brauche ich nun nicht mehr. Lilas Kleider, aus denen sie herausgewachsen ist, muss ich abgeben. Ich trenne mich nicht gerne von bisher Gelerntem und ahne, es wird nicht nur eine Sache von verschiedener Kleidung sein. So wie ich nie glauben wollte, dass Mädchen am liebsten Rosa mögen, will ich nicht glauben, dass Jungen dunkle Farben vorziehen. Sie werden mit Absicht unterschieden, bin ich überzeugt. Weil gesagt wird, dass die Mutter eines männlichen Kinds mehr Übelkeit verspürt, wird ihr tatsächlich schlecht. Es wird gesagt, männliche Babys seien schwächer, schrien weniger. Weibliche Babys entwickelten sich

rascher. Man sagt: Männliche Kleinkinder sprechen später, krabbeln später, laufen später. Sind sensibler. Ich höre zu, wehre mich gegen den Vergleich. Will das nicht glauben.
Spiele mit Lila ein Spiel:
Ich sehe was, was du nicht siehst, und das ist blau.
Der Bildschirmhintergrund.
Nein.
Die Bordüre des Teppichs.
Nein.
Deine Augen.
Nein.
Die Bluse der Figur auf diesem Buch.
Nein.
Der Himmel draußen.
Nein.
Sag es, sag es, Mama.
Wenn ich es sage, hast du verloren.
Macht nichts.
Schau dich noch mal genau um.
Lila dreht sich aufmerksam um sich selbst, mustert ihre Umgebung, ihr Blick fällt in Richtung Küche, sie schreit auf.
Die Babywindeln!!
Genau.
Gut, jetzt bin ich dran. Ich sehe was, was du nicht siehst, und das ist ...

95

Im zweiten Drittel meiner Schwangerschaft geschieht das Schreckliche. Das Telefon klingelt frühmorgens in Chicago, Odettes Sohn hebt ab.
Maman? Was ist mit Maman?
Er klappt vornüber aufs Bett und weint.
Odette liegt auf der Intensivstation in Paris.

Ich drehe mich auf seine Seite, mit meinem deutlich dickeren Bauch, tröste, so gut ich kann.
Was ist, wenn sie stirbt?
Sie wird nicht sterben.
Aber sie wacht seit drei Tagen nicht auf.
Sie wird das Bewusstsein wiedererlangen. Ihre Familie verlässt sie nicht so leicht.

96

Odette hatte gegen die Schmerzen eine Spritze in den Arsch bekommen. Mitten in der Nacht vom Arzt. Am Morgen danach erwachte Chübeer spät, wunderte sich, dass kein Frühstück auf dem Tisch stand, keine frischen Croissants, keine Ehefrau, die ihn bedient. Fand Odette auf dem Perserteppich zuckend, Schaum vorm Mund, un petit mal. Verrutschter Chignon, die grauen Ansätze sichtbar.
Ich möchte nicht sterben. Möchte das Baby sehen, meinen neuen Enkel. Stöhnte Odette.
Alles wird gut.
Ausnahmsweise spendete Chübeer Trost.
Odette schlief ein und erwachte nicht mehr. Ruhte sich über Wochen auf der Intensivstation aus. Sie schnitten ihr das lange, kastanienbraun gefärbte Haar, unpraktisch wegen der Apparate. Nun war sie grau, eine ältere Frau wie die anderen auch. Eine Liegende, nicht Reagierende. Keine Mutter mehr, keine Tochter, keine Gastgeberin, keine Schwester mehr, keine verständnisvolle Ehefrau. Ein Körper mit Schläuchen, mit Drähten, der ohne Maschinen nicht überlebt.
Chübeer und Toinette wechselten sich ab im Warten. Wochen wurden Monate. Odette musste nicht kochen, wurde künstlich ernährt. Sie versank in einen ausgedehnten Traum, unternahm eine Reise und keiner wusste wohin.
Chübeer sprach mit ihr, gestand seine Liebe, beschwörte.

Toinette sang ihrer Mutter vor. Kinderlieder, abends vor dem Einschlafen erlernt:
Au clair de la lune und Sur le pont d'avignon.
Endlos lang, hörte nicht damit auf. Meinte, das Zucken eines Augenlids zu bemerken. Hielt inne. Odette lag unbewegt.
Toinette sang: On y danse, on y danse, tout en rond.
Odettes Lid flatterte und die Tochter beschloss, ihren Sohn, den kleinen Prinzen, zu holen. Er sollte Odette erzählen.
Chübeer weinte.

97

Das Baby in meinem Inneren empfängt Botschaften von Odettes Nähe zum Tod. Saugt mit seinem Daumen meine Sorge ein. Während seine Ärmchen heranwachsen, seine Gesichtszüge sich ausprägen, während sein kleiner, zusammengerollter Körper sich breitmacht in meiner Gebärmutter, während er in der wohligen Flüssigkeit des Fruchtwassers sich ausdehnt, atme ich flach, weil ich mich fürchte. Ich habe Angst, alleine zu bleiben. Alleine mit zwei Kindern. Und je mehr ich versuche, diese leise Panik zu vermeiden, desto unsicherer werde ich darin. Anstatt die gute Hoffnung auf das Baby zu verteilen, verbrauche ich sie für Tröstungen an Odettes Sohn. Lausche seinen Telefonaten, seinen Abfragen, was an Odettes Körper noch funktioniert, was Maschinen ersetzen können und wie ihr Leben künstlich verlängert werden kann.
Anstatt mich auf das Baby zu freuen, wehre ich mich mit aller Kraft gegen Odettes Sterben. Und weiß nicht, wer gewinnt. Und weiß, dass der Tod meistens siegt. Und weiß, dass das Baby trotzdem kommt. Und weiß nicht, wie viele der schrecklichen Nachrichten das Ungeborene wahrnimmt.
Das Baby in mir lernt von Zweifeln und von Bangigkeit, lernt, dass das zweite Kind keine Sensation mehr ist. Lernt, dass die Mutter sich nicht schont, dass sie nicht mehr darauf schaut, wie es ihr

selbst geht, sondern dass sie vor allem andere umsorgt. Ich löse mich auf in Beklommenheit.
Da im letzten Monat vor der Geburt Fliegen nicht mehr erlaubt ist, muss ich Chicago verlassen, um nach Österreich zu gelangen für die Geburt. Lila fliegt mit ihrem Vater nach Paris. Und beinahe hätte ich den richtigen Zeitpunkt verpasst.

98

Sie brauchen eine Bestätigung des Arztes.
Die Angestellte der Fluglinie schaut streng, verweigert mir den Zutritt ins Flugzeug.
Sie sind ein Risiko.
Mein Achtmonatsbauch ragt ihr entgegen, sie verzieht ein nach Vorschrift mit Make-up verklebtes Gesicht, schüttelt die mit Haarspray gestärkten Locken. Will das Attest aus dem Hebammenzentrum nicht akzeptieren. Schickt mich zurück, storniert meinen Flug.
Kann ich morgen fliegen, mit einem seriösen Attest?
Wir werden sehen.
Aber morgen läuft die Frist ab, innerhalb derer ich noch fliegen darf.
Ihr Problem.
Wie verlangt transportiere ich meinen Bauch mit dem kleinen Passagier in Richtung Stadt, panisch, verkrampft.
Was, wenn ich nicht fortkomme, in Chicago bleiben muss? Eine Geburt für Nicht-Versicherte kostet 10 000 Dollar im Minimum. Und wer ist schon versichert hier. Ich nicht.
Schlaflos, fluchend, heulend, das Herz in meinen Bauch hinunterklopfend und mit einem besseren Papier mit besseren Stempeln in der Tasche rase ich am nächsten Morgen erneut zum Flughafen.
Erlaubnis erteilt. Upgraded. Zumindest wird der Bauch nicht gequetscht während des Flugs.
Der Steward behandelt mich wie ein rohes Ei.

Ich beschwöre Sie, gebären Sie nicht an Bord! Ich habe bei diesem Kurs während meiner Ausbildung gefehlt. Wüsste nicht, was tun. Das Baby könnte loslegen, jeden Moment, fürchtet er.
Als der Steward beim Umsteigen auf einem Rollstuhl besteht, mit dem mein Körper zum nächsten Flug verfrachtet werden soll, weigere ich mich. Ich will gehen, den schweren Bauch in aufrechter Position tragen, bin nicht krank, spüre meine Glieder. Ich schaffe alles, besonders wenn einer glaubt, dass ich es nicht kann.

99

Das Sommerhaus klebt an einem steilen Abhang. Grashalme und Büsche ziehen sich nach unten. Der Rasen wuchert, von unbändigen Pflanzen durchwachsen. Ausladende Zweige verdecken längst den schmalen Weg. Gebückt laufe ich unter ihnen hoch, trete auf den von Fichtennadeln übersäten Platz vorm Haus. Zwischen gelockerten Steinplatten ragt Unkraut hervor. Fichten verstecken die schöne Aussicht. Früher waren hier Berge zu sehen, wie alte Fotos zeigen. Die Fundamente der Terrasse sind durchzogen von Rissen, die Holzpfosten von Regen und Schnee ausgelaugt. Die Glyzinie dringt mit ihren biegsamen Stämmen aus den Ritzen zwischen den Steinverkleidungen, frisst sich in den von Menschen geplanten Bau, veranstaltet eine üppige Schau aus violetten Blüten. Das schwarzbraun gefärbte Holz der Balkone ist von wild wachsenden Weinblättern verhängt, Bienen saugen tagsüber brummend die Nektarvorräte leer. Fliegen nach Hause, wenn es finster wird. Bei Schlechtwetter bleiben sie aus.
Sobald zwischen den satten Wolken Sonnenstrahlen zu erahnen sind, zerre ich den alten Liegestuhl auf die Steinplatten vorm Haus, ein schmales Plateau vor dem Abhang. Das Gestänge des Gartenmöbels ist verrostet, der einst rote Stoff gebleicht, ich klappe die Liege auseinander und lasse mich sinken. Der Wind ist kühl, ich schwinge die Beine zurück auf den Stein, hebe meine schwere Mitte hoch, um eine Decke zu holen. Kariert, leicht muffelig von langen Wintern ohne Frischluft. Kuschle mich unter die Wolle.
Während Lila mit ihrem Vater in Paris die schlafende Odette im Krankenhaus betreut, betreue ich den ungeborenen Sohn. Hochsommer, hochschwanger. Ich friere und bin im Sommerhaus allein. Das Wetter typisch Salzkammergut. Durchzogen. Monatelang stehen die Räume unbewohnt, unbelüftet. Staub legt sich auf die Oberflächen der Kirschholzmöbel, die Treppenstufen, die grauen

Teppichfliesen, die Holzvorräte vor dem offenen Kamin, die bunten Mosaike im Schwimmbad. Nur die obere Wohnung ist vermietet. Leise, aber hartnäckig dringen Geräusche aus dem gekippten Fenster. Maria, die eigentlich Bozena heißt, Mutter von Susi, die eigentlich Setschena heißt, und von Patrizia, die nur Patrizia heißt, weil sie hier geboren ist, lässt kroatisches Fernsehen laufen, den ganzen Tag. Es nervt und beruhigt zu gleicher Zeit, ist mir lieber als Streit. Die Zeiten, in denen die Väter der Mädchen bei Maria wohnten, dauerten nur bis kurz nach der Geburt. Die Babys im Mutterbauch nehmen die Außenwelt durch Geschmack, Geruch wahr, die Bewegungen und Stimmungen ihrer Mutter beeinflussen sie, bevor sie überhaupt geboren sind, habe ich gelesen. Ich folge den Sätzen auf einem Manuskript, streiche mit dem Bleistift da und dort herum, bessere aus, ergänze. Die Sonne hat den Wolken nachgegeben, die Bienen sind rechtzeitig abgezogen. Ein paar feuchte Kreise platschen auf die Zeilen. Aber ich will nicht fliehen. Ich will Licht.

100

Der Tag ist lang, die Zeit der Sonnenstrahlen kurz.
Mein Bauch beult sich, wo das Baby seine Beine nach außen stemmt. Sein Raum wird eng. Nur mehr vier Wochen bis zum Geburtstermin.
Die Sonne bricht durch. Ich schiebe die Decke fort, die Bluse hoch, erkenne unter dem Netzwerk aus blauen Adern, unter der dünn gewordenen Hülle die Umrisse des Babys. Jedes um den Nabel gefaltete Fleckchen Haut wurde im Laufe der Monate aus der Vertiefung gezogen, glatt gedehnt, eine Kugel aus Haut von innen heraus geformt, glänzender Behälter, erstes Haus für das Kind, nunmehr von Sonnenstrahlen gewärmt. Und mein Herzschlag übermittelt dem Baby in mir die Botschaft, alles sei in Ordnung, Aufregung verflogen, wir haben uns beide, wir sind nicht allein. So beginne ich, das Kind zu belügen, um es zu beruhigen.

101

Eines Tages ertappe ich meine Tochter mit Patrizia, der Tochter der Mieterin. Anstatt zu spielen, stehen sie vor dem Vogelbeerstrauch und streiten. Wer darf Zweige abreißen davon und behalten?
Nein, du nicht. Du darfst nicht.
Aber der Strauch gehört mir.
Nein mir.
Nein, mir gehört dieser Garten, alles, alle Bäume, alle Sträucher.
Und mir gehören der Garten und das Haus.
Das ist nicht wahr.
Mir gehört das Haus, ich wohne mit meiner Mama und meiner Schwester hier. Jeden Tag.
Lila, empört, ruft mir zu:
Mama, sag, dass uns das Haus gehört.
Es gehört nicht dir und auch nicht ihr.
Ist alles, was ich beitrage, um ihr Recht zu verteidigen. Der Konflikt wird dadurch nicht gelöst. Die Mädchen bleiben Konkurrentinnen.

102

Hochschwanger im Hochsommer mit Blick auf die Rosen und die verwachsene Aussicht plagt mich Angst, dass Baby könnte früher kommen. Ich will nicht alleine mit der Rettung ins Krankenhaus. Inzwischen sorge ich für mich, heize mir ein, mache mir mit der Waschmaschine ein vertrautes Geräusch. Telefoniere täglich.
Wie lange wird es dauern, bis ihr kommt?
Kann ich nicht sagen, wir werden sehen.
Aber wenn die Wehen plötzlich einsetzen?
Niemals. Noch drei Wochen bis zum Termin.
Aber was soll ich tun in so einem Fall?
Wir telefonieren morgen.
Ich breche mit dem Bus zur Hebamme auf, kann mich nicht mehr gerade halten, zwänge den dicken Bauch zwischen die Sitze. Genauso eingeklemmt war ich die letzten Wochen in Chicago mit

einem Schulbus zur Arbeit gefahren, geplant für die kürzeren Beine von Kindern. Auf der von Schlaglöchern durchzogenen Fahrbahn, die entlang des großen Sees führt. Jedes Schlagloch schreckt das Baby auf in meinem Bauch, es stößt zurück, tritt gegen meinen Magen, der gegen meine Lungen presst, ich schnappe nach Luft und hoffe, dass das Baby nicht zu früh kommt. Mich stranden lässt in Chicago. Wegen der Kosten habe ich mich für Österreich entschieden.

Den Abend im Sommerhaus verbringe ich auf einer mit blauem Leinenstoff bezogenen Sitzbank, schaue fern. Die verstaubten Gestecke aus künstlichen Blumen, die Gewürzsträußchen leisten mir Gesellschaft. Altrosa Brokatvorhänge mit Blütengirlanden in blassem Gelb halten das Geräusch des Dauerregens fern. Ich stopfe geblümte Trachtenstoffpolster in meinen Rücken, um ihn zu stützen, die Sitzbank ist hart, unbequem, lausche dem Näseln der Nachrichtensprecherin, mit dem sie bessere Kreise signalisiert, eine Botschaft, die außerhalb Österreichs sowieso keiner bemerkt. Ich lümmele zwischen Gemälden in schwarzgoldenen Rahmen gegen das Alleinsein. Links: Eine Rokokodame in weißem Kleid hält das Porträt eines perückenbewehrten Mannes auf ihrem Schoß. Rechts: Toinette, meine Schwägerin, in Pastellblau mit Schürze, reicht ihrer Tochter ein Bukett in einem Garten in Versailles. Am Couchtisch blickt Walther von der Vogelweide verzweifelt vor sich hin, als fehlten die Gedanken für ein frisches Lied. In der Bibliothek ein Sammelsurium verlassener Lektüre, übrig gebliebene Jugendbücher, halb zerfetzte *Asterix*-Sammlungen, vergilbte *Bécassine*-Bildbände, durcheinandergemischt, französisch, englisch, deutsch, veraltete Fußball-Klebebilderhefte, teuer produzierte Chroniken von Landschaften, die keinen interessieren. Die wichtigsten und am häufigsten frequentierten Bände sind die Fotoalben mit Aufnahmen der Familie und das Gästebuch. Damit wird das Haus über die Jahre dokumentiert, erhält seine Geschichte. Und obwohl seine Räume leer sind, sind die Seiten

des Gästebuches dicht beschrieben, und obwohl Spinnweben und Staub das Haus besetzt halten, sind seine Geister zu ertragen. Auch im Alleinsein. Ihre Spuren sind jünger als die Spuren im Haus meiner Kindheit, das ich meide. Ich will nicht an den Tod denken, während ich mit dem Baby im Bauch durch den Garten flaniere. Aber vergeblich. Immer stirbt ein Familienmitglied, wenn ich dabei bin, ein Neues zu produzieren. Der Tod gewinnt. Und bis zum Schluss weiß ich nicht warum. Nehme nicht einmal wahr, dass es auch in meiner Familie ein Geheimnis gibt, vor dem ich fliehe. Wegen dem ich mich weiter und weiter von meinem Herkunftsort entfernte. Beschäftigt mit Odette, Chübeer und den anderen meine ich, ich wäre längst in mein eigenes Leben getreten, ohne dass mir die Vergangenheit folgt.
Die Nachrichten aus Paris sind schlecht. Ich weigere mich zu akzeptieren, dass wieder jemand stirbt, während ich mich aufmache, ein Baby zu gebären. Ich will nicht, dass mein Kind seit seiner Zeugung vom Sterben erfährt und von meiner Furcht davor. Trotzdem, Odettes Überleben ist wichtiger. Odette liegt im Koma, während ich im Garten liege, die Notizen zu einem Vortrag zusammenstelle, einen Text verfasse, in dem alles vorkommt, was ich in diesem Moment gerade nicht will. Ich schiebe beschriebene Papiere hin und her, bilde Sätze, arbeite meine Gefühle hinein. Vergangenes kann ich nicht ändern, nur zurechtrücken, sodass mir mein Leben in der Gegenwart gelingt. Und ich muss es tun, weil ich nicht die Letzte bin in der Reihe. Mir folgen Kinder nach. Ich spinne Stroh zu Gold und lasse mir ein Bad ein, damit das Baby in mir doppelt schwimmt.

103

Als Kinder dürfen wir nur selten fernsehen. Tagsüber manchmal, abends kaum. Höchstens mein Vater ist im Nachtdienst und ich leiste Erika Gesellschaft. Wir blicken schweigend in Richtung Bildschirm. Der Film heißt *Angst vor der Angst*. Ich staune, sage aber

kein Wort. Eine blonde Frau trinkt tagsüber Alkohol, legt sich auf den Teppichboden, hört mit voller Lautstärke klassische Musik. Sie schluckt Tabletten, kocht nicht mehr, öffnet ihrer Tochter, die von der Schule nach Hause kommt, die Tür nicht. Ich wundere mich, dass meine Mutter diesen Film zusammen mit mir sehen will, hüte mich aber, Erika zu fragen. Warum lässt die Frau im Fernsehen sich so gehen? Warum lässt sie sich nicht helfen? Weil ich den Mut zu fragen nicht habe, weil keiner ihn hat, wird das Geheimnis nie gelüftet und wir werden nicht erlöst. Aber das stimmt nicht. Wir haben vieles versucht. Wir alle zusammen. Wir haben Hilfe für Erika gesucht. Wir haben sie zu Ärzten gebracht. Wir haben ihr gut zugeredet. Wir haben Medikamente empfohlen. Wir haben ihr recht gegeben. Wir haben ihren Geschichten geglaubt. Wir haben auf ihre Briefe geantwortet. Was wir nicht gemacht haben: Wir haben uns nicht gegenseitig erzählt, was sie uns jeweils erzählte. Wir haben ihre Geschichten nicht überprüft. Erika hat sich den jeweils anderen Gesprächspartnern immer wieder anders dargestellt. Wenn sie denn sprach.
Was wir nicht gemacht haben: neben ihr gesessen und überprüft, ob sie die Medikamente wirklich nimmt. Wir haben nicht für sie gelebt. Wir haben glauben wollen, dass sie sich erholt, wenn sie gesagt hat, dass sie sich erholt. Wir haben glauben wollen, dass sie leben will.

104

Als sich am nächsten Tag die Sonne zeigt, schlüpfe ich in die Holzpantoffeln, schleiche die Stufen über die Böschung auf die Straße, verlasse den Kiesweg, schlurfe ins Gras, lasse die kühlen Halme über die nackten Zehen streifen, ziehe die Schlappen aus, gehe barfuß weiter. Ich fürchte keine Wespenstiche. Auf der Wiese spritzt ein Tankwagen Jauche, damit das Getreide rascher wächst. Ich sitze auf der Bank vor der Kapelle, lasse meinen dicken Babybauch über die Holzplanken hängen, starre auf das Wäldchen gegenüber. Da hinunter bin ich mit Lila im Kinderwagen. Voller Wut über ihr ausdauerndes Schreien ließ ich ihn den steilen Abhang hinabrollen, bis die Räder feststeckten im Schlamm auf dem regenweichen Weg. Lila jauchzte, während ich den Wagen weder vor noch zurück brachte, hineingeritten in den Dreck. Ich rüttelte und ruckte. Lila hatte Spaß.

Ich spreize meine Zehen, versuche, Grashalme zu fassen damit, atme tief ein und halte den Atem an wegen der Jauche. Ich versuche, mich an den braun-weißen Flecken der weidenden Kühe zu beruhigen, tauche in ihre trägen Blicke. Nicht wieder vom Tod hören. In Panik laufe ich den Hang hinunter, laufe bis zur Einzäunung mit den Rehen, die ich mit fleischigen Blättern füttere, obwohl sie mir gleichgültig sind. Ich stopfe mich mit am Boden liegenden grünen Birnen voll, fresse staubigen Sauerampfer. Ich stehle ein paar Ribisel aus einem Garten, um dem Baby Gutes zu tun, um sein Klopfen zu stillen, sein Dehnen, das meinen Bauch beult und die Haut zwischen meinen Beinen spannt. Die Muskeln, die den Bauch halten, sind gezerrt. Ich atme schwer, das Kind tritt gegen meinen Magen. Wehrt sich. Und ich spucke die tödlichen Gedanken, die unreifen Früchte wieder aus.

Das Telefon klingelt im Sommerhaus. Nachrichten aus Paris. Ich gehe nicht ran. Das Klingeln verstummt und ich kann mir aussuchen, was das bedeutet: entweder Aufwachen oder Tod.

105

Das Koma ist Odettes Triumph. Solange sie schläft, bleibt Chübeer ihr nah. Ist ihrem Körper treu. Dem Gehäuse für die Kinder, das sie ihnen gab. Solange sie träumt, wird sie von den Kindern geliebt, umsorgt, wird ihr alles erzählt, was man ansonsten verbirgt.

Einige Tage nachdem Odettes Sohn aus Chicago kommt, öffnet sie die Augen. Erfreut. Erkennt in ihm ihren Mann.

Chübeer, chéri.

Mais non, c'est moi, ton fils.

Du bist zurückgekehrt zu mir.
Odette lächelt, sinkt zurück in die Polster, die Maschine piepst, sie schläft glücklich ein. Gelöscht die schreckliche Zeit. Sie ist frisch verliebt.
Der Himmel wölbt sich über der erneut einsetzenden Musik und gemeinsam heben sie den Kopf, die Milchstraße schwebt und sachte schiebt Chübeer sie aus dem Lichtkreis des Konzerts in die frische Kühle eines Abends in den Bergen im August.
Maman, Maman!
Odette schlägt die Augen erneut auf. Blickt dem Mann ins Gesicht.
Du hast eine neue Brille, Chübeer. Steht dir gut!
Nun lächelt Odettes Sohn.
Ihre Lider werden schwer. Innen ist sie leicht, ein neuer Körper.
Mhm, sie seufzt, hebt ihr Becken langsam, langsam hoch, ihm entgegen.
Diese schwarzen Männer, sie sind so schön! Ihre Muskeln, die Brustwarzen. Mhm.
Odette will küssen, daran saugen.
Maman!
Odettes Körperpanzer löst sich auf, sie zerfließt in Lust, beginnt sich zu berühren.
Entsetzt verfolgt Toinette die obszönen Bewegungen der Mutter.
Lass sie.
Chübeer ist froh, dass Odette sich wieder spürt.
Aber die Kinder.
Odette erkennt ihre Tochter nicht mehr. Wundert sich über das lockige Haar ihrer geliebten Schwester. Das Koma hat eine Generation gelöscht.
Früh genug wird Odette gezwungen werden, die Erinnerungen aufzuholen und erneut Schmerz zu empfinden, ein schwerer Körper zu sein, der nicht mehr zu gehen vermag, der einen Stock braucht, eine Hand, die stützt.

GEBURT (KIND II)

106

Während Odette nicht stirbt, gehe ich bei der Geburt fast drauf. Weil ich nach Dienstschluss immer noch gebäre, werden die Hebammen nervös, wollen nach Hause, machen schnell und lassen einen Teil des Mutterkuchens in meinem Bauch. Dieses Fleisch, das mein Baby versorgte, verursacht unglaublichen Schmerz. Ich will den Brocken herausschreien. Will atmen, mich an dem Baby freuen. Der Schmerz wird mir nicht geglaubt.
Das sind Nachwehen. Schmerzen sind normal, die spürt man nicht bei der Geburt. Denn das Glück, eine Mutter zu sein, wiegt alle Schmerzen auf.
Die Krankenschwestern sind streng. So ist die Natur.
Ich falle um. Nun rennen alle herbei. Ich darf schreien. Ich soll pressen, erneut, Blut rinnt aus mir. Stärker. Stärker pressen.
In riesigen Schwallen bricht Blut hervor, die Fetzen des Mutterkuchenfleisches, heiße Ströme spritzen zwischen meinen Beinen und die Schwestern fangen es in metallenen Becken auf. Sie stellen mein Blut auf die Waage.
Das ist nichts, 350 Gramm. Bleiben Sie ruhig. Freuen Sie sich am Kind!
In Paris lege ich Odette das Baby in den Arm. Die Zeit wird knapp. Wir müssen zurück nach Chicago, wo ich arbeite und Lila die Schule besucht. Wir waren im Sommerhaus nur wegen der Geburt. Weil Gebären nichts kostet in Österreich. Das Liegen und Sorgen gratis. Dazu ein kostenloses Windelpaket, Ersatzmilchpackungen. Den Kinderwagen hat Erika spendiert, faltbar, tragbar, wischbar, verwandelbar. Sie hat Hunderte von Röcken dafür eingesäumt, dreißig Kleiderentwürfe geliefert, fünf Backbleche voller Kekse und eine riesige, drei Kilo schwere, selbst gezogene Zucchini dafür getauscht.

107

Aber das Baby trinkt nicht gut. Stundenlang sitze ich mit dem winzigen, zerknüllten Körper am aufgeschwollenen Busen, seine Lippen saugen wenig, hören damit auf, saugen wenig. Das Kind schläft ein, wacht auf, schreit, vor Hunger, saugt wenig, hört auf, hat nicht genügend Gewicht, es weint. Zurück in der Klinik ist die Hebamme ratlos, der Arzt ratlos, steckt dem Baby Kügelchen zwischen die Lippen, ratlos. Die langen Nachtstunden im Säuglingszimmer, in denen die Hebamme dem Kind beibringt, meine nach innen gestülpten Brustwarzen mit dem kleinen Maul zu fassen, vergebens. Ich hatte gelernt, seine Kiefermuskeln zu stimulieren, einen Punkt dicht an den Ohren zu massieren. Das Schwitzen und verquere nächtliche Sitzen nützen nichts. Saugt der Säugling nur zu seinem Vergnügen? Will er nicht satt sein? Ist das Baby zum Trinken zu faul? Ratlos. Und dann wieder die Flasche. Die Flasche als Ausweg wie beim ersten Kind. Erneut das schmatzende Geräusch des milchverschmierten Plastiktrichters, der prasselnde Strahl von Lebensflüssigkeit, der aus meinen Brüsten spritzt, links, rechts abwechselnd pumpe ich sie leer, händisch, vom warmen Mund des Kinds entfernt.

Zwischendurch, zwischen dem Pumpen, dem Waschen, dem Füttern, dem Flaschensterilisieren, Saugeranpassen, zwischen Umziehen und Geschrei, zwischen der Sorge ums Baby, den Nöten der Tochter laufe ich hoch ins Zimmer unterm Dach.

Stelle meinen Computer auf die verstaubten Kisten, in denen sich alte Dokumente, unverkaufte Zeichnungen, ausgemustertes Geschirr befinden, und bereite mich vor. Versuche, einen Vortrag zusammenzustellen: Hypertext und Game-Design, virtueller Raum. Während unten das Baby nicht trinkt, sein Geburtsgewicht verliert, hier oben meine milchgefüllten Brüste prickeln und ich nicht weiß, wie ich das Kind ernähren soll, erforsche ich die Funktion des Links im Netz, die Überwindung linearen Erzählens, der Leser wird zum Autor, halte ich fest, und meine Gedanken sinken nach unten zu dem kleinen Kind. Das Dachzimmerdenken lässt sich nicht mit Kinderzimmersorgen verbinden. Das eine hat mit dem anderen nichts zu tun. Was ist wichtiger, Chicago, der Job, der Vortrag, die Schule der Tochter oder das kleine Leben, das nicht trinkt? Bin ich nachlässig oder unzuverlässig? Warum bin ich nicht berufstätig und überlegen, so wie ich mir das vorstellte vor der Geburt? Auf der Uni kündigte ich an: Ich bin schwanger, aber kein Problem, das Kind kommt im Sommer, und natürlich bin ich ab Herbst wieder dabei, ich will meinen Job nicht verlieren, unterrichte, keine Pause, nein. Doch das Baby spielt nicht mit.

108

Ich verschiebe Chicago, jedoch nicht den Vortrag in Berlin. Pumpe mir die Milch aus dem Leib, friere sie ein, fliege nach Berlin, in weiten Schwangerschaftsblusen, bequemen, schlabbrigen Hosen, für kinderlos geschnittene Kleidung hat die Voraussicht beim Kofferpacken nicht gereicht.
Mein Körper in Richtung Schriftstellertreffen transportiert, mein Kopf im Nebel von Soll-ich-das-tun-kann-ich-und-ich-muss-jetzt-dort-auftauchen-kann-nicht-mehr-zurück. In den Flughafentoiletten pumpe ich, damit meine Brüste nicht aufhören, weiterhin Milch zu produzieren. Endlich in Berlin bemerke ich fettige Flecken Muttermilch auf meiner Bluse, die ich morgen anziehen will zum Vortrag. Leckende Brüste, Milch sickert durch die festen Stillpolster und den Still-BH aufs blaue Blusentextil. Ich wasche das Teil umständlich aus. Die Flecken bleiben. Die Stille im Hotelzimmer braust in meinen Ohren. Nach wochenlangem Babyschreien und Pumpenschmatzen ist mein Körper das erste Mal alleine. Ohne neues Kind. Aber anstatt Freude holt schlechtes Gewissen mich ein. Ich stelle mir das Baby ohne die Zuflucht meiner Brüste vor, ohne meinen Geruch. Ich pumpe, ich rufe an.
Trinkt das Kind?
Nein, immer noch nicht genug.

Todmüde schlafe ich ein, den Wecker gestellt, alle drei Stunden muss ich die Milch aus den Brüsten kriegen. Pumpe ich nicht, wird ihr Fleisch hart, die Milch beginnt zu rinnen. Saugt das Baby länger als eine Woche nicht daran, fehlt den Warzen der Schleim und die Milch versiegt unter Schmerzen. Damit die Mutter nicht vergisst, wofür sie gut ist: eine Pipeline, ein steter Quell, eine Produktionsmaschine für Fett, Zucker, Eiweiß, eine Umwandlerin von Mutterkörpermaterial in anwachsendes Babyfleisch.

Ich darf nicht aufgeben, gieße die abgepumpte Milch in den Abfluss, schlafe erneut ein.

Am nächsten Morgen ziehe ich eine Jacke über die muttermilchbefleckte Bluse und eine ernste Schriftstellerinnenmiene auf. Ich beneide die Kollegen, die in diesem Moment nichts anderes im Kopf tragen als Literatur, während ich ein Trägerkörper bin für den Körper eines anderen Lebens, das nicht trinken will. Trinkt mein Sohn nicht, nimmt er ab, wird er nicht überleben, kann zumindest nicht nach Chicago fliegen, wo wir ohne Krankenversicherung sind. In meinem Inneren verbietet mir eine Stimme, in Berlin so anwesend zu sein, wie ich will. Und wie ich könnte, hätte ich nicht das trinkunfähige Kind im Hintergrund und die sich dreistündlich füllenden Brüste.

Es ist sinnlos. Ich bin zu weit entfernt vom Kind und bin nicht da, wo ich sitze, am Tisch mit Menschen, die das Internet zerreden, das für mich Alltag ist, eine Hilfe. Sitze vor der Fotografin, nehme eine Pose ein, Hand an der Wange, Kopf gestützt auf Hand. Das Bild bezeugt die Anwesenheit meines Körpers an diesem Ort, doch die Gedanken bleiben bei dem nicht trinken wollenden Kind. Alle drei Stunden verlasse ich die Diskussion, laufe zur Toilette, pumpe außer Atem, ausgelaugt. Ich muss genug Flüssigkeit zu mir nehmen, damit die Milch fließt, nehme erneut Platz am Tisch: Zeitenwende, Buchdruck, Hacker, Privatsphäre, Guerillataktiken, ich bin nicht dabei. Das Internet ist meine Nabelschnur von Chicago nach Europa. Ich achte auf das Anschwellen der Brüste, ich schließe keine Freundschaften, mache keine wichtigen Kontakte, bin geplagt von schlechtem Gewissen, bin babysiert, amerikanisiert. In Berlin sind mir die Probleme der deutschen Autoren völlig egal und nur das Nicht-Trinken des Babys wichtig. Weshalb bin ich nicht bei ihm? Weil ich beides nicht bin, beides nicht ganz. Und fliege zurück in die schlaflosen Nächte und Tage ohne Schlaf, zurück in die Kissen im Garten, die Kissen auf dem Lehnstuhl, auf dem Sofa, in die ich mich einbaue als Skulptur mit Brüsten, zusammen mit dem Baby, das nicht trinkt.

Ich ist eine andere ist eine andere ist eine andere.
Die Frau mit den links abgesäbelten Haaren, während ihr rechts eine Strähne tief ins Gesicht fällt, stößt in der Bibliothek mit einem Mann zusammen, worauf sich eine heftige Affäre entspinnt. Die Frau, die morgens durch die Stadt eilt, Aktentasche in der Hand, wählt Abkürzungen, schlängelt sich durch Gassen in Richtung Wasser, die erste Vorlesung um acht Uhr, die Universität liegt fast am Meer. Die Frau, die ein Handtuch zwischen die Scheibe des Mietautos klemmt, um das brüllende Baby vor Hitze zu schützen, und die in Gedanken ihre Reiseroute kürzt, weil das Baby ständig weint. Die Frau, die einem Mann in seine Wohnung folgt, ohne ihn zu kennen, sich mit seinem Körper vermengt. Die Frau, die Listen von Ausgaben anfertigt und ihre Scheidung selbst bezahlt. Die Frau, die mit dem Fuß die Fensterscheibe eintritt aus Wut, weil sie schreiben will, aber nicht kann, weil die Schule wegen eines Schneesturms entfällt und das Kind zu Hause bleibt. Die Frau, die ihre Mutter nicht anzurufen wagt, hat mit der anderen, die sich in die hohen Wellen zwischen die Felsen wirft, sich gefährlichem Gewässer anvertraut, wenig zu tun. Außer dass ich eine Sprache habe, in der ich mich mit mir verständige.

VIDEO (CHICAGO)

109

Chicago schwitzt. Vom Flugzeug aus ist die weite Fläche aus Häusern zu sehen und kurz vorm See die Hochhäuser, gute, alte Wolkenkratzer aus Stahl mit Fassaden aus Keramik, grelle, neue Baukasten-Wolkenkratzer aus spiegelndem Glas. Danach zieht der Flieger eine Schleife über die ausgedehnte Wasserfläche, die den Anwohnern im Sommer Abkühlung schenkt und im Winter eisigen Wind vom Polarkreis durch die Häuserreihen treibt. Meist kommt das Wetter vom See her. Entweder schwülheiße Drift oder scharfer Eiswind, der ins Gesicht beißt. Gerötete Haut entweder vor Hitze oder vor Kälte.

Angekommen drücke ich die schwere, abgestoßene Tür auf, den Scheck mit der Miete habe ich im Vorhang- und Bettwäschegeschäft rechts neben dem Eingang abgegeben. Hinter dem Verkaufstisch verbringt ein müder, zusammengesunkener Männerkörper in Anzug und Krawatte sein Leben zwischen Acrylwolldecken in Plastikhüllen, erwacht bloß, um Geld entgegenzunehmen. Ich hieve den auf der Schwelle zusammengefalteten Kinderwagen die steile Holztreppe hoch, Baby und Wickeltasche in der anderen Hand, und schnuppere staubige Muffigkeit. Das Haus riecht nach altem Holz, in der Wohnung ist der Geruch durch lackierte Oberflächen gedämpft. Auf der Terrasse mischt sich Aroma von Teer mit der süßen Schwere von sonnenbeschienenen, verwitterten Brettern, grau gewordene Balken, aus denen die Balkone gezimmert sind. Manchmal leichte Brisen von Autoabgasen, das Wohnhaus liegt an einer heftig befahrenen Kreuzung.

Als ich Vorräte einkaufen gehe im Supermarkt, empfängt mich ein Gestank wie im Inneren eines selten gereinigten Kühlschranks, der auf geringer Stufe läuft. Diese Duftnote erlaubt gerade noch die Vorstellung von Frische, die dem ständigen Verfall von Lebensmitteln mühsam abgerungen wird. Schmelzen, Anfaulen und

wieder Kühlen. Nie wird in diesen Vitrinen abgetaut. Außer der Strom fällt aus. Dann türmen sich die Warenkartons in dicken Wasserlachen. Das verdorbene Essen wird rasch hinters Haus geräumt. Ungewaschene Kleider auf ungewaschenen Körpern tragen zum Aroma von Armut bei. Ich rieche nicht das Blut, von dem Saul Bellow schreibt. Blut von Millionen von Tieren aus den Schlachthäusern, das ins Fundament der Stadt gesickert ist, ein Geruch, den Chicago nie mehr loswird.
Sitze ich mit dem Baby auf der geteerten Terrasse, lausche ich einem Konzert: das betuliche Surren der Klimaanlage des Ladens unter uns, Autolärm, Hupen, Streiterei der Obdachlosen hinterm Haus. Ich trinke kleine Schlucke malzig dünnen Biers, schmecke salzig scharfen Cheddar-Käse, füttere das Baby mit Maismehl, backe Kuchen aus schleimigem Kürbisbrei, der Spiritusgeruch von Wochenend-Barbecues weiht mich in die Bräuche Chicagos ein. Abends nach sieben Uhr verlasse ich das Haus nicht mehr, höre bloß die Knallereien, echte Waffen, erzählt der Nachbar, während ich Lila in den Schlaf singe und das Baby bereits schläft. Ich höre die mikrophonverstärkten Stimmen von Polizisten in Einsatzwagen, das abgehackte Grummeln des Lautsprechers, das Heulen der Sirenen, das Getröte der Feuerwehr, das Gekreisch von Teenagern an der Busstation.

110

Lila schnuppert an Dollarscheinen.
Mhm, Geld riecht gut.
Sie hockt auf dem Teppich, den wir wie alle anderen Möbelstücke übernommen haben, als wir eingezogen sind. Kein einziges Teil trägt unsere Handschrift. Wir haben uns heimisch gemacht in diesem Palast, in einer Hülle, die von einem schwulen Paar entworfen worden war, das sich später trennte. Sie hatten sich ihr Geld mit Innendekorationen für reiche Leute verdient, Menschen, die ihren Wohnungen den Anstrich des Alten geben wollten, die

nach Patina verlangten, Old World Style: Wände, auf denen verschiedene Schichten von Anstrich als Flecken sichtbar bleiben, Andeutungen von Ornamenten, mit Kupferpigmenten dekorativ gerostete Badewanne, abgeschliffene Schränke, falsche Louis-XV-Stühle, schwer wirkende Schatztruhen, violette Samtvorhänge, flackernde Kandelaber, Reste von Wandmalereien, alles fake. Ein Einraumschloss. Lila mag das.
Sie sitzt auf dem Teppich, ein falscher Berber in Beige und Braun, zusammen mit ihrer Freundin Ruby.
Let's pretend!
Yeah.
Let's pretend I am a princess.
Let's pretend I am a princess too.
Let's pretend I am a princess and my name is Alyssa.
Let's pretend I am a princess and my name is Alyssa too.
Sie lachen, zerren an den Locken der alten Barbies, Geschenke der Nachbarin, beginnen einen Kampf, in dem sie die schmalen Plastikpuppen als Schwerter einsetzen, bis eine von ihnen zu Boden fällt und weint.
Ruby weint gern.
Lila tröstet sie mit Erdnusskeksen und rosa Limonade. Sie dürfen allein nur auf die Terrasse. Können niemals ohne Begleitung ins Freie. Zu gefährlich. Wenn sie in den Park wollen, muss ich mit. Auf der Schwelle vor der Haustür eröffnet ein Tamales-Händler seinen Laden. Aus einer Plastiktasche mit Tüchern und Polstern zum Warmhalten holt er die sorgfältig in Butterbrotpapier verpackten Rollen heraus. Ich schiebe den Kinderwagen über kaputte Gehsteigplatten, umschiffe Lücken. Die Mädchen laufen voraus. Am Eingang zum Park das Glockengebimmel der Wägelchen für Eislutscher. Mango, Kokos, Erdbeer, Papaya. Alles kostet fünfzig Cent. Auf den Bänken sitzen die jungen Mütter und trinken mit Rum versetzte Cola, die Flasche sorgfältig mit braunem Packpapier verhüllt. Nie darf ich die Mädchen aus den Augen lassen.

Lila hat den Glücksblick. Wann immer sie länger auf ein Stück Gras schaut, findet sie vierblättrigen Klee. Sogar hier. Für Momente glaube ich, mein Leben sei schön.

111

Danach trifft beim Brunch Familie auf Familie und wird in der Doppelung bestärkt. Eine zeigt sich an der anderen. Im Essen und Reden sind sie sich eins. Und über die Liebe zu den Kindern. Über das Gurren und Schnattern, das Sich-Herabbeugen zu den Babys.

Smiley little baby, smiley girl, smiley kid.

Die Mutter fährt mit dem Blick über das Kind. Überzieht es mit ihrem Schauen.

Auch die Kinder schaukeln sich gegenseitig in das Familiengefühl.

Während sich die Eltern sorgen.

Wie soll man ihnen den Akzent der Stadt abgewöhnen?

Es ist nicht leicht.

Man soll sie nicht dauernd korrigieren.

Das wird schon.

Smiley girl eins.

Smiley girl zwei.

Smiley giiiiiirl.

Die größeren Kinder müssen die Babys halten lernen.

Wie geht das?

Tu ihm nicht weh.

Das ist mein Bruder.

Meine Schwester.

Zeig mir dein Gesicht, deine lange Zunge.

Bääääähhh.

Und die Mutter im Hintergrund, ein langer Schatten, ein dunkles stetiges Etwas aus Jeans, Jersey, Wolle, Fleisch, das Saft nachschenkt, Toasts bringt, Brösel vom Tisch kehrt. Mit gesenktem Kopf hält sie Stellung, bewahrt den Überblick, muss ein Monument sein für andere.

Die Mutter will nicht gesehen sein. Bildet eine Sitzfläche für das Baby. Teilnahmslos und stolz. Weil sie wachsen und schön sind, erscheinen die Kinder im Mittelpunkt, während die Mutter sich um sie herumbewegt, in Rockfalten, Bademantelärmel, in Schenkelstücke und Brustfilets zerlegt. Und die Mutter ist der Vorhang ihrer Haare, aus dem das Gesicht des Babys schaut. Sie lacht es an, damit es lacht im Bild, ihre Lippen sind geschminkt, der Drucker druckt, während das Kind seinen kahlen Kopf gegen die Streifen ihres Pullovers lehnt.
Auch in der Küche wird die Mutter eingefangen, die Rolle gehört ganz ihr. Sie hingegen motzt und klagt und will sich später nicht sehen im Film als eine, die den Schmutz wegräumt, als eine, die putzt. Nein, sie schmollt. Zieht die Schultern und den Kopf ein.
Und wer ist das?
Das bin ich.
Und wer ist ich?
Ich ist das Kind.
Aber spuck nicht rein.
Spuck nicht in die Linse.
Das Kind streckt seine Hand ins Bild. Auf dem Teppich.
Die Mutter ist in der Küche. Bloß hörbar.

112

Lila singt im Chor. Die Schule gibt ein Konzert. Lädt alle Eltern herzlich ein.
Doch das Baby mag es nicht still, nie ohne Bewegung, und so beugt sich die Mutter zu ihm hin. Ihr Lächeln ist fürs Kind bestimmt. Sogar wenn der Wind an ihren Haaren zieht, die Fransen flattern, nachdem sie aus dem Auto stieg, streicht sie mit der Handfläche über den nahezu kahlen Kopf des Babys.
Du wirst deine Schwester sehen.
Lila singt, steht in der ersten Reihe, gekleidet wie alle anderen in Blau, Weiß und Rot. Die Farben des Landes, dessen Sprache

sie sprechen, sind gleichzeitig die Farben des Landes, in dem sie wohnen. Eine französische Schule in Chicago.
Die kleinen Zuhörer indessen müssen ruhig sein. Stimmen setzen ein.
Love love love love love love love is easy ah ah ah ah ah, love love love love love is easy. All you need is love. Love is all you need.
Das Baby kreischt, schnappt sich den Hut, und die Mutter peinlich berührt, Mundwinkel verzogen, schneller Blick über die Schultern, ob das jemanden stört, und das Baby ist still und sie ist gerührt. Und es schreit erneut und sie ist verstört, lacht es fort und das Baby schweigt, Anspannung ist der Mutter ins Gesicht geschrieben. Während auch andere Babys sich über den Schoß der Mütter erheben und zusammenknicken im nächsten Moment.
Your are the sunshine of my life und I will always be around. You are the apple of my eyes, forever you stay in my heart, in my heeeart, in my heart.
And can you feel the love tonight and can you feel the love. This is where we are this is where we are.
Ergriffenheit ist ins Gesicht der Mutter gezeichnet, glänzende Augen, weil das ihr Leben ist, hier an diesem Ort in dieser Geschichte, in einer Familie.

113

Lila macht Karate.
I am gonna kick you down. Even my brother.
Die Mutter eilt herbei, so schnell sie kann, empört.
Nein, du wirst dem Baby nicht wehtun.
Not fair. Ich will.
Gelächter. Lila kämpft sich aus dem Bild. Die Mutter räumt den Raum frei. Das Kind braucht Platz für die Show und das Baby klagt sich ein, will dabei sein.
Wow!

Die Mutter bewundert die Geschwindigkeit, mit der die Tochter ihre Karateübung vorführt, während sie das Baby packt, ihm den Apfel hinhält, damit es beißen kann. Ihr Busen ist sein Hintergrund, grelles Rosa, leichter Glanz. Die Tochter will dabei sein und die Mutter dazwischen reibt sich auf.
Hier hier hier hier, schau hierher!
Alles wird Teil einer Geschichte sein, viele Jahre danach.
Die Mutter teilt den Apfel mit dem Baby und das Mädchen trommelt auf das Gehäuse der Waschmaschine, produziert Rhythmus, Sound. Das Baby will an allem teilhaben, will in jeder Bewegung und jedem Ding eingebracht sein, und die Mutter muss nachgeben, auch wenn sie nicht will.
Einmal ein Glas für sich haben.
Einmal einen Apfel allein essen.
Einmal den Arm bewegen, ohne gehindert zu sein von dem Kind.
Sie zieht dem Baby die Hose aus.
My New York.
Kannst du schon lesen?
Super cool.
Die Mutter befördert das Baby ins Bad, aus dem Bild.
Du wirst hier bald leben in New York.
Nein, werde ich nicht.
Doch, du wirst.
Das ist meine Mama.
Ist sie verheiratet?
Ja, Lila deutet auf den Ring.
Das ist ein Ring aus Mexiko.
Die Mutter ist das Transportmittel für die Teller vom Tisch weg an die Spüle.
Arschland, Arschland!
Sag keine unanständigen Worte, Lila.
Du sagst immer Arschland.
Weil die Straße so heißt.

Nein. Die heißt Ashland.
Kann ich dir was erzählen?
Ponk ponk, stapelt einen Teller auf den anderen, klack klack klack, Holzpantoffeln auf geschliffenen Dielen, hin und her, Teller, Tisch und Spüle, ponk ponk und klack klack klack, Teller, Tisch, Spüle in einer grellen rosa Stoffbluse mit Händen dran mit einem Ring dran.
Das Baby, kümmert euch darum.
Am Grund des Bierglases schimmert ein Rest, gelblich blass.
Was ist wichtiger, die Neige oder das Kind?
Bloße Füße in Holzpantoffeln, ein Stück Hosenstoff und eine Hand, die hebt Babykleidung auf, sammelt sie ein. Als der Blick erneut auf die Mutter fällt, schluckt sie die Neige und bricht in Gefühle aus wie Wut, wirft das Handtuch ins Bild, mit verkniffenen Lippen.
Schluss jetzt!
Die Stimme der Mutter zittert leicht, sie muss Kinder betreuen, bis ins Bad hinein. Die Kamera betrachtet ihr Schimpfen, die Mutter zieht sich das Hemd vors Gesicht.
Spielverderberin. Klagt die Kamera.

114

Lilas beste Freundin Ruby lenkt ihr Fahrrad rund ums Haus. Rund ums Haus. Macht kehrt, neue Runde. Sie ist stolz auf den rosa gestrichenen Rahmen, den lila Sattel, glitzernde Plastikstreifen, die seitlich aus den Griffen hängen, ein Mädchenfahrrad, ihr Geburtstagsgeschenk.
Sie lehnt das Fahrrad an den Drahtzahn, läuft hinein in die Küche zum Geburtstagskuchen, streift mit dem Zeigefinger über dicke, üppige Creme, leckt daran. Barbie lächelt ihr zu, steckt bis zu den Hüften in Kuchenteig, den Rock aufwendig verziert mit gefärbter Buttercreme. Rubys erster Barbie Cake.
Das Haus war billig, eine ehemalige Bäckerei. In der Ecke, wo der Esstisch steht, sickert bis heute Fett aus den Mauern. Der riesige Raum mit hoher Decke hat nur ein Fenster, das Zimmer ist dunkel und kühl. Ruby tritt vor die Küchentür, läuft bis zum Ende der eingezäunten Fläche Gras, wo das Grundstück endet und die Gefahr beginnt. Hier treffen sich die bad guys mit den guns, hat ihre Mutter erzählt. Sie soll nicht hinstarren. Weil Ruby heute alleine ist, traut sie sich doch. Vorne am Gehsteig liegen Plastikblumen auf dem Boden, eine kleine Runde von Kerzen, längst niedergebrannt. Das ausgeflossene Wachs klebt in dunklen Flecken auf dem Asphalt.
Ihre Mutter war zu aufgeregt, um zu flüstern, und daher hat Ruby alles mitgekriegt, als sie Dad davon erzählte. Mama hatte Rufe gehört, hatte aufgeblickt von der Schüssel mit dem Kuchenteig und sah einen Jugendlichen vorbeilaufen, um die Ecke biegen, und dann ein Schuss, das Geschrei, Räderquietschen, ein Auto fuhr davon und kurz danach das Blaulicht der Ambulanz.
Ruby zieht das Fahrrad vom Drahtzaun, nimmt ihre Runde wieder auf. Darf nie weg vom Gehsteig rund ums Haus.

115

Ein paar Tage danach wird Lilas Geburtstag gefeiert. Auf der Terrasse aus silbern gestrichener Teerpappe.
Lila kann ihre Neugier kaum bezähmen.
Sind die Pakete alle für mich?
Sicher. Aber warte noch auf die Gäste.
Die Mutter trägt Sonnenbrille, eine blau glänzende Bluse und einmal kein Baby auf dem Arm.
Die Kamera folgt ihr:
Was hast du zu erzählen?
Ich hab nie was zu erzählen.
Ausnahmsweise.
Nein, nichts.
Ihre Zähne sind angeschlagen, gelblich, zu viel Zwischenraum. Die Mutter erklärt dem Nachbarn Schnitzler.
Arthur?
Ja, Arthur. Die Erzählung ist weit besser als der Film.
I bet.
Lila kann nicht warten.
Hangover daddy, party hats in yellow and green. Flowers and paints.
Die Bluse aus Glanzstoff trägt Salat herbei, dreht sich um, schlurft zurück ins Haus, bereitet Essen. Die Mutter breitet eine Decke für die Party aus. Ihr Kopf verschwindet unter dem Schirm, ihr Körper ist ein Schirmstock in Grau und Blau. Sie hockt sich hin, ihr glänzender Rücken spricht Dada und Baba mit dem Kind. Hält dem Baby einen Spiegel vor, solange bis es sich freut. Mit einem Mal schwindet die Sonne und die Jacken rücken aus. Die Mutter im Sakko mit der Torte vor der Nase und one two three four, die Kerzen brennen hell.
Happy birthday to you.
Happy birthday to you.
Geht in die Knie, balanciert den Kuchen.

Happy birthday to you.
Und Lila bläst die Kerzen aus. Erneut fangen sie zu brennen an.
He, was ist da los?
Lila bläst und bläst und bläst, während die Mutter sich freut, weil sie die Kerzen gekauft hat, und nun tritt ihr Zweck genau so ein, wie erhofft und auf der Anleitung beschrieben, den anderen zum Spaß. Doch der Spaß hört nicht mehr auf.
Aufpassen! Atme nicht die Dämpfe ein.
Das ist alles schlechte Chemie!
Die Kerzen brennen und brennen.
Kannst du dich erinnern?
Wie haben wir sie letztes Jahr ausgemacht?
Wann hören sie endlich auf zu brennen?
Schmeiß den Kuchen ins Wasser, damit nichts Feuer fängt!
Die Mutter schützt ihr Werk, reißt die brennenden Kerzen nacheinander heraus und legt sie aufs Dach. Sie fürchtet sich nicht und nimmt dem Kind die Angst. Gibt sich gerne her dafür.
Sie ist eine wunderbare Kuchenmacherin!
Die Mutter zieht einen Stuhl heran, während das Baby an ihr hängt.
Ist der Kuchen nicht zu trocken?
Nein.
Alles Gute zum Geburtstag.
Das ist nicht für dich, Ruby, tut mir leid.
Cool, eine neue Uhr, ich hab 'ne neue Uhr, hab 'ne neue Uhr. Das ist 'ne echte Uhr.
Die Mutter beobachtet Lila, als sie sich über die Geschenke freut. Weil die Mutter die Geschenke betreut, von Anfang bis zum Ende sind die Geschenke ihre Angelegenheit.
Du musst die Zeit lesen lernen.
Kann ich schon.
Gib auf die kleinen Sachen acht, die wertvollen.
Und dann geht das Gesicht der Mutter verloren, kriecht hinter den wollenen Körper des Babys, richtet sich im Nichtvorhandensein

ein, im bloßen Haar-, im bloßen Hinterkopf-Sein. Bewundert von Weitem die Farben, die Lila aus dem Geschenkpapier schält, und kommentiert das nächste Paket.
Vielleicht ist das der Rahmen dazu.
Aber nein.
A piece of cardboard. Der Zeichenblock.
Passt doch.
Danke schön.
Später räumt die Mutter auf. Trägt die Reste des Essens hinunter in die kleine Gasse für den Abfall, findet erneut die Matratzen der Obdachlosen, die nicht aufgeben zwischen den Mülltonnen.
Sie meint die Kerle zu beobachten in ihrem Kommen und Gehen, während sie selbst nicht merkt, dass sie von ihnen beobachtet wird. Sie traut ihnen solche Pläne nicht zu. Tagsüber warten die Männer vor dem Schnapsladen und nachts richten sie sich in der Müllhalde ein.
Die Mutter zieht die Tür, die sie von den Obdachlosen trennt, fest zu, vergebens, die Grenze ist dünn, das Schloss zu alt.

116

Wieder sind die Brüste schuld. Die Milchkanäle verstopft, schwellen an, werden hart, Fieber will sich von den Entzündungen befreien, steigt auf nahezu vierzig Grad, die Mutter taumelt, fällt fast hin mit dem Kind. Sie kann keine Medikamente nehmen, damit die Milch nicht vergiftet wird. Sie muss zum Arzt, die Familie verlässt das Haus am helllichten Tag. Das ist das Signal.
Zurück, geschwächt, wackelig, steige ich alleine die hölzernen Treppen hoch, das Auto mit den Kindern wird noch geparkt, ziehe den Schlüssel aus der Tasche. Das Furnier der Wohnungstür ist rund ums Schloss gesplittert. Ich brauche nicht aufzusperren, die Tür ist bloß angelehnt, drinnen Geräusche: Rascheln von Plastiktüten, Sesselrücken, Schritte auf Brettern, keine Stimmen. Einige Momente lausche ich, bis ich begreife. Unter dem Einfluss des

hohen Fiebers könnte ich auch halluzinieren. Anfangs fehlt mir sogar die Angst, überwiegt Aufgewühltheit. Erst will ich die Fremden in der Wohnung aufstören, bewege die Tür leicht, kratze mit dem Schlüssel, will sie erschrecken. Plötzlich fallen mir Schusswaffen ein, ich muss fast lachen, bin mir nicht sicher. Übertreibe ich oder bin ich maßlos verwegen? Solche Situationen kenne ich nur aus dem Film. Wo bin ich?

Der Nachbar, er weiß Hilfe. Sicherlich. Ich schleiche die Treppen hinunter, stehe vor dem Scherengitter, klopfe. Er ist nicht zu Hause. Wer könnte helfen? Und vor allem. Die Kinder. Die Kinder dürfen da nicht hinauf. Laufe hinunter zum Telefon an der Straße, will den Nachbarn anrufen, der sich oft verschanzt, seine Tür nicht jedem öffnet und nicht jederzeit. Er hebt nicht ab. Ich sehe die Fenster hoch zur Wohnung, versuche die Eindringlinge darin zu erkennen. Dann fällt mir der Vermieter ein im Bettdeckenladen. Der alte Palästinenser schüttelt träge und ungläubig seinen Kopf:

Einbrecher? Kommt bei uns nicht vor.

Bitte, ich habe sie gehört, hinter der Tür.

Maybe your husband.

Nein, der ist mit den Kindern unterwegs.

Ich wanke vor die Tür des Bettdeckenladens und um die Ecke, biege in die Müllgasse ein, sehe einen weißen Kastenwagen dort geparkt, die Tür hinauf zur Terrasse steht offen, ich erschrecke. Wenn sie das sind? Ob sie die gestohlenen Sachen mit diesem Auto abtransportieren?

Ich laufe zurück zum Vermieter, der seinen Tee trinkt, als wäre nichts geschehen. Fange an zu schreien.

Please help. Call the police!

Der alte Palästinenser hat in seinem Leben an dieser Straßenecke genug Verrückte gesehen. Trotzdem wird er mich nicht los.

Bitte!

Er ruft seine Söhne herbei, die mit mir in die Wohnung hochsteigen. Hinter der Tür ist nun nichts mehr zu hören.

Haben Sie nicht abgeschlossen?
Klar, habe ich.
Haben Sie zweimal den Schlüssel herumgedreht?
Nein.
Die Söhne lachen.
So eine Tür kriegt man mit jeder Kreditkarte auf.
Drinnen zähle ich die Verluste: Stereoanlage, die geborgte Filmkamera, die Matratzen aller Betten wurden umgedreht, die Kleider aus dem Schrank gerissen, ich laufe ins Kinderzimmer, schlage den Teppich zu Seite, greife nach der losen Planke, ziehe sie hoch, greife hinein. Dollars und Kreditkarte, alles hier.
Laufe zum Schreibtisch, finde ihn leer, mein Laptop verschwunden. Verdammt.
Lila kommt herein, begreift die Aufregung, weint:
Ich will nach Hause. Ich will nach Hause. Mama, Mama, fahren wir weg von hier.
Lila, das ist unser Zuhause.
Jetzt nicht mehr. Ich will nicht mehr hierbleiben. Bitte, bitte, fahren wir schnell nach Paris. Oder ins Sommerhaus. Und wohnen dort für immer.
Sie klammert sich an mich. Ich führe sie vor den Fernseher, Kinderprogramm, bringe Erdnusskekse, Milch.
Wir rufen sofort die Polizei.
Damit ist sie beruhigt.
Aber die Polizisten lachen uns genauso aus. Gelangweilt fragen sie nach Seriennummern und Versicherung. Haben wir nicht. Der Verlust gehört uns allein. Nur Lila ist über ihre Anwesenheit froh. Polizistin war ihr erster Berufswunsch gewesen, nachdem wir in Chicago angekommen sind.
Warum Polizist?
Ja, weil ich als police officer die bad guys fangen kann und einsperren.

117

Die bad guys unserer Wohngegend machen Lila Angst. Ich hatte ihr gezeigt, wie sie Betrunkenen oder vor Drogen Wankenden aus dem Weg gehen soll, hatte ihr eingeschärft, die Umzäunung des Parks unter keinen Umständen je zu verlassen. Auch bei den Freundinnen ist es verboten, nur einen Schritt außerhalb des Gartens zu tun. Niemals geht Ruby alleine die dreihundert Meter zum nächsten Supermarkt, um nicht in Streitereien zu gelangen, die sie nicht betreffen, aber bedrohen, sogar am helllichten Tag.
Die Polizei befragt den alten Palästinenser und er erwähnt, dass er manchmal Aufträge für Reparaturen an die Obdachlosen vergibt.
Das sind keine schlechten Menschen. Manche kenne ich von Kind auf. Es sind nur die Drogen, die sie durcheinanderbringen.
Ich gebe denen ein paar Dollar, sie tragen mir die Kisten hoch. Was ist dabei?
Von solchen Hilfsdiensten her kennen die Obdachlosen unser Haus genau, wissen, wie sie über die Mülltreppe und die Holzbalkone den Dachboden erreichen, bedienen sich zuweilen an den dort gelagerten Möbeln. Und sie wissen, wie sie vom Dachboden aus ins Innere des Wohnhauses gelangen.
Der Alte schickt einen Handwerker, um die von den Einbrechern gesplitterte Wohnungstür zu reparieren.
Das Scherengitter müssen Sie allerdings selbst bezahlen.
Pablito, mit lockigem Haar, jung, mit kaputter Haut, schraubt am neuen Schloss herum. Er soll sogar die Durchgangstür vermauern, die den Dieben Zugang ins Haus ermöglichte.
Ich bin halbwegs beruhigt. Der Weg ist ihnen damit abgeschnitten. Als ich zum Nachbarn will, finde ich Pablito auf den Treppen kauernd, eine Crackpfeife in der Hand.
Er grinst. Versteckt das Ding.
Something to relax.
Meine Ruhe ist dahin. Wir sind nicht die einzigen Bestohlenen. Zwei andere Wohnparteien waren vor uns schon dran. Ein paar

Tage nachdem Pablito den Durchgang mit Ziegeln geschlossen hat, erwache ich nachts von einem Hämmern im Dachboden über mir. Ich bin mit den Kindern allein, das Scherengitter ist noch nicht montiert.
Am nächsten Tag untersucht der Nachbar die Schutzwand, findet riesige Löcher darin, verschließt sie, so gut er kann, verspricht, Wache zu halten.
Nachts erneut das Hämmern.
Der Nachbar sagt den Obdachlosen den Kampf an, schüttet Buttersäure auf ihre Matratzen. Für ein paar Tage bleiben sie verschwunden und das Hämmern hört auf. Dann kommen sie wieder.
Wenn sie so richtig betrunken und unter Drogen sind, ist ihnen der Geruch egal. Kommentiert der Nachbar.
Sucht nach einem stärkeren Mittel. Bestellt Fuchspisse im Internet. Sucht in den vielen Leihhäusern unseres Viertels nach seinen gestohlenen Geräten. Und hat Glück. Findet seine Kamera. Kauft sie zurück.
Die Einbrecher filmten sich, um zu testen, ob die Kamera funktioniert. Der Nachbar geht mit den Bildern, auf denen ihre Gesichter gut zu erkennen sind, zur Polizei. Wird ausgelacht.
Was wollen Sie? Sie haben doch die Kamera zurück. Ihre sonstigen Verluste sind durch die Versicherung gedeckt. Was glauben Sie, wie viele von denen hier herumlaufen? Wollten wir allen nachgehen, kämen wir nie zurande.
Der Nachbar protestiert.
Aber Sie haben die Porträts. Hier auf Film. Sie haben doch Karteien? Es wäre einfach, die Täter zu finden.
Das ist nur in den Fernsehserien so. Nicht bei uns. Dazu haben wir keine Zeit.
Die Polizisten schicken den Nachbarn heim.
Ich bin wütend über den Verlust des Laptops, in dem meine Werke gespeichert sind. Die Diebe können nichts damit anfangen. Das

Netzgerät fehlt. Sie können den Computer nicht verkaufen. Also klappere auch ich die Leihanstalten ab, suche danach. Vergebens.

118

Die Kinder leben in den Autos. Ununterbrochen werden sie von einem Ort zum anderen transportiert. Im Auto frühstücken sie, lernen und machen ihre Aufgaben. Ihre Mutter am Steuer erledigt Botengänge, Einkäufe, steht stundenlang im Stau, verköstigt die Kinder mit Snacks und Getränken. Rubys Mutter gibt Kindern Zeichenunterricht, während sie ihr Baby in der Trage am Rücken mit sich führt. Rubys Mutter verdient auch als Tagesmutter Geld. Bei ihr ist ständig Kinderprogramm, Kinder aller Altersstufen werden gereinigt, gekleidet, gewickelt, gepflegt, ins Bett gelegt und durch den Park getrieben, damit sie abends müde sind. Obwohl ich stundenweise an der Universität unterrichte, bin ich die meiste Zeit Mutter, weil andere Mütter meine Freundinnen sind, weil meine Tochter Freundinnen kennenlernt, mit deren Müttern ich mich befreunde, und weil jedes Wochenende Geburtstage gefeiert werden und Elternabende und Elternnachmittage, und so fahren wir durch Chicago, ständig im Dienste der Kinder. Wir vergleichen die Entwicklung der Kinder, wir sprechen über die Kinder, wir versorgen die Kinder, wir tauschen die Kinder, können jedoch niemals ohne Kinder sein. Auf den Fotos und Videos bin ich nie als Einzelne vorhanden, ich bin aus diesen Erinnerungen verschwunden oder fungiere als Trägerin, Halterin für das Kind. Bin eine Rolle, eine dritte Person: die Mutter.

119

An freien Tagen packe ich das Baby in den Kinderwagen, nehme Lila an der Hand und überquere die Grenze, begebe mich in die Reviere der Gangs. Ich bin wie besessen davon, die Diebe zu finden, den weißen Van. Ich will die Arbeit leisten, die die Polizei verweigert. Ich bin sicher, dass es mir gelingt. Mit Kindern glaube

ich, genügend getarnt zu sein. Ich bleibe stehen, wenn mich eine Autonummer interessiert, gebe vor, die verrutschten Socken des Babys zu richten, einen Snack auszupacken für Lila, ihr zerzaustes Haar zu Zöpfen zu flechten. Und sobald verdächtige Typen vor den abgeschrammten Holzstufen der Häuser lungern, halte ich an, beobachte aus Augenwinkeln mein Rundherum. Achte nicht auf Gefahren für die Kinder. Ich bin überzeugt, ich mache das gut. Versuche, spanisch zu sprechen, trage T-Shirt, Jeans, Turnschuhe, die Haare zu einem Pferdeschwanz gebunden. Ich erlaube Lila nicht, ihre Sneakers anzuziehen, deren Sohlen mit jedem Schritt rot blinken. Zu auffällig. Lieber Plastiksandalen und Söckchen aus dem Billigsupermarkt. Aber unser großer Kinderwagen sticht heraus. Hier schieben die Mütter ihren Nachwuchs in Zehn-Dollar-Gefährten ohne aufwendige Polster, eine Acryldecke über Körper und Köpfe ihrer Kinder gelegt, damit sie rascher einschlafen. Babys werden meist in den Armen getragen, keine Tragetücher, keine vor den Bauch geschnallten Vorrichtungen.
Doch vor allem verrät mich mein Alter. Die Mütter sind alle jung, von vierzehn an aufwärts. In meinem Alter sind die Frauen dieser Gegend bereits Großmütter. Und keine spaziert ziellos mit dem Kinderwagen. Man fährt entweder Auto oder bleibt daheim.
Ich aber bin eine Wandermutter, gebe das Herumziehen und Reisen nicht auf. Weil ich beweglich bleiben will trotz Kindern, rüste ich mich aus. Die Milchhandpumpe, das zusammensetzbare Breireibegerät für unterwegs, der Flaschenwärmer, packe auf Reisen die faltbare Babybadewanne ein, das an Esstischen befestigbare Sitzchen, Feuchttücher in der praktischen Packung, Plastiklöffel, Trinkbecher, Schüsselchen, Sonnenschutz, Antikeimtücher, Zahnkügelchen. Alles dabei. Ich bin Mutter, kann trotzdem überallhin. Impfe den Kindern meine Viren gegen die Beständigkeit ein.
Lila gefällt's. Das Baby aber weint, sobald ich es verpflanzen will. Das Baby schläft nur an meiner Seite. Ich wechsle die Orte, kann im Bett jedoch nicht ohne das furchtsame Baby sein.

In Chicago bringen uns, da die Straßen so gefährlich sind, der Bus, das Auto von einer gesicherten Insel zur nächsten. Nur nicht halten zwischendurch, die Türen verriegeln. Auf gar keinen Fall aussteigen. Jeder Schritt könnte provozieren. Wir müssen achtgeben, die Grenzen nicht zu überschreiten.
Nicht weit von uns die verkommenen Sozialwohnbauten. Gefahrengebiet. Taxis halten dort nicht an. Den Großteil der Bewohner stellen alleinerziehende Mütter mit ihren Kindern, meist selbst aufgewachsen in Familien ohne Vater. Dieses Matriarchat aus Not wird vererbt, so wie die Armut. Die Männer sind Nomaden, nisten sich mal bei dieser, mal bei der nächsten Mutter ein, geben den Liebhaber, bis zur Schwangerschaft, dann sind sie dahin, um Verantwortung und Alimente zu vermeiden. Ich höre nicht auf, mich für diese Gebäude zu interessieren, will meine Unruhe bezwingen, indem ich mehr über diese Menschen am Rande der Gesellschaft wissen will. Das Muster meiner Kindheit stellt sich neuerlich ein. Das alte Haus, durch das sich eine Grenze zieht, die die Guten von den Schlechten trennt. Der Wunsch nach Ordnung, Zugehörigkeit. Während ich in den Stadtarchiven stöbere, kommt es mir kein einziges Mal in den Sinn, etwas zu wiederholen, was ich bereits kenne. Etwas, das mich kennt. Ich glaube, dass ich mich heimisch mache in der Stadt, so weit von meinem Herkunftsort entfernt. Die wenige Zeit, die mir bleibt, außerhalb des Mutterseins, opfere ich dafür. Mich treibt die Angst, alleine zu bleiben mit den Kindern. Eine Schreckensvision. Und um das zu verhindern, bin ich zu allem bereit.

Ich richte mich mit Lilas Vater ein. Wir brechen eine Wand durch und schaffen Raum. Packen die Stapel von Kinderkleidung in Schränke. Er erklärt mir, wie man gefrorenes Hackfleisch mit dem Computer aufwärmen kann. Dann steht plötzlich meine Mutter Erika im Raum. Erneut mit dunklen Haaren.

Hast du die gefärbt?

Sie schweigt. Schaut mich bloß an.

Mit einem Mal packt mich die Wut.

Fuck you fuck you fuck you, schreie ich sie an, bis mir der Atem ausgeht und die Stimmbänder wehtun.

Erika zuckt nicht mit der Wimper, versucht, an mir vorbeizuschleichen. Wir stehen an der Kellertür. Es ist mein Elternhaus.

Du bist krank! Schreie ich, sobald ich wieder Atem habe. Du bist krank! Du musst in Behandlung!

Wortlos beginnt Erika, die Treppen in die Kellerräume hinunterzusteigen.

Du musst dich behandeln lassen! Wir sind Menschen und wollen wie Menschen leben! Rufe ich ihr nach.

Es ist aus! Wir können nicht mehr mit dir!

Und sehe nach, wie sie aus meinem Sichtkreis verschwindet.

Keuchend wache ich auf. Erschrocken über meine Wut.

120

Wir spielen Haus. Aus dem Verpackungskarton des Geschirrspülers schneiden wir Fenster aus, basteln eine Tür. Lila und Ruby bemalen die Außenwände, bekleben sie mit Silberpapier, richten sich mit Polster und Decken ein, verlangen rosa Limonade, Kekse, um das Zuhausesein zu zelebrieren.
Lilas erstes Haus ist aus Plastik, mit einem Ring am Dach zum Tragen: Schornstein, Fenster, Türen lassen sich mit Schlüsseln öffnen, die sich nach Formen unterscheiden: Dreieck, Quadrat, Kreis, Raute, Herz. Steckt sie die richtige Form ins richtige Schloss, kommt sie hinein.
Lilas zweites Haus ist ein Zelt, das sie im Garten des Sommerhauses auf einem alten Teppich platziert. Das Baby muss draußen bleiben, darf Lilas Pläne nicht zerstören, nicht die Bücher begrabschen, die sie, auf kuschelige Kissen gelagert, im Halbdunkel liest.
In Chicago spielen wir Erinnerung. Abends, vorm Einschlafen, tauschen wir Geschichten über die Verwandten in Paris und Österreich aus. Wir sind so weit vom dort Geschehenen entfernt, dass ich mich nicht mehr fürchte, an Vergangenes zu denken. Doch ich sorge mich, weil Lila ihr Deutsch verlernt. Meine Muttersprache ist nicht mehr wichtig. Ich übersetze beim Vorlesen die englischen und französischen Kinderbücher ins Deutsche. Damit Lila meine Worte nicht vergisst. Nach den Büchern schmiegen wir uns aneinander.
Weißt du noch?
Und malen uns Szenen aus, die wir gemeinsam erlebt hatten. Das Schwimmen im See. Das dicke, pelzige Tier vorm Zoo ohne Namen. Die Karotten von Oma. Die ungeschickten Beine von Grand-Maman. Und jetzt erzähle ich dir ein großes Geheimnis.
Ja.
A scary story.

Was?
Einmal bin ich mit Ruby im Auto gefahren und wir haben nach hinten rausgesehen, den Leuten zugewinkt, wie immer.
Ja?
Und dann ist ein schwarzes Auto vorbeigefahren, eine Limousine, hat uns überholt.
Ist das scary?
Nein, aber.
Lila greift nach meiner Hand.
Da war kein Fahrer drin. Das Auto ist einfach so gefahren. Ohne Fahrer.
Ich lache. Wirklich?
Ehrenwort. Lila meint es ernst.
Es war schrecklich.
Ach geh!
Wirklich, du kannst Ruby fragen. Wir haben das Auto beide gesehen. Eine Limousine.
Ok. Ich glaub's dir.
Lila krallt sich in meinen Arm und ich liege so lange bei ihr, bis ihr Atem sich beruhigt. Gehe ich zu früh fort, fängt der Albtraum sie wieder ein. Und das Ritual beginnt erneut.
Ich höre das Hämmern auf dem Dachboden. Die Flüche der Obdachlosen unter der Terrasse. Erhebe mich leise und packe unsere beweglichen Sachen in Umzugskartons. Wir müssen hier fort. Uns verabschieden von den fremden Möbeln, die mit den Jahren wie eigene geworden sind. Lassen die Teppiche zurück bis auf den falschen Berber. Der wird als Zuhause für den nächsten Ort gebraucht.

121

Wir betrachten im Sommer gefilmte Videos.
Stopp Stopp Stopp. Schreit Lila.
Noch einmal! Genauer! Sie kichert.

Odette steht im Bild, Gesichtszüge angespannt vor Schmerz, am Arm ihres teilnahmslosen Mannes.

Ich spule das Band zurück, Lila springt vom Sofa auf.

Odette erscheint auf dem Bildschirm. Von Weitem stapft sie, einen Fuß vor den anderen, tapfer den Hügel zur Kapelle hinauf, kommt kaum vorwärts, klammert sich fest an ihren Mann, um nicht zu fallen. Das ovale Gesicht mit den dichten, dunklen Brauen fragend in Richtung Kamera, bewahrt Haltung. Ihr Kopf wirkt leichter ohne Chignon, ihre Haut glatt, fast faltenlos. Nur die Lippen zucken, als Nachricht des Alters. Und sie verschwindet aus dem Bild.

Lila bricht in Lachen aus, steckt mich an. Wir steigern uns hinein.

Denn Stunden später, nach dem Ausflug, Odette hatte kaum geklagt über Schwierigkeiten beim Gehen – eine Dame spricht nicht über ihre Probleme –, bemerkte sie beim Ausziehen der eleganten Pumps den springenden Punkt. Sie hatte ihre Schuhe vertauscht. Den linken Schuh am rechten Fuß getragen, den rechten Schuh am linken. Daher der Schmerz. Und ihr fragendes Gesicht mit der weichen, weißen, glatten Haut wird zum Gesicht einer Getäuschten, einer von sich selbst Genarrten. Etwas, das ihr Leben schwer macht.

122

Dennoch ist Chübeer das nächste Opfer. Eines Nachts befällt ihn hohes Fieber, bis er nur mehr lallt. Odette versteht ihn kaum. Sucht nach ihrem Hörgerät. Vermisst die Brille, findet die Telefonnummer des Arztes nicht, wählt eine Nummer in Paris, eine Nummer in Chicago.

Papa ist krank. Was soll ich tun? Schreit sie in den Hörer.

Einen Chübeer, der nicht sprechen kann, ist sie nicht gewohnt. Er kontrolliert, hat alles in der Hand, führt die Unterhaltung oder das Schweigen. Er rechnet alles zusammen, bestellt Flugtickets, Taxis, verhandelt mit Heizungsmonteuren, wählt Rasenmäher, begleicht

Rechnungen. So lautete ihr Plan: Odette für die innere, Chübeer für die äußere Welt.
Der Arzt weist Chübeer ins Krankenhaus ein, lässt Odette zurück im Sommerhaus. Alleinsein beherrscht sie nur zur Not. Sie fleht durchs Telefon. Fährt Chübeer besuchen mit dem Taxi, zwei, drei Mal, danach geht das Geld aus, ihr Taschengeld, sie nimmt die Scheine für den Haushalt aus der Lade.
Chübeer stammelt. Nicht seine Lungen sind gestört, sondern sein Gehirn. Ein Schlag. Er hebt nicht mehr die Hand, wenn Odette ihn aufsucht.
Zu Hause öffnet sie verbotene Ordner auf seinem Schreibtisch, sucht seine Scheckkarte und den passenden Code. Eine eigene hatte sie nie nötig, wurde immer gut versorgt. Nur wegen des Friseurs hatte Chübeer sich ständig aufgeregt. Haarefärben und Chignonstecken schienen ihm zu teuer. Seit Odette ihr Haar kurz und grau trägt, ist er diese Kosten los. Die Schreibtischlade bleibt verschlossen, der Schlüssel dazu versteckt. Chübeer hat seine Frau nie in seine Geheimnisse eingeweiht. Odette blättert in Papieren voller Zahlenreihen, jede einzelne Ausgabe säuberlich mit Bleistift notiert. Ein Liter Milch, ein Paket Butter am 25. 3. 1991 macht 15 Schilling oder 3 Francs. Findet Kassenzettel von Geschäften, in denen sie niemals war, Rechnungen über Seidenbüstenhalter und Spitzenunterhosen. Erschrocken steckt sie die Ordner ins Regal zurück.
Odette hat kein Geld mehr, um Essen zu kaufen, borgt sich von der Nachbarin Nudeln und Reis. Sie hat keine Vollmacht über die Konten Chübeers, kann nicht zugreifen, so lange nicht, bis sein Gedächtnis wieder funktioniert.
Sie leiht sich Geld von Toinette, die schimpft am Telefon.
Wie konntest du das zulassen? Du brauchst dein eigenes Geld!
Sprich nicht so über deinen Vater. Außerdem, Geld ist kein Thema. Das wäre vulgär. Geld hat man einfach.

Ja, aber du nicht. Du hast keinen Zugang zu dem Geld, das auch dir gehört, nicht nur ihm.
Untersteh dich, in diesem Ton mit mir zu reden.
Ja, weil du nichts weißt über Geld, denn du hast es noch nie selbst verdient.
Ich bin deine Mutter, ich habe euch großgezogen. Das war Arbeit genug.
Und was hast du jetzt davon? Kannst dir selbst kein Frühstück mehr kaufen.
Toinette legt auf.
Odette lässt Chübeer nach Paris transportieren und die Konten Konten sein, zieht erneut bei ihrer Mutter ein, tröstet sich in Versailles. Dort wird für sie gesorgt. Die jüngeren Geschwister laden sie zum Essen ein. Familie ist ihr Kapital, darin hat sie investiert, von klein auf.
Odette ist glücklich, als Chübeer sich langsam erholt, seine Zunge trainiert. Sie braucht den Code nicht mehr. Chübeers Geheimzahl bleibt geheim. Alles wird gut.

123

Ich folge dem Vater meiner Kinder, um nicht alleine mit ihnen zu sein. Bin feige geworden. Wage nicht, mich zu entscheiden für das, was ich eigentlich will, und weiß auch nicht mehr, was das sein soll. Es ist kaum möglich, von sich als Mutter zu sprechen, da eine Mutter ohne Kinder nicht existiert. Sogar wenn ich allein verreiste, ließ ich die Kinder in Gedanken nicht zurück. Eigentlich bin ich Familie, meinte ich, koste es, was es wolle, und koste es mich selbst. Odettes Sohn hatte beschlossen, Chicago aufzugeben, in Richtung New York. Von allen Orten, an denen ich mir vorstellen kann, mit Kindern zu leben, ist New York der allerletzte: wenig Raum, wenig Geld, wenig Zeit, um zu schreiben. Wer arbeiten will, braucht teure Betreuung für die Kinder, die man sich nicht leisten kann ohne Arbeit. Kinder in dieser Stadt sind eine Möglichkeit für Reiche. Nicht für uns.

Weil ich nicht verzichten will, mit dem Vater meiner Kinder zusammenzuleben, beschließe ich, einverstanden zu sein. Beschließe, den Umzug gut zu finden. Beschließe, dass zum Wohnen zu viert ein paar Quadratmeter genügen. Stürze mich hinein. Höre auf zu überlegen, so lange, bis ich dort angelangt bin, wohin Odettes Sohn will.

Erinnere ich mich an diese Jahre, fällt es schwer, mich nicht bloß auf kurze, schimmernde Momente zu konzentrieren, in denen alles gut ging. Das Abenteuer, die scheinbare Leichtigkeit, nach hinten projiziert. Ich, die Helferin, Versorgerin, Sprecherin der Kinder.

In New York bin ich empört, als auf dem Gehsteig kein Raum ist für den Kinderwagen. Die Stadt empfängt uns ruppig.

Can you please shut the fuck your kids up!

But how? Kinder sind keine Maschinen.

You better stay home!

Der Teppich, unser falscher Berber, bedeckt nun den ganzen Wohnraum, der zur Verfügung steht. Wir wohnen zu viert auf dreißig Quadratmetern und das ist teuer genug. Frische Gangzeichen auf der Eingangstür des Wohnhauses bereits bei der Besichtigung. Am öffentlichen Telefonautomaten ist ein Junkie zusammengesunken, der Hörer hängt neben seinen geschlossenen Lidern, das Besetztzeichen piept ihm ins Ohr.
What a shame!
Salsa und Merengue in voller Lautstärke im Supermarkt an der Ecke, die Warenauswahl spiegelt die Bedürfnisse seiner Bewohner: Hamburger, tiefgefroren, Reis- und Tapiokapudding, weiße, rote, schwarze, grüne, rosa Bohnen, getrocknet oder vorgekocht, in Dosen abgefüllt, Dreiliterflaschen Coca-Cola, Joghurts in allen Regenbogenfarben, ein langes Regal mit Babynahrung, in der Feinkostabteilung nur eine Sorte Käse.
What you're looking for, bitch?
Zwei junge, gestylte Frauen mit nadelkopfkleinen Pupillen wanken selbstbewusst durch die Gänge.
Some fucking expensive diapers for my baby.
Die andere lacht:
Yeah nigga, for your baby.
Ich räume den Einkaufswagen voll, einmal wöchentlich, lasse liefern, vom Gemüseputzer, der für ein Trinkgeld das wackelige, verbogene Teil über den löchrigen und mehrstufig geflickten Gehsteig schiebt.
Vor unserem Haus thront Luis auf einem umgedrehten Farbkübel, mit einem Stück Karton als Sitzpolster. Morgens bis abends bis nachts grüßt er Vorbeigehende, vermittelt Käufer für die aus unklaren Quellen stammenden falschen Goldarmbanduhren, kaum funktionierenden Kassettendecks und CD-Player, gebraucht aussehenden Schmuckstücke. Luis, der frühmorgens schon, oder noch, nach Schnaps riecht, übernimmt die Post, wenn Mieter des Hauses verreist sind, schlichtet Streit, der abends zwischen den

auf der Straße herumhängenden Jugendlichen, den verbliebenen Junkies und deren Dealern ausbricht. Luis, mit den ausgeschlagenen Vorderzähnen und der alkohol- und nikotinverzehrten Haut, in der immer gleichen braunen, abgeschabten Lederjacke, liebt meine Kinder, schenkt ihnen Bonbons.

Bless them, bless you and your kids.

124

Wir spielen ein Spiel.

Lara Croft, Lara Croft!

Lila und ich folgen einer mit Shorts bekleideten weiblichen Figur durch venezianische Küchen, tibetische Höhlen, französische Gartenlabyrinthe. Die Zeit vor dem Bildschirm vergeht schneller als beim Vorlesen eines Buchs. Wir suchen nach Tastenkombinationen, testen unsere Schnelligkeit, laden Waffen nach. Wir sterben.

Im Park, auf dem Weg von der Schule nach Hause, spielt Lila die Heldin nach. Setzt ihren kleinen Mädchenkörper auf meine Kommandos hin abgehackt, winkelig in Bewegung, atmet automatisiert stoßhaft, wenn sie sich anstrengt, wie Lara Croft.

Zwei Schritte vorwärts, drei Schritte links, rufe ich.

Konzentriert imitiert Lila die Heldin.

Spring, rufe ich.

Und Lila gehorcht.

Spring aus dem Stand, und höher!

Und Lila hebt ihre Arme über den Kopf, während sie hüpft, so hoch sie kann.

Hinein ins Wasser, Shift F4, rufe ich, aufs Geratewohl.

Auch ohne Wasser ahmt Lila Schwimm- und Tauchbewegungen nach. Ich warte lange, bis ich befehle aufzutauchen, um Lila Gelegenheit zu geben, unter Wasser fast zu sterben. Die Luft geht ihr fast aus. Sie liebt es dramatisch.

Dann forme ich das Alarmgeräusch des Spiels mit meinem Mund und Lila kommt hoch aus der Gefahr, rettet sich im letzten Moment, atmet laut und tief ein. Wartet auf den nächsten Befehl.
Ich tue so, als hätte ich Probleme, die passenden Tasten zu finden. Meine Unschlüssigkeit veranlasst Lilas Figur, auf der Stelle zu treten. Sie steht nicht still.
Shift Control führt Lila mit ein paar Schritten näher ans Klettergerät des Spielplatzes im Park. Sie muss schleunigst aus der Höhle fliehen.
Ein weißer Tiger, ein weißer Tiger greift mich an!
Sie springt, um die erste Sprosse zu erreichen. Hangelt sich hoch, oben liegt Schnee.
Tibet, rufe ich. Die Schlittenfahrt hinunter ins Tal.
Lila steigt in die Rutsche, weiterhin verfolgt.
Der Tiger verfolgt mich! Der Tiger verfolgt mich! Ich brauche Waffen!
Und dreht sich im Rutschen um, schießt, zwei, drei Mal. Shift F1 wirft eine Handgranate.
Treffer! Puh, das war knapp!
Ich sehe auf die Uhr.
Wir müssen weiter. Hausaufgaben.
Nein, noch mal!
Computerbefehle zwingen Lila durch das schwere Eisengittertor vom Park auf die Straße. Ich wechsle das Spiel, um sie vorwärtszuzwingen.
Schau, eine zerknüllte Zigarettenschachtel. Wer das wohl war? Und wo ist er hin, der Verdächtige?
Lila steigt drauf ein. Sammelt Spuren. Kaffeepappbecher, Bierdosen, Zigarettenstummel, Kronenkorken, Preisschilder. Vergisst den Weg, während sie eine Geschichte für den Verbrecher erfindet, bis wir ankommen in der Avenue D.
Hi Luis.
Hi my dear little girl.

Wir steigen hoch, lösen das Kindermädchen ab, übernehmen das Baby.
Täglich begleite ich Lila zu und von der Schule, jeden Morgen nehmen wir den Bus bis zur 14. Straße, wechseln in die U-Bahn, Local oder Express, marschieren von der 40. zur 44. Straße zu Fuß. Ich gebe sie ab, bleibe meist in der Stadt, suche einen Raum zum Schreiben, immer unterwegs.

125

Seit Lilas Geburt stehle ich mich fort, kauere auf Parkbänken, beschriebene Seiten auf den Knien, bis es kühl wird, zu regnen beginnt. Habe ich mein Pensum nicht erledigt, ziehe ich weiter, suche nach Cafés ohne Musik, durchquere die Stadt, um für zwei Stunden in Wohnungen zu schreiben, deren Mieter kurz verreist sind. Ich schiebe meine Arbeit zwischen die Pflichten. Fliege für schlecht bezahlte Lesungen nach Wien und Berlin, entschuldige mich dafür. Gebe vor, dass Geld der Grund ist, aber in Wirklichkeit bin ich froh um die kinderlose Zeit.
Mit Kindern bist du erpressbar, erklärt ein Aufrechter, der erfolgreich widersteht.
Politisch korrekt bist du nur ohne Kinder.
Ich nicke, lasse ihn weiterreden. Begreife, dass ich das Beispiel bin, das ihm recht gibt. Vor den kinderlosen Kollegen kann ich über Kinder nicht reden, besser ist schweigen, vorgeben, ohne sie zu sein. Mit anderen Müttern ist das Gespräch über ein Leben jenseits des Mutterseins kaum möglich.
Zu kurzen Ausflüchten treffe ich Freunde von früher, darf einzeln sein, nicht eine Familie, für die ich funktioniere und alles organisiere, von den Flugtickets bis zur Milch. Ich bin Chübeer und Odette zugleich, verantwortlich für die innere wie für die äußere Welt. Was ich unterwegs in der Stadt auf Papier kritzle, tippe ich abends in den Computer, drucke es aus. Aber Papier gehört mir nicht allein. Lila reißt Seiten aus meinen Manuskripten und ich

sammle die Bruchstücke ein, setze einen Inhalt zusammen, der Spuren meiner Tochter trägt.
Abends liege ich mit den Kindern auf der großen Matratze, die den Raum zur Hälfte einnimmt, und warte, bis sie einschlafen. Beginne in dieser Zeit, Auseinandergerissenes in Gedanken zu rekonstruieren. Sinne über Handlungsverläufe nach, entwerfe Figuren für Erzählungen. Stehe wieder auf, tippe, drucke die Seiten aus, bereite den Rucksack für die morgendliche Stadtwanderung.
Höre unten Autotüren, spähe durch die Ritzen des Vorhangs, aus schwarzen Limousinen wummern Verstärker, beschallen die Straße mit Songs voller Bitches und Geschlechtsteilen, Drohgebärden.
Gib ihm, das ist seins, nein, das ist meins, nein, nein, ich bring dich um!
Aus Satzfetzen und Geräuschen forme ich Geschichten. Entweder Euphorie oder Streit, meist dreht das Gefecht sich um Alkohol, Drogen und immer um Geld.
Gib mir die zwei Dollar, das ist mein Geld, du hast mich betrogen, lass mich in Ruhe!
Unmengen von Schimpfwörtern, Flüchen, Ausdruck von Wut, Unzufriedenheit. Und jede Nacht die Verrückte mit ihrer Litanei. Das Kreischen und Lachen der Betrunkenen endet nicht, bricht sich an den hohen Häuserwänden, hallt in den Ohren. Gestalten huschen in die Projects gegenüber. Zum Einkaufen. Die Polizei hält sich fern. Trotzdem, das Schloss an der Wohnungstür ist sicher und Luis wacht Nacht und Tag. Ich gehe nie aus.
Zu späten Stunden ist nur der Vater meiner Kinder unterwegs. Eröffnungen von Bars und Restaurants und Galerien. Aufenthalte in Ateliers, Lapdance-Clubs. Ich erwache von den heimkommenden Mietern über mir, deren Party weitergeht. Sie poltern betrunken über unserer Matratze, beruhigen sich nach dem Duschen erst. Zwischen den Projects zwitschern erste Vögel.

Als ich mich frühmorgens mit meiner Tochter auf den Weg zur Schule mache, treffen wir in eisigem Wind die wenigen Arbeitenden der Gegend. Der alte Farbkübel steht unbesetzt vor der Haustür. Lilas Vater schläft in der Wohnung mit dem Baby auf der Familienmatratze ein. Bis das Kindermädchen kommt, das Odette ihrem Sohn spendiert und damit auch mir.

Die Namen geben vor, welches Leben du führst, behauptet eine Freundin.
Lila: Lilienblüte, Flieder. Eine duftende Dolde, ein Strauch, eine Farbe zwischen Rot und Blau.
Gibt es allerdings auch in Weiß.
Stimmt.
Jede muss mit ihrem Namen leben.
Erika: weibliche Form von Erik: alleiniger Herrscher, ein Blumenname, eine Heidepflanze, ein geschlechtsverwandelter Schifahrer.
Magst du deinen Namen? Frage ich meine Mutter.
Ich hasse ihn.
Sie kürzt ihn ab auf den Anfangsbuchstaben E. Unterschreibt ihre Briefe. Entweder E. oder M., für Mutter.
Nicht einmal nach dem Tod verlässt dich dein Name. Du wirst gerufen, erinnert, erzählt mit diesen Buchstaben. Das Ende: eine Steinplatte mit Buchstaben darauf, festgeschraubt über einem Loch, in dem die schwarze Urne steht.
Martha: geehrte Dame, Schutzpatronin der Sozialarbeiter, Krankenschwestern, Ärzte. Herrin.
Magst du deinen Namen?
Der Vorname ist Martha egal. Wichtiger ist der Nachname, weil der ihre Zugehörigkeit bestimmt. Der Name der Ehemänner entscheidet über ihre Sicherheit, vor allem finanziell.
Hanna bedeutet Anmut. Auf dem Foto steht meine Großmutter breitbeinig vor ihrem Haus, sie trägt Dauerwelle und Kittelschürze. Ich daneben, mit zerrupftem Haar, barfuß.
Odettes Name stammt aus einer Erzählung, kommt vom althochdeutschen Ot, das Besitz, Reichtum, Erbe bedeutet. Im *Schwanensee* von Tschaikowski ist sie der gute Schwan. Odette ist Fürsprecherin ihres Sohnes bei Chübeer und die Bewacherin der wertvollen Familienmöbel.

In Gedanken teilt Lila bereits die bestickten Stühle auf, die bemalten Teller, wer wird den wertvollen Kronleuchter bekommen? Odette besitzt nur einen.
Ohne meinen Namen kann ich weder lieben noch geliebt werden, habe ich keinen Platz in der Gemeinschaft. Nur, dass mein eigener Name nichts bedeutet. Er ist Statthalter für die Geschichte einer Region, bezeichnet die Zugehörigkeit von Frauen, die geraubt werden. Habe ich lange geglaubt. Der englische Titel der Legende erst bringt mich auf die Wahrheit. Es war nicht Raub, sondern rape, Vergewaltigung der Frauen durch die Römer. Und die Sabinerinnen verbündeten sich mit den Tätern, willigten ein, Mütter zu werden für ihre Kinder. Wandten sich gegen ihre Herkunft.

126

Ich bin's. Ich bin S, der Zischlaut der Schlange. Tiere mit S. Alle Worte, auch die Orte mit S klingen mir wie ein Auftrag.
Inzwischen bin ich sogar einverstanden, eine Spinne zu sein. Mein Machwerk ist immer wieder rasch zerstört und immer wieder rasch aufgebaut. Ich schwebe zwischen zwei Balken, ritsch ratsch ritsch ratsch laufe ich hin und her, bringe mein schwankendes Haus in Ordnung. Ich hänge an einem Faden, ich produziere den Faden, an dem ich hänge, aus meinem eigenen Körper. Beginne immer wieder von Neuem. Ich habe viele Arme, ich habe lange Beine, in meinem Körper wohnt ein Haus.
Von den mythischen Gestalten suche ich mir Ariadne aus: Ihr Bruder ist ein Monster und sie muss ihm nahe bleiben. Sie kennt das Labyrinth, weiß sich zu orientieren. Hält den Faden in der Hand. Was ich nicht mag: dass sie für Theseus alles tut. Und dass er nicht dankbar ist dafür. Sie ist verlassen, düpiert. Dann wirft sie sich Dionysos um den Hals, weil sie glaubt, dass es der Verflossene ist, der zurückkommt. Ich weiß nicht, ob sie zueinander passen und was mit Ariadnes Faden passiert, wenn sie feiert mit dem neuen Mann. Ob sie ihn verliert?

Ich mag Arachne, eine andere Frau, geschickt mit Fäden und einem Werk verbunden. Sie will nicht anerkennen, dass eine Göttin über ihr steht. Tritt in den Wettstreit. Webt Göttergestalten in erotischen Abenteuern, Szenen der Untreue. Die Göttin gerät über ihre Kunstfertigkeit in Wut, zerreißt Arachnes Bild.
Was mir nicht gefällt: dass sie sich aufhängt am Faden.
Sie wird durch Aconit, ein altes Hexengift, in eine Spinne verwandelt. Eine verfolgte Künstlerin. Mit vielen Fäden, mit vorgestellten Bildern, Drogen.
Was ich an Louise Bourgeois mag: das S und das O, das sich in ihrem Nachnamen wiederholt. Ein zweifaches Ja. Sie wächst mit Tapisserien in der Familie auf. Formt meterhohe große Spinnen, nennt sie Maman. Ich mag, dass sie zur betrogenen Mutter hält. Von der englischen Geliebten ihres Vaters ist sie gleichzeitig abgestoßen und fasziniert. Flieht aus dem französischen in den englischsprachigen Raum. Traut sich, Künstlerin zu sein. Trotz Kindern. Sie ist meine echte Großmutter. Seit ich sie kenne, glaube ich daran, einen Ausweg zu finden aus dem Labyrinth.

127

Ständig bin ich auf der Suche nach einem Ort, an dem ich schreiben kann. Werde mit einem Heizkörper ertappt in der Ateliergemeinschaft. Mein Stromverbrauch ist zu hoch. Ich fliege raus. Die Bibliotheken sind voll, Wärmestuben für die Obdachlosen und die unbetreuten Kinder. Besser sie lungern zwischen Büchern als auf der Straße. Die Obdachlosen tragen all ihre Habe in Plastiktüten in den Lesesaal. Der schmierige Trenchcoat eines bärtigen Mannes ist mit zusammengeknüllten Zeitungen so vollgestopft, dass das Kleidungsstück zu beiden Seiten weit absteht. Er segelt, scheint abzuheben im Gehen durch die Tischreihen, findet kaum Platz auf dem Stuhl neben mir. Ich streife durch das Gebäude, drücke die Nase gegen die Glastüren verschlossener leerer Räume. Will hinein. Besorge mir einen Sonderausweis, mit dem ich entlegene Säle betreten darf. Muss Archive bearbeiten dafür. Verstecke den Schreibblock dahinter, gebe vor, aus Dokumenten zu exzerpieren, während ich heimlich eigene Sätze forme. Mit Bleistift. Andere Schreibgeräte dürfen hier nicht rein. Gefahr, die Originale zu zerstören.

Die Archive bringen mich auf Ideen. Geschichten beginnen sich zu verändern. Ich erforsche Frauen im Exil. Jüdische, von Nazis verfolgte Frauen, die in die USA geflohen sind. Ich lese Erinnerungen, Briefe, Autobiographien, will wissen, wie ihr Leben nach der Flucht im neuen Land weiterging. Wie sie mit Kindern und Männern ihre Wohnungen einrichteten, wie sie Geld verdienten, um die Familie zu ernähren. Sie bastelten den Alltag zusammen, so gut sie konnten, lernten die Sprache, wählten die Schulen, halfen bei den Hausaufgaben. In den Archiven suche ich nach der Bedeutung häuslicher, transportierbarer Gegenstände als Gegensatz zur intellektuell bestimmten Welt ihrer Männer. Denn wer kochte, wer kaufte ein, wer schmierte den Kindern ein Jausenbrot? Ich finde

wenige Frauen, die neben dem Hausfrauen- und Muttersein Zeit haben, in der Fremde zu schreiben.
Bemuttern und Arbeiten funktioniert nur in einem ständigen Gespaltensein. Zwischen den Gedanken muss stets ein Kanal frei bleiben für die Abläufe der Kinder. Kein durchgehendes Gespräch ist möglich, kein ernsthaftes Telefonieren, die Kinder fahren dazwischen, brauchen ein Taschentuch, verschütten Saft, streiten und fordern. Meine Tochter wühlt trotz Verbot in meinen Papieren, sucht eine Unterlage zum Zeichnen, kritzelt darauf. Das ist, was ich bin.
Ich irre durch New York. Dann endlich finde ich einen passenden Ort. Ich bin nicht die Einzige, die schreiben will. Eine booth wird mir zur Verfügung gestellt. Ein Schreibtisch mit zwei Seitenwänden, die mich abschirmen gegen den Blick der anderen. Die booth wird zum wichtigsten Ort.
Essen und Telefonieren sind verboten.
Ich bin glücklich. Stopfe mir zur Mittagszeit im Gehen einen Bagel mit Frischkäse in den Mund.

128

Ein Spiegel in goldenem Rahmen auf dem Gehsteig zieht im Vorübergehen meinen Blick an, lässt mich an Odette denken. Ich lenke den Kinderwagen zurück, rufe Lila, wir betreten ein kleines Stück Grün, verdunkelt durch die Kronen zweier Bäume. Ein höhlenförmiger Garten. Schmale Kieswege sind von gebrauchten Möbeln gesäumt, heimelige Sitzecken im Hintergrund, Aufenthaltsort unter struppigen Bäumen und Lager zugleich. Altes Plastikspielzeug, Kinderfahrräder, Plüschtiere, eine amerikanische, eine kubanische, eine puerto-ricanische Flagge in trauter Dreisamkeit. Männer in abgerissenen Klamotten, stinkigen Turnschuhen starren uns entgegen. Wir befinden uns in ihrem Revier. Lila hält sich fest am Kinderwagen. Solange ich nicht zögere, hat

sie keine Angst. Solange sie ruhig hält, habe ich keine Bedenken.
Ich spreche die Männer an.
Nice garden.
Yeah, Ma'am.
This is your stuff?
Yeah, Ma'am. We're tryin' to make some dollars.
You sell?
Yeah, Ma'am.
Ich untersuche die Sitzgelegenheiten, bleibe vor einem zweisitzigen Sofa stehen, der Bezug aus braunem Leder ist zerkratzt.
Das war eine Katze.
Eine Katze hat Lila sich immer gewünscht.
How much?
Ten Dollars.
Mit der grünen Brokatdecke aus Chicago über dem Sitzkissen wird man die Beschädigung nicht sehen.
Ok, I'll be back. Need my husband for transport.
Yeah, ma'am, welcome any time.
Dieser und andere Gärten werden Spaziergangsziele an freien Tagen. Sie gehören Leuten, die sich kümmern. Sie gehören niemandem. Freie Flächen zwischen den Häusern. Wir besuchen den ruhigen Garten mit Teich, einem Extrabecken für den Goldfisch, mit sorgfältig angelegten Kräuterbeeten, lernen die Namen der Pflanzen: Indian grass, cinnamon fern, spiderwort, sneezeweed, sundrop, showy goldenrod, native plants of New York. Können nachfühlen, in welcher Vegetation die ersten Siedler das Land vorfanden. Wir grüßen, Lila sitzt lesend auf der Holzbank vor dem kleinen Häuschen, ich laufe dem Baby nach, gebe acht, dass es nicht ins Wasser fällt, flöße ihm Saft ein, drücke ihm Apfelstückchen in die Hand.
Wir besuchen den leeren Garten, der nur aus leichten Hügeln und Gras besteht. Hier nimmt sich keiner Zeit, etwas zu pflanzen. Im

Sommer breiten die Obdachlosen Schlafsäcke und Matratzen im Schatten der Bäume aus.
Wir besuchen den verrückten Garten. Jeder kann mit seinem Beet machen, was er will. Skulpturen basteln, Hütten errichten, Blumen pflanzen, Unkraut kultivieren, Tomaten unter einer Schutzhaube aus Plastikfolie ziehen. Kreuze, bunte Tore, spiegelnde Kugeln, Buddhafiguren aufstellen. Viele Beete sind verwaist, ähneln vergessenen Gräbern, vertrocknete Blätterhaufen, abgestorbene Stängel, wucherndes Kraut.
Auf dem eingezäunten Areal hinter unserm Haus gackern die Hühner, krähen die Hähne mitten in New York. Am Gehsteig parken samstagnachmittags glitzernd bemalte Vans, mit geöffneten Türen, bepackt mit Plastikkühlern voller Bier, Tamales, Chips und Eiskrem. Hahnenkämpfe in der Avenue D. Wir bleiben da nicht stehen, gehen rasch weiter. Das ist nicht unser Gebiet.
Wenn Luis krank ist, besetzen Männer die Türschwelle, die wir nicht kennen. Sie weichen nicht zur Seite. Beginnen zu fluchen, je nach Betrunkenheitsgrad, weil wir sie stören. Ich drücke Lila das Baby in den Arm, falte vor ihren Augen den Kinderwagen zusammen, trage das schwere Gerät ihnen entgegen, bis sie sich schimpfend erheben, Lila folgt mir.
Je dichter und je öfter die Straßenleute ans Haus dringen, je lauter und dringender ihre Rufe und Flüche und zornigen Gespräche nachts zu hören sind, desto poröser werden die Mauern des Hauses, die Wände, die Fenster. Wir sind nicht mehr abgedichtet gegen draußen. Werden hineingezogen und Angst verwandelt sich in Verachtung oder Wut. Ich stoße Flüche aus und wünsche mir, woanders zu sein, woanders wohnen zu können. Anstrengend, mit meinem Körper eine Sicherheit für die Kinder zu erhalten. Ein verlässlicher Posten, wenn sonst alles wankt, aus den Fugen gerät. Ich darf mein eigenes Taumeln nicht weitergeben.
Mama, wie wird man obdachlos? Fragt Lila.
Wenn man kein Geld mehr hat, Miete für die Wohnung zu bezahlen.

Ich wünsche mir, dass uns das nie passiert.
Meint Lila und ich spüre ihre Angst, die meine trifft, auf den Punkt genau.
Nein, sicher nicht. Wir haben es doch gemütlich hier.
Ja, stell dir vor, da hätten wir keinen Briefkasten mehr. Das wäre schlimm.
Lila, kannst du kurz alleine mit dem Baby bleiben?
Sie nickt, tapfer.
Aber nur ganz, ganz, ganz kurz.
Ich gebe mein Versprechen.
Laufe zum kleinen Garten, überrede einen der Männer, mir das Sofa nach Hause zu tragen.
Zehn Dollar für das Ding, zehn Dollar für den Transport.
Er willigt ein. Ich lerne es nie. Kaum habe ich eine Gefahr überstanden, lade ich mir die nächste ins Haus.

GRÜN

129

Im Grünen bin ich froh. Das habe ich von meiner Mutter Erika gelernt. Während sie im vorderen Garten neben den fetten Rosenblüten auf dem Liegestuhl döst, nur kurze Zeit, verbringe ich die Sommerstunden im hinteren Garten, versteckt zwischen Fichten und dem Lattenzaun. Die Heuarbeiter sollen mich nicht bemerken. Für die Tanten und Onkel will ich unsichtbar sein. Ich lade die Sonne ein, Platz zu nehmen auf nackter Haut. In der Großstadt vermisse ich den freien Raum, das massige Grün, stoße im stundenlangen Gehen auf Zäune, Absperrungen, Einschränkungen, öde Parkanlagen voller geplanter Wege, schlage ein Lager im Botanischen Garten auf, breite eine Decke im Prater, im Tiergarten aus. Berge schüchtern mich ein, während Erika sie liebt.
Ich ziehe ans Meer, weil das Meer ein Traum ist, aber in Wirklichkeit ist das Meer eine Gefahr. Denn das Meer gehört nicht mir, sondern den Fischern, die Männer sind. Und Männer brauchen Frauen. Und wenn sie Frauen am Meer sehen, laden diese sie ein. Wortlos. Zum Gebrauch. Von hinten erhalte ich einen Schlag, dann legen sich zwei Arme um meinen Hals, drücken mir auf die Kehle, ich röchle, falle. Ein alkoholischer Atem dreht mich um, ein Körper stößt mich in den Sand, schleudert meine Tasche fort, meine Sonnenbrille. Die Wellen lecken an meinen Zehen. Ich schleudere Worte in einer fremden Sprache aus meinem Mund, um mich zu retten, meinen Pass, den die Wogen ins tiefere Wasser ziehen, Finger pressen meinen Rachen, machen mich still. Das Meer drischt mich zu Boden, schürft meinen Rücken auf, Sand in meinen Ohren.
Ich will stärker sein, flüchte erneut. Grün macht froh.

130

Grün macht glücklich. Ich laufe mit Lila durch die Straßen um die Avenue D. Ein Festzug. Die Erdgöttin im roten Tüllrock auf Stelzen.

Wer ist das, Mama?
Cura, eine Göttin.
Cool, welche?
Sie hat den ersten Menschen aus Lehm geformt.
Lehm?
Mud.
Ein Mensch aus mud?
Ja, und deshalb nennen wir ihn homo sapiens, weil er aus humus, Erde, gemacht ist.
Und warum ist die jetzt hier?
Na, der Lehm, die Erde, ist das, was die Pflanzen im Garten brauchen. Cura heißt, die Menschen und die Pflanzen ...
Mum, look, I would like to have a hat like that. With grass on it.
Frauen in Grashüten, Männer mit Knotenstöcken, Räucherwerk, Mädchen mit Blumenkränzen, Männer in Blätterjacken, grün gefärbter Haut, nackten, bemalten Oberkörpern, Beinen mit Erde beschmiert. Blau schillernde Insektenpanzer, Bauchtänzer im Grasrock und der Schmetterling aus leichtem Papier schwebt vom Dach eines Wohnhauses direkt zwischen die Figuren. Der Höhepunkt. Mädchen mit Flügeln. Elfengetue. Die Route führt durch alle Gärten. Mit dem Kinderwagen und Lila an der Hand runter vom Gehsteig. Einmal auf der Straße, nehmen wir uns den Raum. Wir ziehen mit der Parade bis zum Ende. Junge Männer in Jeans und Turnschuhen tragen lange Pappröhren in Händen, durch die sie dumpfe Laute senden, einen Schluck Rum nehmen von Zeit zu Zeit, um den Rhythmus zu halten. Einer trommelt und zwei ältere Männer mit faltigen Gesichtern und Baseballkappen knallen mit langen Peitschen auf die Straße, Peitschenschnüre ringeln sich über dem Asphalt. Sie treiben die Geister aus der Nachbarschaft, mit Knallen, Gesängen, Tuten, und der Zug endet im Grün. Zwischen den Beeten lösen sich die Geister auf. Babys werden in den Sand gesetzt. Lila dreht sich zwischen Bohnenstangen und ihr Rock bauscht sich weit. Der grüne Mann lächelt mir zu. Ich bin

glücklich für einen Moment. Im nächsten fällt der Dealer in meinen Blick, die stecknadelkopfkleinen Pupillen seiner Freundin. Das Fest ist versaut. Die junge Frau beißt träge ins saftige Fleisch einer Melone, mahlt zu langsam, schluckt schlecht, und roter, klebriger Saft rinnt ihr über den nackten Bauch. Er hat sie in der Hand. Ich sammle die Kinder ein. Die Sonne geht unter, es wird kühl, Geister sind mächtiger als Grün.

131

Irgendwann wird die Mutter bequem und versucht nicht mehr, etwas anderes zu sein. Hinter Kindern versteckt sich jedes Problem, die Kinder dienen als schützender Schild, wenn sie nicht weiß, wie ihr Leben weitergehen soll. Die Kinder wachsen von selbst, das ist eine Garantie, auf die sie baut. Zeit vergeht, Zeit zeichnet sich auf dem Körper ab und im Gesicht. Während die Kinderlosen kaum merken, dass sie älter werden, können die Kinder ihre Mutter ständig daran erinnern: Die Mutter stirbt zuerst.

Was ist stärker, Liebe oder Tod?

Fragt Odette, während sie sich frühmorgens Butter auf den Toast streicht. Weißbrot kann sie verdauen.

Sie erwartet keine Antwort auf die tiefe Frage, weil es keine Antwort gibt. Alles hat sie schon erlebt.

Staubkörnchen tanzen im einzigen Sonnenstrahl, der durchs Fenster auf den Esstisch fällt, ein heller, lebendiger Balken. Ausnahmsweise herrscht Schönwetter, Licht im Sommerhaus. Ich möchte aufstehen und gehen. Aufstehen und gehen. Aufstehen und ins Grün. Bin gehalten an die blümchenverzierten Teller, die goldgeränderten Tassen, das ernsthafte Gespräch im flirrenden Staub.

Odettes Augen werden feucht. Sie betrachtet das Foto ihrer Schwester Minette. Dunkles, kurz geschnittenes Haar, Knopfaugen, spitze Nase, beneidenswert glatte Haut.

Die linke Brust musste sie sich abnehmen lassen. Und sie war so tapfer.

Minette hat das gebraucht. Brummt Chübeer.

Erst nach dem Krebs wurde sie eine richtige Frau. Ein Vollweib. Schau dir das an.

Odette reicht mir die Aufnahme von Minette am Strand. Im schwarz-weißen Badeanzug. Lachend. Nach der Operation.

Toll sieht sie da aus.

Bedächtig kaut Chübeer gebratenen Speck, streicht dick Butter auf die Weißbrotscheibe, die beim Hineinbeißen kracht. Putzt Eigelb mit einem Brotstück vom Teller, steckt es sorgfältig in den Mund. Schüttet Magenpulver nach.
Und dann hat sie ihren Verehrer Maurice zum ersten Mal erhört. Nach zwanzig Jahren! Hat alles nachgeholt.
Odette triumphiert.
Geheiratet!
Chübeer mampft. Gesprächig wie selten.
Minette zog bei Bonne-Maman aus. Hat sich getraut, die Mutter allein zu lassen, mit vierundfünfzig Jahren.
Bonne-Maman war empört. Aber ich hab zu ihr gesagt, Minette lebt jetzt ihr eigenes Leben. Sie ist eine Frau. Und eine Frau braucht einen Mann.
Odette strahlt, schenkt sich Kaffee nach.
Natürlich war es zu spät für Kinder. Sie haben stattdessen die hölzernen Rauchmännchen adoptiert. Aus ihrer Sammlung. Maurice hat ihnen Häuschen gebastelt, im mallorquinischen Stil.
Sie kichert.
Du hast selbst gesehen, ein ganzes Zimmer hat Maurice damit vollgestellt. Eine kleine Stadt aus Holzfiguren.
Minette war glücklich.
Ein sehr großzügiger Mann. Bestätigt Chübeer.
Dass er bloß Handwerker war, hat Minette nicht gestört.
Im Gegenteil.
Die Liebe. Flötet Odette. Schaut zaghaft über den Tisch, will Chübeer einfangen mit ihrem Blick.
Chübeer arbeitet mit den Zinken der Gabel an einem Stück Fleisch zwischen seinen Zähnen.
Mais non. Schreit sie heraus. Non, Chübeer!
Der Tod ist stärker. Brummelt Chübeer. Der Tod holt uns alle. Herrjesus.
Arrête!

Weil Odette sich leicht empört, gibt Chübeer ihr gern Gelegenheit. Macht den Rüpel, damit sie die gut Erzogene hervorkehren kann. Ein altbewährtes Spiel.
Aufgeregt kramt Odette in ihrem braunen Morgenmantel nach einem Taschentuch.
Hast du die Tickets?
Chübeer nickt. Das Taxi kommt um achtzehn Uhr. Das Begräbnis ist morgen Vormittag in der Kirche von Versailles.
Und was kochen wir heute Mittag? Meint Odette zu mir.
Du verstehst, dass ich nicht in der Lage dazu bin, nicht an diesem Tag.
Sie betupft die Ränder ihrer Augen.
Niemals hätte ich gedacht, dass meine kleine Minette vor mir stirbt.
Sie unterdrückt ein Aufschluchzen hinter dem Papiertuch.
Die Arme. Kaum hat sie entdeckt, wie schön das Leben ist als Frau, kommt der Krebs zurück. Holt sie ein.
Du musst nicht so romantisch sein. Verrotten werden wir alle, verrotten in der Erde. Die Würmer fressen uns auf.
Poltert Chübeer.
Hör auf. Nicht vor den Kindern.
Odette erhebt sich mühsam, die Arme auf den Tisch gestützt.
Ich mache meine Toilette.
Schiebt mir den Einkaufszettel zu.
Butter, Butter, Butter. Mittagessen, Abendbrot steht drauf.
Odette setzt sich wieder hin. Beginnt zu husten, hält sich das Taschentuch vor, japst, ringt nach Atem. Die Tränen rinnen ihr die Wangen hinunter. Sie beugt sich vor, kotzt Kaffeeschlieren, Milchbrösel, frisch gepressten Orangensaft, Toastbrei auf den Teller.
Chübeer kaut weiter, ungerührt.
Ein rascher Blick aus dem Fenster genügt. Lila auf einem Stuhl auf der Terrasse sitzend, liest. Das Baby krabbelt auf der Decke,

pickt Ameisen mit zwei Fingern auf, drückt sie fest zusammen, steckt sich einen roten Plastikkegel in den Mund, lutscht daran. Geschenk von Erika.

133

Die Schuluniform bewahrt Lila vor der Farbe Rosa. In der Uniformschneiderei lagern die Ausstattungen aller Schulen Manhattans, Jacketts in Grau, Blau, manchmal Dunkelrot, die Karos der Röcke vielfältig variiert.

Das Schulabzeichen wird vor unseren Augen auf die Kleider genäht. Ab nun bewahren ein karierter Faltenrock, ein blauer Blazer, eine weiße Bluse, ein Paar dunkelblaue Kniestrümpfe und eine schmale Krawatte Lila vor der Qual der Wahl. Keine Diskussionen am Morgen. Nur am Mantel wird noch unterschieden, wer von woher kommt. Sogar die Schuhe sind genormt, müssen schwarz sein.

Jeden Morgen nehmen wir den Bus bis zur 14. Straße, fahren mit der U-Bahn zur Grand Central Station, laufen von dort zu Fuß. Am großen Bahnhof treffen Hunderttausende aufeinander und alle haben das Gehen in großen Menschenmengen im Laufe ihres Lebens erlernt. Nur nicht anhalten, nicht nachdenklich werden, sondern seine Richtung klar im Auge behalten, und erst im letzten Moment, vor der Kollision mit einem anderen von vorne, von seitwärts Kommenden, der ebenfalls erst im letzten Augenblick eine leichte Abweichung von seinem Kurs vollführt, sich kurz beiseitedrehen, abbiegen in die Unterführung hinein. Unter die Gleise der Eisenbahnen, aus denen mehr und mehr Menschen steigen, die Treppen hinauf, und neue Ströme bilden in Richtung Arbeitsplatz, Schule, Büro. Eingereiht schwemme ich mich vorwärts, mit Lila an der Hand, wechsle rechtzeitig die Spur, um unseren Ausgang nicht zu verpassen. Im unteren Geschoss treffen wir auf weitere Menschenströme, Geklapper von Schuhen, Wehen von Mänteln, kaum einer spricht, konzentriert auf den Gang und die Zeit, die knapper zu werden scheint.

Lila hält meine Hand umklammert, so fühlt sie sich sicher, nicht verloren zu gehen, später sogar in Berlin, wo die Gehsteige breiter, das Tempo gemächlicher ist, behält sie diese Gewohnheit bei. Ich bin der Navigator, der Motor, die Sicherheit, ihr Daheim. In der großen Bahnhofshalle des Grand Central erlaubt sie sich, den Kopf zu heben und ihren Blick nach oben, an die Decke zu lenken, deren kornblumenblaue Weite mit den Konstellationen des Sternenhimmels versehen ist. Sie hält jedoch nicht an. Stehenbleiben stoppt den Fluss der Menschen. Jeden Morgen begegnen wir Tausenden Passanten, die wir nur ansehen, um abzuschätzen, ob sie ausweichen werden, einen halben Schritt vor uns, oder ob es an uns ist, ihnen aus dem Weg zu gehen. Sich wahrzunehmen, bedeutete Probleme, man käme nicht mehr aneinander vorbei, darf sich nur erkennen als Schatten eines zu umgehenden Gegenstands. Und nur manchmal verrät ein kurzes Anheben des Kinns oder ein leichtes Vorschieben der Unterlippe, dass der andere von einem anderen Körper um sich weiß, und der eine passiert den anderen wie einen Hügel oder einen Stein.

134

In der 44. Straße laufen wir die leichte Anhöhe in Richtung UNO-Gebäude bis zur Schule, ein französisches Gymnasium, das Lyceum Kennedy, in das die UNO-Angestellten ihre Kinder bringen. Zuweilen ist Lila die einzige Europäerin in ihrer Klasse und nach einiger Zeit erfahre ich von Safyas Mutter warum.
Es gibt noch eine zweite Schule, das Lycée Français in Upper East. Die nehmen nicht jeden auf. Ich habe es versucht. Sie sind um Qualität bemüht, hieß es. Französische Sprache auf höchstem Niveau.
Ich schlürfe Orangensaft im Café neben der Schule. Es ist Mamazeit. Safyas Mutter grinst:
Das heißt, Kinder mit Akzent werden abgelehnt.
Mit welchem Akzent?
Kinder aus den Ländern der Frankophonie, Marokko, Westafrika, die ehemaligen Kolonien, sind dort oben nicht gerne gesehen.

Könnte nicht der Grund sein, dass die meisten Schüler hier Kinder von UNO-Angestellten sind, weil diese Schule günstiger liegt?
Safyas Mutter schüttelt den Kopf.
Nein, sicher nicht. Die wollen keine Schwarzen.
Aber du, du bist nicht schwarz.
Entscheidend ist, dass ich keine Weiße bin, sondern Mischling, chinesisch-französisch-deutsch, also nicht gut genug.
Lilas Freundinnen kommen aus Madagaskar, Algerien, Kamerun, Äthiopien, New Jersey. Die Lehrerin aus Martinique spricht französisch. Mit Akzent. Die Kinder sind in winzige Räume, ehemalige Büros gezwängt, ohne Turnhalle, sie verlassen das Gebäude nie, die meisten fahren mindestens zwei Stunden durch Manhattan zu und von der Schule.
Lila spricht Englisch ohne Akzent, korrigiert meine Aussprache. Ich kriege das V nicht hin, vergesse, mit den Lippen stimmhaft zu vibrieren, während Lila darüber nie nachdenkt. Sie lernt vom Zuhören, nicht vom Lesen, mag jedoch Deutsch nicht mehr so gern. Weigert sich, meine Muttersprache zu sprechen. Ist auf Französisch und Englisch alphabetisiert.
Lila macht sich lustig.
Deutsch klingt so seltsam. So krchhhc.
Wie kannst du so was sagen!
Ich hasse Deutsch.

135

Safyas Mutter schreibt Artikel für ein Puppenmagazin, zieht durch Galerien, auf der Suche nach Sammlern und Mäzenen. Ohne Sammler kein Geld. Ich schicke Lila zu Safya, Safya wird zu Lila geschickt. So helfen wir uns aus.
Wir haben in einem großen Haus in Pakistan gewohnt.
Erzählt Safya.
Wenn es nicht zu heiß war, durften wir auf der Terrasse spielen.
Wenn es zu heiß war, blieben wir den ganzen Tag drin.

Sie zeigt Fotos: kahle Räume, Betonböden, Eisenbetten, kein Spielzeug.
Was habt ihr gemacht dort?
Gesungen, mein Dad macht Musik. Jesus und seine Gitarre helfen ihm. Mama ist nicht bei uns geblieben. Sie musste arbeiten in New York.
Safya kramt in ihrem Schulranzen, zieht eine Kassette heraus.
Das sind seine Songs. Ich kenne sie alle auswendig. Du kannst sie anhören. Ein Geschenk.
Danke.
Ich lege die Kassette in die Nähe des Rekorders.
Mama habe ich nur zu Weihnachten gesehen. Das Flugticket kam per Post. Ich hatte Angst, weil ich nicht alleine fliegen wollte. Aber Dad hat gemeint, Gott als Schutz genügt.
Am Flughafen habe ich mich gefürchtet, weil Mama mich nicht abholen kam. Da war nur dieser Mann, den ich nicht kannte, mit dem Schild ›Safya‹ in der Hand.
Im Auto hat er erzählt, dass er der Vater von einem kleinen Babybruder ist, den ich bald kriege. Mama war schwanger. Ich habe mich gefreut.
In Safyas Augen stehen Tränen.
Und dann hatte mein Dad kein Geld mehr, er konnte die Deutsche Schule in Pakistan nicht mehr bezahlen. Nur mein anderer Bruder ist bei ihm geblieben. Ich bin zu Mama nach New York gezogen. Hier ist es schön. Wenn du mich besuchen kommst, schlafen wir zusammen in einem Bett, ja?
Lila nickt. Steckt eine Kassette in den Rekorder. Drückt auf Play. Die Mädchen nehmen sich bei den Händen. Singen mit, kennen jedes einzelne Wort: Oops, I did it again. Und: Baby hit me one more time. In der Badewanne betasten sie ihre Körper, beraten, wie lange sie noch warten müssen, bis sie so weit sind wie ihr Idol. Lila ist es peinlich, als ich ihr einen fragenden Blick zuwerfe, will mich nicht einweihen in die Geheimnisse, die sie mit Safya teilt. Doch

wir haben kein Kinderzimmer mehr. Wir leben alle zusammen in einem einzigen winzigen Raum.
Wie bei uns zu Hause. Sagt Safya. Nur eure Babysitterin ist netter als meine.
Warum?
Weil unsere immer schimpft. Sie ist nur lieb, sobald Mama kommt. Wenn die Babysitterin wütend schreit, drehe ich Britney laut auf und singe. So muss ich die Schimpferei nicht hören.
Beim Frühstück isst Safya drei Portionen Cornflakes.
Mhm. Zu Hause bin ich meistens hungrig.
Wieso das?
Weil die Babysitterin uns nichts zum Essen gibt. Sie sagt, dass ich schon fett genug bin und dass Mama nur ein Stück Brot dagelassen hat und kein Geld. Manchmal bin ich abends so hungrig, dass ich nicht einschlafen kann.
Safya wackelt mit dem grünen Plastikfinger, den sie über ihren eigenen gezogen hat, sticht Lila mit dem roten, langen Nagel daran.
Iiiih.
Und der Babybruder? Bekommt der auch nichts zu essen?
Doch. Dem geht es sehr gut.
Safya beginnt zu weinen.
Was ist los?
Mama hat gesagt, dass er bei seinem Vater leben wird. Hier in New York ist alles schwierig. Sie muss so viel arbeiten, hat für den Kleinen keine Zeit. Weil der neue Papa ist wieder fort. Lebt in Portugal. Und zuerst hat Mama nur gesagt, das Baby bleibt einen Monat bei ihm, aber zum Schluss dauerte es zwei Monate, way too long. Und gestern hat sie gesagt, dass das Baby nicht mehr kommt, dass ich ihn vielleicht besuchen darf in Portugal.
Safya heult los. Lila versucht, sie zu trösten.
Ein paar Monate später taucht Safya nicht mehr in der Schule auf. Lila weiß nicht warum.
Zufällig treffe ich auf der Straße Safyas Mutter.

Meine Tochter ist jetzt in Bayern. Bei der Großmutter. Sie ist glücklich. Sie hat dort einen Hund. Außerdem wollte ich, dass sie ihr Deutsch nicht verlernt.

136

Warum wohnen wir hier und nicht anderswo? Warum wohnen wir nicht in Upper East wie Pierre und Jane? Warum nicht im Village wie Claudia und Bert? Warum nicht in Downtown Manhattan wie Tonio und Kim?
Fragt Lila.
Wir haben nicht die richtigen Berufe, arbeiten nicht bei der Bank, werden nicht als Diplomaten verschickt, wir haben als Künstler keinen Erfolg, der Geld genug einbringt. Wir leben auf Pump. Odette zahlt das Kindermädchen, Tonio unsere Flüge, der französische Staat zahlt die Französische Schule, sonst wären wir nicht hier. Wir haben mehr arme Freunde als reiche. Dennoch laden die Reichen uns zu Partys und ins Restaurant ein, solange unsere gute Laune hält. Nur die Sprache gibt uns Würde und Raum. In den Autos der Reichen machen wir Ausflüge, fahren aus New York hinaus. In unserer winzigen Wohnung gehen wir innerhalb eines Satzes in Englisch, Französisch, Deutsch oder Spanisch spazieren.
Lila denkt auf Französisch.
Französisch hat die passenden Worte. Sagt sie.
Nicht immer. Wende ich ein.
Wir stoßen auf das Wort ›rittlings‹ beim Lesen.
Was ist das?
Also, wenn ich das höre, sehe ich sofort einen Stuhl, auf dem man verkehrt herum sitzt, also reitet, die Lehne ist der Hals des Pferdes und man macht die Beine so breit wie beim Reiten. Erkläre ich Lila.
Nein, kenne ich nicht. Was soll das sein?
Ich mache es ihr vor. Wir schlagen das Wort im Lexikon nach.
À califourchon. Habe ich nie gehört.
Ich auch nicht.

Wir spielen ein Spiel.
Welches Wort passt besser für das Ding. Das deutsche oder das französische.
Pissenlit oder Löwenzahn.
Beides!
Ja, finde ich auch. Beide sind sehr schön.
L'hippopotame oder Nilpferd?
L'hippopotame!
Stimmt. L'hippopotame klingt wie das schwerfällige Trotten des Tieres mit vielen fettgefüllten Falten.
Ja, Nil und Pferd. Das passt gar nicht.
Das Baby lernt seine ersten Worte vom Kindermädchen. In Englisch.
Nice.
Das Mädchen, Orquidea, kommt aus Barbados.
Doggy. Nice. Sagt das Baby.
Anfangs, vor Orquidea, war ich auf dem Spielplatz der Reichen die einzige Mutter mit eigenem Kind. Ansonsten saßen nur professionelle Aufpasserinnen dicht an dicht auf den Bänken, die Kinderwagen parademäßig vor sich aufgestellt, und flochten sich gegenseitig das Haar. Während ein meist blondes Kind im Sand spielte, mit Sand um sich warf, Sand in den Mund steckte. Die Kinderfrauen verzogen keine Mienen, schüttelten ihre goldenen Armbänder, ordneten ihre Ringe, während ein Kleinkind sich abmühte am Geländer des Klettergeräts, sich aufzustützen, sich hochzuziehen und auf allen vieren die Stufen nach oben zu überwinden. Und der Blick der Kindermädchen schweifte weit über das Wasser, die Fähre, den Fluss hinaus, während ein Kind hinfiel und weinte oder nicht weinte, während eine Frau ihren Kopf drehte und das Kind probierte aufzustehen. Und ihr Blick ging davon.
Andere Aufpasserinnen saßen zusammen und lackierten sich die Nägel in Lachsrosa, Korallenrot, Purpur, klebten Ornamente über den Lack. Und die Kleinkinder vor ihnen in ihre Kinderwagen

geschnallt, abwartend, dösend, oder ihre Augen fest auf ein Eichkätzchen am Baumstamm eingestellt, das sie manchmal ansprang, wegen der Kekse, die sie zwischen ihren Fingern hielten. Und die Kinder öffneten ihre Münder von Zeit zu Zeit, wenn ein Löffel sich näherte, voll Mus, voll Milchbrei, Früchten, und die Kinderfrauen sprachen sich in Sprachen aus, untereinander, die die Kinder nicht verstanden, und das Gemurmel, Gekicher und Gejammer der Aufpasserinnen schläferte sie ein. So waren auch ihre Träume voll von den Stimmen der Frauen.

137

Die Kinder werden hin- und herverschoben. Lilas Freund heißt Nelson. Er lebt im Computer. Sein Vater ist stolz darauf. Scooby Doo, Mario, das verrückte Labyrinth. Es wird dunkel draußen, während Nelsons Dad sich mit Freunden unterhält. Es wird dunkel drinnen, aber die Zeit bleibt gleich am Computer, die Zeit steht still. Das Telefon reißt Dad aus den Gesprächen. Mum ist dran. Mum fragt, ob Nelson schon im Bett liegt, es ist weit nach Mitternacht und Dad schreit ins Telefon. Schickt Nelson in den schwärzesten Raum, den es in dieser Wohnung gibt, schwärzer als ein Bildschirm auf Off. Die Dunkelheit ist voller Monster, grausiger Wesen, es gibt keine Tasten, um sie zu besiegen. Nelson kann sich nicht beruhigen, beginnt zu brüllen, bis auch Dad zu brüllen beginnt. Später überredet Nelson ihn, die Tür offen zu lassen, das Licht knipst er an, lässt es brennen die Nacht über. Als der Schnaps ausgeht, torkelt Dad mit seinen Freunden die Treppen hinunter, eine Flasche zu besorgen, und danach ist wieder alles schwarz schwarz schwarz. Nelson erwacht, spürt den Stoff der Unterhosen an seinen Schenkeln kleben und Musik spielt draußen richtig laut. Dad schnarcht neben ihm und Nelson hat Angst, Dad hört nichts. Nelson schreit schreit schreit, Dad schlägt die Augen auf, ist müde, findet sein Englisch nicht mehr. Spricht deutsch, kratzige Worte, die Nelson

nicht versteht, nur die Wut spürt, die Ungeduld, während Dad ein Handtuch bringt und Nelson zwingt, die Hosen zu wechseln.
Aber wir sind hier nicht zu Hause. Nelson heult.
Wir sind zu Besuch. Ich habe hier keine zweite Hose.
Und Dad steht auf, hängt die stinkenden, nassen Boxershorts auf die Heizung.
Morgen gehst du halt ohne Unterhosen zur Schule. Jeans reicht. Kein Problem. Nelson ist froh, dass Dad nicht schreit.
Eigentlich ist es besser mit Mum, obwohl die den Computer nicht so lange erlaubt. Bei Mum hat Nelson mehrere Hosen und T-Shirts. Einnässen ist nicht so ein großes Problem. Mama schimpft nie.
Nur wohnt Jenny, Mums Freundin, bei ihr. Sie kellnert im Cowgirl's, balanciert schwere Cocktailtabletts in Minirock und Westernstiefeln. Jenny ist lustig, spendiert Nelson Rootbeer und Margaritas für Mum. Sie arbeitet dauernd, auch in der Wohnung, Jennys Kunden trinken und tanzen nachts, und wenn sie tagsüber schlafen, kann Nelson nicht in den Garten. Um in den Garten zu gelangen, müsste er durch Jennys Zimmer.
Doch Nelsons Geburtstagsparty im Cowgirl's ist cool. Krüge voll Frozen Margaritas bestellt Dad für seine Freunde, zum Sonderpreis. Nelson darf Gameboy spielen, den ganzen Abend lang.
Es geht uns gut. Sagt Nelsons Dad. Sehr gut.
Mum geht jetzt oft zu ihrem neuen Freund, einem Mexikaner, der ist richtig alt. Oben am Kopf kahl und unten trägt er lange Strähnen. Trotzdem mag Nelson ihn, denn er sammelt tote Tiere.
Zuerst ist es langweilig in der Wohnung von Mums Freund, kein Computer. Während Mum und der Mexikaner trinken, schleicht Nelson in die Küche, entdeckt dort die Gläser, voll mit gelber, ekliger Flüssigkeit, in denen Rattenköpfe schwimmen, Schnecken und die Augen eines Nilpferds und ein einzelner echter menschlicher Finger mit langem Nagel.
Pscht. Der Mexikaner steht hinter Nelson.
Fass es nicht an! Nicht, wenn deine Mum dabei ist.

Nelson blickt dem Mann in seine braunen Augen, nickt, dann wird ihm schlecht von dem Gestank der Flüssigkeit in diesen Gläsern, Alkohol, er dreht sich um, kotzt in die Spüle. Atmet schwer, hält sich den Bauch, schaut auf die Hotdog-Brocken, die langsam über den Stapel ungewaschener Teller rutschen.
Alles in Ordnung bei euch?
Mums Stimme.
Wir sind cool, baby, wir sind cool.

138

Die Kinder werden hin- und hergeschoben. Lilas zweitbeste Freundin in New York heißt Zsuzsa und wohnt in einer windigen Gegend. Sie trägt Zöpfe, so wird ihr Haar nicht ständig zerzaust. Das Haus ihrer Eltern ist nahe am Wasser. Sie läuft, der Wind drückt Tränen aus ihren Augen, aber laufen ist besser als gehen. Im Laufen halten die boys in den verrutschten Hosen sie nicht auf, im Laufen kann sie ihre Rufe fast nicht verstehen. Von hinten, dem Ende der kleinen Halbinsel, sieht Zsuzsa die Statue, ihre grünen Gesichtszüge, und jedes Mal ist sie stolz, Amerikanerin zu sein. Die eisige Luft stört sie nicht, und die Autos, die anhalten, die wummernden Bässe aus den heruntergekurbelten Fenstern und das nie endende Bellen der Hunde verwehen im Wind.
Hunde sind unsere Zukunft, sagt Zsuzsas Mum.
Ohne Hunde kein Geld. Ohne Geld kein Kind.
Zsuzsas Mum hat keine Zeit, ihre Tochter in eine Schule nach Manhattan zu bringen.
Die Schule um die Ecke ist gut genug.
Die Kinder reden alle spanisch. Auch die Lehrerin.
Zsuzsa beklagt sich.
Scaredy cat, scaredy cat. Mum macht sich lustig.
Du musst nicht zimperlich sein. Stell dir vor, ich musste ...
Ja, ich weiß: ... Rumänisch lernen in der Schule, obwohl deine Familie Ungarisch sprach.

Genau.
Ich bin Amerikanerin. English spoken here.
Zsuzsa Zsuzsa USA. Spottet Mum.
Zsuzsa zieht eine Schnute.
Englisch kannst du von Dad lernen. Er hat im College studiert. Sein Englisch ist makellos.
Aber Dad spricht nicht mit Zsuzsa, nur mit den Hunden.
Zsuzsas Eltern waren Flüchtlinge. Nachdem sie ihr Land verlassen hatten, ohne Besitz, bis auf ihren geliebten Hund, Ferdy, verbrachten sie zwei Jahre in Lagern in Österreich.
Anfangs, in Amerika, haben wir in einem Trailer gewohnt. Vergiss das nicht. Du darfst in einem Haus aufwachsen, Zsuzsa.
Ferdy war unser lucky charm. Wo immer wir hinkamen auf der Flucht, lernten wir Menschen kennen, die uns halfen. Wegen ihm. Hundefreunde findet man auf der ganzen Welt.
Der wertvolle, der preisgekrönte Ferdy. Zsuzsa will es nicht mehr hören.
Auch wenn das Essen knapp war, unser Liebling bekam jedes Mal zuerst.
Zsuzsas Mum erzählt die Geschichte oft und gern. Bekommt nasse Augen. Nicht vom Wind.
Jeden Abend küsste der Gute mich vorm Schlafengehen.
Zsuzsa will Mums Tränen nicht sehen. Ferdy starb, als sie drei Monate alt war.
Mein Liebling hat deine Wiege bewacht, als wärst du sein eigenes Kind.
Zsuzsas Mum nimmt eine Schüssel, füllt sie mit Wasser, will in den Garten, zu Ferdys Grab.
Und nun mach deine Arbeit, Zsuzsa.
Sie schluckt die Tränen hinunter.
Zsuzsa steigt die Treppen hoch, gießt frisches Wasser in die Näpfe der Gäste, begrüßt jeden einzeln. Sie ist das Zimmermädchen, fragt nach besonderen Wünschen. Vormittags sind die Hunde schläfrig,

zufrieden, hatten den ersten Auslauf, das erste Fressen. Manche Gäste kommen immer wieder, manche sind neu, manche bleiben wochenlang. Wenn ihre Besitzer in den Ferien sind oder auf Geschäftsreise, passt Zsuzsas Mum auf die Hunde auf. Sorgt für sie. Geht laufen mit ihnen, füttert sie, bringt sie zum Hundesalon oder zur Unterwassertherapie, wenn sie operiert worden waren oder wegen Muskelproblemen. Manche ihrer Schützlinge sind schon alt.
Im Badezimmerspiegel richtet Zsuzsa ihre Zöpfe, streicht sich über die Stirnfransen, zieht ihre Schürze fest, bevor sie die Zimmer der Hunde betritt. Wegen der Kameras.
Die Besitzer können ihre Lieblinge im Internet betrachten, nachsehen, ob sie gut betreut werden, ob die Räume sauber genug sind, ob Zsuzsa genug mit ihnen spricht.
Zsuzsas Mum versorgt auch Katzen. Sammelt Schlüssel und fährt jeden Tag eine Runde, um sie zu Hause zu betreuen. Katzen wollen nicht ins Hotel. Zsuzsa begleitet Mum, träumt auf den Sofas der Wohnungen reicher Haustierbesitzer von der Zukunft.
Eines Tages werden wir New York verlassen. Wir gründen ein Hunde-Spa. Weekend-Arrangements mit Massage, Trimming, Auslauf, Diät.
Zsuzsa wird Kekse backen, Hundeköchin sein, mit den Tieren durch die Wälder laufen.
Lila beneidet Zsuzsa.
Warum haben wir kein Haus?
Warum kein Haustier?
Nicht einmal einen Goldfisch!
Mum, you are so mean.

139

Samstagvormittags breche ich zu Streifzügen auf, arbeite mich die Straßen Richtung Westen vor, Richtung Billigsupermarkt. Ich schlage schwere Plastikvorhänge zur Seite, ein begehbarer Kühlschrank, gehe gegen die Kälte in Wolle gewickelt durch die Regale, um in Ruhe zu wählen: Lammhaxen, Ein-Kilo-Pakete Frühstücksspeck, Paletten von Schweinekoteletts und dunkelrote Steaks in Folie verpackt, riesige Thunfischscheiben, Roastbeef, Pastrami, Fünf-Kilo-Enten und -Truthähne, Zwanzigerpackungen Joghurt, drei Gallonen Milch und Saft. Der Wagen ist schnell voll, ich kaufe auf Vorrat, stapele im Kühlschrank, verkoche alles über die Woche und mache mich samstagvormittags erneut auf den Weg.

Sparen habe ich von Erika gelernt. Billige Kinder sind der Eltern Traum. Brauchen nichts als Margarine und trockenes, aufgebackenes Brot, ein paar Krümel Salz oder Zucker. Getauschte Eier, getauschter Speck, vom Bauern die Milch, das ganze Schwein preiswerter kaufen, vom Fleischer schwarz schlachten und zerlegen lassen, jeden Teil des Tieres verwerten: Nieren, Lungen, Magen, Darm, Schwänzchen, Füße, Ohren, Haut. Plastikfolien über den Großpackungen beim Discounter, das Sparangebot aus den Pappschachteln ziehen, Gemüse selbst einmachen, Fruchtsäfte ansetzen in Zucker, Marmeladen kochen, Butter nur für den Mann, Kochwasser vom Selchfleisch gibt gute Suppe, nichts wegwerfen, alles verwerten, faulige Äpfel ausschneiden, alte Stoffe zu neuen Kleidern vernähen, niemals essen gehen, keinen Alkohol, keine Zigaretten, niemals reisen, tausend Rezepte für Kartoffeln, Senfbrote zur Jause, selbst gebackener Kuchen, Schneiderflecken, Krapfen, Buchteln, Pofesen zum Mittagessen, nur sonntags Buttercreme, nur sonntags Fleisch. Sparen hilft beim Überleben in Chicago und New York.

140

Erika ruft an. Eine Sensation. Das Telefon ist eigentlich tabu. Briefe müssen genügen. Das Telefon kostet zu viel. An den Kindern wird bis heute gespart.

Was ist los?

Störe ich dich?

Nein.

Wie spät ist es bei euch?
9 Uhr früh.
Bei uns ist es Nachmittag. Ich komme gerade von meinem Spaziergang und also, Helga hat mir erzählt.
Helga, meine Cousine.
Also der Joe, der soll in New York sein. So wie du.
Joe, der Vater von Helgas Kindern, ist Amerikaner.
Ja, und die Nina, du weißt, das ist seine Tochter von einer anderen Frau vom Joe.
Aha.
Sie will ihn suchen. Alle wünschen sich das und sie hat sich entschlossen, das für alle zu tun. Und wusstest du, dass Joes Mutter aus Barbados stammt? Helga hat sie sogar einmal kennengelernt, einmal war sie in Europa.
Wie unser Kindermädchen, Orquidea, auch sie kommt von dort, das heißt, ihre Eltern.
Könnte Nina bei euch schlafen? Ihr habt doch eine Wohnung.
Unmöglich. Zu winzig hier.
Aber sie bleibt nicht lang.
Vielleicht finde ich was anderes für sie. Bei Freunden mit mehr Platz.
Erika zögert.
Wie geht's den Kindern?
Im Reden über Lila und das Baby bin ich gleich viel wert wie meine Cousine. Meine Cousine Helga war viel früher bereit als ich, mutiger, mit neunzehn schon das erste Kind. Als Teenager waren wir uns nah. Liefen an Sonntagen die Schnellstraße entlang, präsentierten unsere Körper den vorbeifahrenden Männern, waren um jedes Hupen froh, gestanden uns Verliebtheiten.
Für mich auf jeden Fall ein Basketballer. Weil ich so groß bin.
Und schwarz soll er sein. Ergänzte Helga. Schwarz ist schön.
Ich habe geträumt. Helga hat sich getraut. Brachte Joe heim eines Nachts aus der Disco.

Wir werden heiraten.
Nein, das wirst du nicht. Hatte ihre Mutter geschimpft.
Du machst die Schule fertig.
Geht nicht, wir bekommen ein Kind. Helga war stolz.
Von diesem Dahergelaufenen.
Ja. Du wirst sehen. Ein süßes Kind.
Erika hatte mir die Fotos des kleinen Mädchens in weißem Spitzenkleid und weißer Schleife im gekrausten Haar gezeigt. Helga hatte recht gehabt. Das Kind war süß, keiner konnte ihr widerstehen.
Nur die Hochzeit fand nie statt. Joe musste Platten auflegen, um Geld zu verdienen, und durch die Gegend reisen dafür.
Helga blieb mit dem Mädchen allein. Dann versöhnte sie sich mit Joe. Wurde schwanger. Gebar ein Mädchen. Genau so süß wie das erste.
Joe reiste von Disco zu Disco. Kam zu Helga zurück. Bis sie vier Mädchen hatte. Irgendwann nahm sie ihn nicht mehr auf bei sich zu Hause.

141

Helga, die gute Tochter, die Tüchtige, die Brave, die Fleißige, die Fähige, die sich ständig verbesserte, das Haushalten und Nähen und Bettenmachen studierte. Die früh Geld verdiente. Nicht so wie ich ihre Zeit verplemperte. Mit nichts. Mit Helga konnten sich die Mütter unterhalten und wussten, worum es ging. Nicht mit mir. Ich wollte hoch hinaus. Ich wollte keine Kinder. Niemals.
Mit Kindern ist das Leben vorbei, hatte Erika mir gesagt. Und Helga musste sehen, wie sie durchhielt mit den Mädchen.
Schließlich stellte sich heraus, dass sie nicht die Einzige gewesen war für Joe. In manchem kleinen Dorf, in dem er Platten auflegte, nistete er sich ein, zeugte Kinder, alles Mädchen. Helga schritt zur Tat, lud die Mütter ein, beratschlagte. Die von Joe gegründeten und von Joe verlassenen Familien schlossen sich zusammen. Nina

wurde ihre Sprecherin. Und die Suche nach dem verschwundenen Vater ihr Ziel.
Ich könnte Orquidea fragen. Unser Kindermädchen. Vielleicht kennt sie ihn.
Schlage ich vor.
Aber da hat Erika bereits aufgelegt. Zwei Minuten Telefonat über den Atlantik genügen. Kosten so viel wie fünf Paar Socken. Sofort macht sie sich daran, zieht den Wollfaden über die glitzernden Nadeln, klappert, verfolgt das Auf und Ab des Tremolos aus dem Radio. Christa Ludwig als Carmen. Passt nicht wirklich. Ist nicht der leidenschaftliche Typ. Andererseits, die Callas nervt. Erikas Gedanken tauchen in das Viereck ihrer Strickarbeit. Ist überzeugt, das schmerzhafte Ziehen in der Nähe ihres Herzens nicht zu spüren. Sie weiß nichts von einem Kribbeln in ihren Zehen. Es sind die kleinen Textilfädchen, die ihr in der Nase kitzeln, sonst nichts. Spürt nichts. Klappert, lauscht.

Ich muss die Kinder retten. Muss als Mutter Halt bieten, kann mir Zweifel nicht leisten. Sonst sind wir verloren. Mich ängstigt das fehlende, immer wieder von Neuem zusammengeborgte Geld. Macht mich wahnsinnig, macht mich schreien, macht mich streiten mit Odettes Sohn.
Du denkst nur ans Geld.
Nein, ich würde gerne leichter leben.
Na, siehst du, hay que vivir bien.
Aber auf Kosten der anderen?
Du siehst das zu eng.
Aber wie wirst du Geld verdienen?
Ich verdiene schon was, du wirst sehen.
Wann? Wir brauchen es jetzt, in diesem Moment.
Alles wird gut. Ich sehe da kein Problem.
Kriegst du Geld von deinen Eltern?
Willst du, dass ich vor meinem Vater krieche, damit er was abgibt von seinem Vermögen?
Er könnte uns helfen.
Du hast kein Anrecht auf das Geld meines Vaters.
Nicht ich, aber die Kinder. Es ist für die Kinder.
Du bist unverschämt. Gierig.
Gierig? Ich? Wir brauchen Geld. Alle, auch du.
Hör auf, das wird sich alles regeln.
Ja? Hast du einen Job?
Einen Job? Spinnst du? Wozu einen Job?
Na, um Geld für die Miete zu verdienen.
Ich male und verkaufe meine Bilder.
Du hast zwei Jahre lang nichts verkauft.
Ist das alles, was du willst? Dass ich nicht mehr malen kann?
Nein.

Doch, du willst, dass ich jobbe, dass ich alles aufgebe, für dich und deinen Haushalt.
Nein, das ist nicht wahr. Ich frage bloß, wie zahlen wir die Miete?
Na ja, wir könnten ...
Was?
Wir könnten zu Tonio, meinem Freund, ziehen. Er hat eine Abstellkammer hinter seinem Atelier.
Eine Abstellkammer?
Ja, es ist sogar eine Badewanne dabei.
Und wo sollen wir kochen, essen?
Es gibt Steckdosen drinnen. Eine Kochplatte genügt.
Ich beginne zu schreien.
Er beginnt zu schreien.
Lila ist besorgt.
Nicht streiten! Bitte bitte bitte, Mama, Papa, nicht streiten!
Steht vor uns mit einem Blatt Papier, versucht mitzuschreiben, was wir sagen.
Damit ihr euch danach dafür entschuldigen könnt. Für die bösen Worte. Jedes schlimme Wort kostet fünfzig Cent.
Ich stürze aus der Wohnung. Was ist aus mir geworden?
Ich hole mir Rat aus Europa. Übers Telefon.
Jedem geht es so, beteuert Toinette in Paris. Die Kinder sind das Wichtigste. Du kannst nicht verlangen, dass du ein Leben lebst nur für dich.
Du musst abhauen, verlangt eine Freundin in Berlin. Und zwar dringend. Du gehst sonst drauf. Und wenn du draufgehst, ist das schlecht für die Kinder.
Gib nicht nach, meint eine andere in Wien. Du hast dich aus den Augen verloren. Bist du überhaupt noch für die Sache der Frauen?
Keine Ahnung, was du damit meinst.
Ich habe mich gebeugt, bin in ein Muster geschlüpft, das bereitstand und mir eingetrichtert worden war seit der Kindheit. Nur solange alles gut geht, kann ich wählen, kann ich Rollen spielen.

Wird es eng, greife ich auf das nächstbeste Angebot zurück, um nicht zusammenzukrachen, und erwische das Schlimmste: die Wiederholung dessen, was immer so war. Die Mutter für die Kinder. Der Vater für die Welt. Odettes Sohn brilliert in Gesellschaft, er unterhält seine Freunde, ist witzig, originell. Er ist ein Künstler. Er ist der Künstler in der Familie. Nicht ich.

142

Im Sommerhaus zwänge ich mich in ein altes Kleid von Odette. Ornamente in Brauntönen, kraftvoll gezeichnete, auf den Stoff gedruckte Labyrinthe, ein Augenfang.
Welches gefällt dir besser? Dieses oder das mit den blauen, riesigen Blüten auf weißem Seidengrund?
Frage ich das Kindermädchen.
Sie schaut mich prüfend an, ich halte die Kleider vor meinen Körper. Sie tippt auf das leicht ausgestellte, ärmellose mit den Irrgärten. Das helle Braun des Besatzes um den Hals passt genau zum Farbton meines Haares.
Ich glaube, lustig zu sein. Springe herum, posiere für Fotos auf dem Parkplatz. Chübeer schlägt sich den Kopf auf, als er die gefalteten Gartenstühle unter den Treppenaufgang räumt. Schwarze, scharfe Eisenstreben ritzen seine Haut, blutige Abdrücke, ihm ist schwindlig, die Verletzung hat ihn von der Pflicht, sich zu bekleiden, erlöst. Verbringt den Nachmittag in Schlappen und Frottee, dösend. Katastrophe. Wir brechen ohne ihn auf. Das Schlossrestaurant am See, sieben Jahre bin ich verheiratet, habe zwei Kinder, Odette ist meine Schwiegermutter. Weil ich diesen Sommer erneut ein Buch beende, bekomme ich ein Kindermädchen spendiert. Doch die Hilfe funktioniert nicht so, wie ich will. Das Mädchen verfolgt eigene Ziele. Will heiraten statt Kinder hüten, will von hier verschwinden.
Entschlossen glaube ich dennoch, gut gelaunt zu sein im Restaurant. Lila trägt eine Bluse mit goldener Stickerei, das blonde Baby ein Babypolo in hellem Blau mit winzigen Blüten, das Kindermädchen halb nackt, zeigt seine schöne braune Haut, Odette in pastellgrünem, duftigen Kleid, die Sonne strahlt. In Wirklichkeit habe ich meinen Körper längst verloren. Odette flirtet mit dem Kellner. Heiße Luft flirrt über den Tellern. Ich habe meinen Körper vermietet an die Kinder und dabei vergessen, wofür er sonst noch

taugt. Mein Körper ist nicht mehr mein Eigentum, ständig wird er von anderen gebraucht. Ich bin der Bauch, der ihnen als Wohnung diente, ich bin die Brüste, die ihnen Essen gaben, ich bin die Hände, die sie putzen, ich bin die Beine, die zu ihnen laufen, wenn sie schreien, ich bin die Hüfte, auf der sie sitzen, ich bin die Schultern, an die sie sich lehnen, ich bin die Arme, die sie halten. Sie sind die Passagiere und ich bin das Mittel für ihren Transport.

143

Ich glaube zu genießen und bin doch genervt. Beobachte die gezierten Gesten des Kindermädchens, ihren Versuch, die rosa glänzenden Lippen, das hoch gepresste Dekolleté möglichst vielen Männern anzubieten. Es ist ein teures Restaurant, die Fangquote vielversprechend. Beobachte Odettes ungeschickte Handhabung des Messers, das Abrutschen des Instruments vom Steak. Mühsam kaut sie das Fleisch, lechzt nach Butter. Ich höre den Beteuerungen ihres Sohnes zu, der den passenden Wein wählt, möglichst kostspielig, da seine Mutter bezahlt mit dem Geld von Chübeer. Sieben Jahre bin ich verheiratet, sieben Jahre genau auf den Tag. Die Heirat kam erst nach dem Kind, Lila war enttäuscht, denn ich trug kein echtes weißes Kleid.

Das zählt nicht, ist keine richtige Hochzeit. Sagt sie.

Odette rekapituliert.

Ich erinnere mich gut, als Chübeer damals zu meinem Papa gekommen ist. Er hat um meine Hand gebeten. Hat gesagt: Ich will Ihre Tochter heiraten, sofort.

Sie kichert, aus dem Rachen heraus. Kehlige Laute.

Und mein Sohn, der hat mich angerufen und gemeint, Maman, ich werde heiraten, aber es muss sofort geschehen. Was muss ich dazu tun?

Sie nimmt einen Schluck Weißwein.

Wie der Vater, so der Sohn.

Eine Heirat aus praktischen Gründen. Wegen der Visa für die USA. Verheiratet reist man einfacher.
What's the story?
Fragt der immigration officer nach der Landung.
Ich bin Lehrerin für Deutsch, ich bin Journalistin für Kultur. Das sind meine Kinder. Das ist mein Mann.
Welcome back to America.
Er haut den Stempel drauf.
Aus praktischen Gründen geheiratet und ohne weißes Kleid.

144

Angesäuselt, zurück im Sommerhaus am siebten Hochzeitstag, meine ich, lustig zu sein, hüpfe auf und ab, schlage mir den Kopf an. Die scharfen, schwarzen Eisenstreben des Treppenaufgangs drücken Muster unter mein Haar, ich blute, laufe in den ersten Stock, um mir Trost zu holen. Das Baby schreit, mir ist schwindlig, kein Kindermädchen weit und breit, sie schläft. Ich schlage die Hände vors Gesicht, das Telefon klingelt, Chübeer schläft.
Mit einem Mal beginnen Tiere von der Decke zu fallen, Wespen, eine nach der anderen tropfen sie nach unten, auf mein Haar, meine Wunde, auf die braunen Labyrinthe von Odettes Kleid, in das ich mich zwängte. Fallen auf die Teppichfliesen in Senfgelb. Ich blicke nach oben, sehe die schwarz-gelben Insekten aus den Lücken zwischen den Holzbalken kriechen, schwer zu Boden segeln, wage nicht, mich zu bewegen, will nicht gestochen werden von Wespen in einer letzten todesabwehrenden Aktion, einem Zucken ihrer Körper, das noch einmal Gift verströmt, in mich.
Die Wespen haben ein Nest zwischen Dachstuhl und Holzdecke gebaut.
Sagt Odettes Sohn.
Vor ein paar Stunden habe ich Gift durch eine Spalte gesprayt. Es wirkt.
Warum hebst du das Telefon nicht ab?

Ist nicht für mich.
Für wen dann?
Du weißt schon, geheimnisvolle Anrufe für Chübeer.
Die Frau, die niemals antwortet.
Eine seiner Freundinnen, die testen will, ob er allein ist.
Ja, und weil meine Stimme am Telefon genauso klingt wie die meines Vaters, hat sie sich einmal getäuscht. Mich gefragt, wann ich komme. Ob ich sie noch liebe.
Odettes Sohn lacht. Zufrieden über die Wirkung des Gifts.

145

Nach jedem Sommer im Sommerhaus kommt ein Herbst. Die Rückkehr, der Schulbeginn, la rentrée. Eltern kleiden sich festlich, begleiten ihre Kinder zum ersten Schultag, Väter in Anzügen, Mütter in flattrigen Blütenkleidern, egal bei welchem Wetter, die rasierten Beine vorbildlich gebräunt, stehen in Gruppen beieinander. Ihre Kinder werden einzelnen Klassen zugeteilt, Name für Name aufgerufen versammeln sie sich um die Klassenlehrerin und marschieren hinter ihr nach, in den Klassenraum. Ein Ritual, an dem festgehalten wird, Übergabe der Kinder in die Hände der Lehrer. Jeden Herbst weinen ein paar Mütter, denn der Vater ihrer Kinder ging ihnen im Laufe des Sommers verloren. Nach vielen Jahren des Wegschauens und Gewährens vonseiten der Ehefrauen, den Mühen, den Schein aufrechtzuerhalten, sind sie trotzdem fort. Jedes Jahr sind es mehr Männer, die nicht zurückkehren, sondern woanders neu beginnen. Die Alleingelassenen werden getröstet von Müttern, die bereits beide Augen zudrücken, um die Probleme in ihrer Ehe nicht zu sehen. Danach wenden sie sich ab, laden die Verlassene nie mehr ein, weil keine der noch Verheirateten daran erinnert werden will, dass jede von ihnen genauso getroffen werden kann. Schwangerschaften sind ansteckend, Verlassenwerden auch. Und den Kindern der Verlassenen ist ab nun nicht mehr zu trauen. Diese Kinder werden alles doppelt haben, doppelte Wohnungen, doppelte Kinderzimmer, doppelte Autos, Geburtstage, Weihnachten, Ferien. Oder sie werden weniger haben, weil der Vater nicht zahlt.

146

Wir sind mittlerweile in Berlin. Berlin ist grün. Berlin ist weit. Berlin ist billig. Berlin ist deutsch. Lila ist enttäuscht.

Alle meine Freundinnen sind in New York. Warum darf ich nicht Amerikanerin bleiben?
Du bist gar keine.
Lilas Vater ist beleidigt.
Ich gebe alles auf für euch. Meine Karriere. Für einen Künstler ist Berlin der totale Abstieg nach New York.
Das Baby zuckt zurück, als es in Berlin statt weichen, abgerundeten Lauten und knödeligen Melodien die raschen Kanonaden voller Konsonanten hört. Vor Schreck beginnt es zu heulen.
Ich muss alles schön finden in Berlin, denn wegen mir sind wir hier, als Familie. Ich habe mich als Familie für diese Stadt entschieden.
Ich finde es schön, dass der Kinderwagen Platz hat auf dem Gehsteig.
Ich finde es schön, dass Lila mit acht Jahren endlich Fahrradfahren lernen kann.
Ich finde es schön, dass wir nur die Hälfte der New Yorker Miete zahlen, dafür dreimal so viel Platz erhalten.
Ich finde es schön, dass es ruhig ist mitten in der Stadt.
Ich finde es schön, dass auf den Straßen nicht geschossen wird.
Ich finde es schön, dass ich meine Habe nicht fest um den Körper schnallen, dass ich nicht zwanzig Dollar in der Hosentasche mit mir tragen muss, um dem Räuber unverzüglich Geld zu geben, sobald er mich überfällt.
Als ich mit einem Berliner Freund durch die Stadt gehe und unvermittelt die Straßenseite wechsle, weil uns eine schwankende Gestalt entgegenkommt, kann er diese in Jahren eingeübte Vorsichtsmaßnahme nicht verstehen.
Ich finde es schön, dass Lilas Schule einen ausgedehnten Hof hat zum Spielen neben einem Wald.
Mutig reiht sich meine Tochter am ersten Schultag in eine Gruppe von Kindern, die sie nicht kennt. Zuckt mit keiner Wimper. Ich habe die Angst, die sie nicht zeigt.
Stell dir vor, wir gehen einmal in der Woche schwimmen.

Erzählt sie am Ende des Tages aufgeregt.
Mama, können wir bitte in Berlin länger bleiben als ein Jahr? Mir gefällt diese Schule.
Ich verspreche es.
Nehme jeden Tag mit ihr die S-Bahn, die Waggons sind halb leer. Ich finde das schön. Laufe das letzte Stück zur Schule durch eine mit holprigen Steinen gepflasterte Straße, gesäumt von Kastanienbäumen, und finde das schön.
Wer ist deine beste Freundin?
Alle.
Wie?
Na, alle sind meine besten Freundinnen. Chloe, Farah, Fatou, Marjorie und so.
Lila lebt sich rasch ein.
Nur die deutsche Sprache gefällt mir nicht so gut. Und Deutschland sowieso nicht. Aber meine Schule ist toll.
Lila hat ihren Ort gefunden.
Die Tage sind geteilt: Vormittags streife ich durch die Stadt auf der Suche nach einer ruhigen Stelle, um zu schreiben, eine Bücherei möglicherweise. Doch Bibliotheken sind entweder überfüllt oder sie öffnen zu spät. Am frühen Nachmittag bin ich Mutter eines kleinen Sohnes. Abends Mutter von zwei Kindern mit Hausaufgaben- und Abendessendienst.

147

Rasch findet Odettes Sohn ein Atelier zum Malen, verbringt die langen Abendstunden dort bis zum frühen Morgen, kommt zum Schlafen heim. Ich lege ihm das Baby ins Bett, wenn ich aufbreche mit Lila. Erneut glaube ich, alles sei schön. Die Spielplätze mit Klettergarten, Labyrinthen, weich gepolstertem Untergrund, frei von frechen Eichhörnchen, sind schön in Berlin. Ich setze das Baby in den Sand, schaue mich um, werfe mit witzigen Worten um mich, berühre andere Kinder.

Doch die Mütter halten den Mund, reden nicht mit jedem. Beiläufige Sätze, ein Abtasten, sich Gesellschaft leisten für ein paar Momente ist in Berlin nicht drin. Hier wird nicht gequatscht. Angesprochen werden von Unbekannten bedeutet Angriff, ein Anspruch, sich über lange Jahre miteinander zu unterhalten. Dem weicht man lieber aus. Man lernt sich nicht so einfach kennen wie in Chicago und New York. Man schenkt sich keine Gratiskomplimente. Man bricht die Distanzen nicht so leicht. In Amerika mit einem Kind zu leben, bedeutet einen großen Bekanntenkreis in kurzer Zeit. In Berlin hast du entweder schon Freunde auf dem Spielplatz oder du bleibst eben allein. Nach und nach lerne ich die Regeln zu beachten, mich zurückzuhalten. Helfe den von der Rutsche gefallenen Kindern nicht mehr auf die Beine, gebe den auf der Schaukel verwaisten Kindern keinen Schubs, fordere kein Kind mehr auf, mit meinem Sohn die Wippe zu besteigen. Kümmere mich nicht mehr. Statt hilfsbereit zu sein, mische ich mich nicht ein.

Lerne über hohe Decken in Wohnungen zu fachsimpeln, mich über die Unsitte von Raufasertapeten zu erregen, diskutiere Strategien zur Vermeidung von Plastikfenstern im Zuge von Sanierungen. Lausche Erzählungen über frühkindliche Spracherziehung und Kunst-AGs. Fahre im Bio-Supermarkt die Rolltreppen hoch mit dem Kinderwagen, nur um zu schauen. Kaufe weiterhin im Billigmarkt, begeistere mich an deutschem Brot.

148

Avion bumm.

Plappert mein Sohn vorm Fernsehgerät, spuckt den Schnuller aus. Lila liegt mit Fieber auf dem Sofa. Ausnahmsweise darf sie nachmittags fernsehen. Ich zappe, suche nach einem Kinderprogramm. Ein seltsames Bild erscheint. Vor drei Wochen sind wir von New York nach Berlin gezogen.

Look, the Twin Towers. Schreit Lila.

Da war ich mit Tonio. Er hat mir *Le Petit Nicolas* gekauft.
Stimmt.
Mama, warum ist da Rauch?
Irgendeine Archivaufnahme von dem Anschlag vor ein paar Jahren, glaube ich. Das Jahr, in dem du geboren wurdest.
Aber Mama, da steht live.
Ich blicke genauer hin. Eigentlich ist nichts zu sehen. Nur ein Turm, der raucht. Das Gebäude unbewegt. Der Himmel blau.
Wir starren.
Vergessen ist das Kinderprogramm. Dann eine Stimme, Bildwechsel. Flugzeuge, die gegen die Türme fliegen. Feuer. Avion bumm bumm.
Brabbelt mein Sohn.
Auf dem Kühlschrank klebt ein Magnet der intakten Türme.
Avion bumm.
Wiederholt er.
Lila beginnt zu weinen.
Was ist mit Tonio? Tonio wohnt doch ganz nahe dran? He is my friend!
Der Turm beginnt, in sich zusammenzusacken.
Ich traue den Bildern auf dem Schirm nicht.
Rufe einen Freund an.
Hast du gesehen? Ist das wahr?
Sei froh, dass du in Berlin bist mit den Kindern, in Sicherheit.
Ich lege auf. Wähle erneut. Versuche, Tonio zu erreichen. Komme nicht durch.
Mit wackeligen Knien setze ich mich zu den Kindern aufs Sofa. Halte sie fest. Wir betrachten die Merkzeichen ihrer Kindheit. Grauenvoller als meine eigenen. Aber von ihren Körpern weiter entfernt.
Mit drei Jahren verwendet mein Sohn das Wort ›Terrorist‹ so selbstverständlich wie das Wort ›Fußball‹ oder ›Kuchen‹. Es ist ein Teil seiner Welt.

Lila schreibt ins Tagebuch:
This is bad news in New York. The twinn towers are broken. I saw it in my new appartement yesterday on t.v. I started criying because (you new yesterday I was sike) an old friend of dad that lived not so far from the twinn towers. We tried to call Tonio but you can't call any more in new york. This is a picture of the twinn towers.
Sie zeichnet zwei Türme und ein Gebäude im Zwischenraum, das beide verbindet.

149

So wie ich in Amerika mit Lila abends die österreichischen Erlebnisse, die fernen französischen Verwandten besprochen habe, damit sie die Verbindung dazu nicht verliert, denken wir nun ständig an Dinge, die wir in Berlin vermissen.
Englisch hast du als Dreijährige aus dem Fernsehen gelernt.
Ja, ich weiß, begonnen habe ich mit Barney, jeden Tag nach dem Kindergarten.
Obwohl der hässlich war.
Ein violetter Dinosaurier, ziemlich dick.
Einen fetten Popo hatte der.
Lila lacht.
Er hat gesungen.
Und jeden Tag ein anderes Thema. Einmal Zähneputzen. Einmal Kochen. Gute Ernährung.
Ich mochte, dass echte Kinder mitspielten: eine Asiatin, ein Schwarzer, ein Mexikaner und eine Weiße.
Ja, und dann. War es Arthur.
Jaaaaa. Ich habe ihn geliebt.
Lila springt auf, holt die Francine-Puppe.
Francine war Arthurs beste Freundin. Ein Mädchen in Hosen, mit kurzen Haaren, kein Barbie-Mädchen.
Und seine kleine Schwester D.W., die trug immer einen rosa Rock. Und musste dauernd aufs Klo.

Und Pee-wee? Weißt du noch?
Ja, der war verrückt. Jede Sendung hatte ein Wort, das durfte man nicht sagen.
Ein Tabu. Wenn man es aussprach, klingelte eine Glocke und Peewees Gesicht zuckte.
Und der König.
Der König?
Ja, ein schwarzer König. Also eigentlich nicht wirklich einer, doch er setzte eine Krone auf.
Aha. Und weißt du noch Winnie-the-Pooh?
Ja, mit seiner heiseren Stimme.
So hoch hat der gesprochen.
Heiser und hoch.
Lila holt die Figuren: Piglet, Eeyore, das unfreundliche Kaninchen, das alles besser weiß.
Vor dem Schlafengehen blättert sie die schmalen Heftchen durch: *Arthur, The Berenstains, American Girl, Where the Wild Things Are*. In der Schule hat sie kein Englisch mehr.
Neben den schmalen Bänden mit Kindergeschichten, den kleinen Spielfiguren haben wir nur den falschen Berber mitnehmen können aus New York. Der Umzug der Bücher war teuer genug. Und von allen technischen Geräten durfte nur der internationale Videorekorder mit nach Berlin. Damit die Sammlung von Filmen in amerikanischer Codierung nicht verloren geht. Auf dem Teppich mit dem vertrauten Muster sitzend fühlen die Kinder sich daheim. Kurz danach gibt der Rekorder seinen Geist auf. Die Verbindung reißt ab, wir sind endgültig gelandet in Deutschland. Aber sind wir aus der Not?
Ich strample, schufte, versuche zu überleben.
Eines Tages falle ich aus allen Wolken. Während ich Geld heranschaffte, für die Miete, für die Kinder, für den Mann, beschaffte Odettes Sohn sich andere Frauen. Typisch, lese ich in einem Frauenmagazin. Männer fühlen sich nicht männlich genug, wenn

die Frau zu viel an Verantwortung übernimmt. Müssen kompensieren. Sex mit anderen Frauen hilft ihm, sich besser zu empfinden, stärker. Die scheinheilige Familie hält nur bei den anderen gut. Ich stürze aus einem Traum. Aus meinem Zwang.

150

Der Vater meiner Kinder will sein Leben neu beginnen. Alle zwei Wochen einen Tag mit ihnen zu verbringen, ist ihm genug. Während ich am Telefon einem Freund von der Trennung erzähle, erwähne ich das gefürchtete Wort:

Dann bin ich jetzt alleinerziehend?

Ja, bist du.

Was ich ständig befürchtete, ist nun Wirklichkeit. Ich will es nicht wahrhaben. Telefoniere mit der Frau vom Jugendamt.

Nein, so einen Fall habe ich noch nie gehabt. Sagt sie.

Normalerweise geht es darum, dass die Mütter nicht wollen, dass der Vater die Kinder sieht.

Aber ich will. Ich will nicht, dass er sie mir nur alle zwei Wochen abnimmt.

Nein, einen Vater kann man nicht zwingen. Ein Gesetz gibt es da nicht.

Ihm sind alle zwei Wochen genug, er will sein eigenes Leben.

Ich flehe.

Also da kann ich Ihnen nicht helfen, tut mir leid.

Ich lege auf.

Der Vater kann entscheiden, was er will. Die Mutter kann nicht entscheiden, dass sie die Kinder nicht alleine will. Und wenn der Vater sagt, er hat kein Geld, dann zahlt er nichts für die Kinder. Kein Geld und keine Zeit, wenn er das so will. Ein neues Leben, eine neue Frau, neue Kinder, wenn er das so will.

Und Odettes Sohn will. Das ist das Ende des Familienporträts, das Ende der Geschichte, die ich als Mutter für alle Familienmitglieder erfand: Wir sind glücklich, alles geht gut. Ich habe so ein Glück mit diesem Mann. Ich habe alles erreicht, was eine Frau sich wünschen kann: Arbeit, Mann, Kind, sogar zwei. Das geht, das ist machbar. Ich habe es bewiesen und gezeigt. Die Kinder sind glücklich. Der Mann ist glücklich. Von vielen werden wir beneidet. Für die Getrennten sind wir ein wunderbares Paar. Für die Kinderlosen sind wir wunderbare Eltern. Für die Kinderhabenden sind wir wunderbare Gefährten. Ab siebzehn Uhr genehmigen wir uns alle zusammen Bier, entspannen vom stressigen Kinderprogramm. Während die Kleinen um den Esstisch laufen, sind wir lustig und genießen den Wein, schmieden Pläne für die Zukunft. Sonntags machen wir Ausflüge, erkunden die Gegend, Würste werden gebraten auf dem tragbaren Grill, Namen von besseren Schulen ausgetauscht. Wir überlegen uns, Kredite aufzunehmen, ein ganzes Haus nur für Familien wie uns zu kaufen. Stell dir vor, wir organisieren Betreuung für alle zusammen, tauschen unsere Partner, zum Spaß. Die glückliche, abgesicherte Selbstgefälligkeit der Familien mit Kindern, dieses ganze Wut erzeugende Biederprogramm, das gemeinsame Kochen, die ernst zu nehmenden Diskussionsbeiträge an Elternabenden, alles vorbei, erfunden, kaputt, erlogen.

Ich trenne mich nicht leicht. Ich bastele nicht gerne ein neues Bild von mir und den Kindern.

Am ersten Abend ohne Vater sitzen wir schweigend zusammen, kuscheln uns aufs Sofa, betrachten die Gestalten auf dem Fernsehbildschirm, als wären sie die Erklärung für das, was uns fehlt. Wir sprechen nicht über die Veränderung. Ich verspreche den Kindern, dass sie ihren Vater sehen können, wann sie nur wollen. Dass er sehr nahe ist. Ich spreche nicht über mich. Ich darf nicht. Ich muss das alles gut finden, darf nicht die Botschaft verbreiten, dass etwas Schlimmes geschieht. Ich darf keine Wut haben, keinen Hass, darf das alles zumindest nicht zeigen. Weil die Kinder alles spüren und weil sie nur das Gute spüren sollen, darf ich das alles nicht einmal denken, weil die Kinder alles mitkriegen, sogar das, was ich verbergen will. Ich sitze in der Falle.

Do you want to delete the original?
Yes. Put in the bin.
Ich untersuche das digitale Fotoalbum nach einer Frau, die lacht, die Spaß hat mit ihren Kindern, nach einer Frau mit Meer im Hintergrund, einer Frau, die die Zunge herausstreckt beim Picknick mit Lila, schiebe das Bild in den Mülleimer auf dem Bildschirm, lösche die Frau heraus. Der Mann hinter der Kamera, dessen Daumen über dem Auslöser zuweilen ins Bild reicht, eine halbrunde, hautfarbene Markierung am oberen Rand, ist auf und davon. Die glückliche Familie war eine Täuschung. Die Mutter hat sie inszeniert, der Mann bloß abfotografiert. An die Videos komme ich nicht heran. Sie unschädlich zu machen, erledigt die Zeit. Der Videorekorder streikt. So muss ich mich nicht erinnern, wie ich langsam wegen der Hitze den gepflasterten Weg zum Auto schlendere, eine winzige Figur in blauen Shorts, rotem Top und Strohhut, die sich für ein paar Minuten von ihrer Familie entfernt, um frühe Ansiedlungen der Anasazi zu besichtigen, mitten in der Wüste. Ich muss nicht zusehen, wie sich meine nackten Oberschenkel aufbauen vor dem geschlossenen Autofenster. Drinnen laufen die Klimaanlage und Jimi Hendrix' Gitarrenriffs zur Höchstform auf und ich öffne die Wagentür, sage:
Was ist denn hier los?
Odettes Sohn hatte die Kamera zwischen sich und mich und die Kinder geschoben. Hauptsache, wir waren da drauf. Hauptsache, er blieb konzentriert auf das Festhalten unserer Bilder. Monatelang, bevor er ging, konnte er uns nicht mehr fassen, konnten wir nicht mehr hinter seine Augen dringen, da nistete sich bereits etwas anderes ein. Eine andere.
Move to trash. Ich bin Müll. Eine ausgeleierte Form, eine ausgepresste Hülle, Haut mit Dellen und geplatzten Äderchen, entzündeten Muskeln am Rücken, sodass ich nicht mehr sitzen kann, nur liegen. Breite mich flach auf dem falschen Berber aus, die Kinder

schwirren um mich herum. Bewege ich mich nur einen Zentimeter, bringen die Schmerzen mich zum Schreien.
Tabletten, Spritzen, chemische Mittel, Schlammpackungen, Fußsohlenmassagen, schiefe Hüften, hohle Mönchsgesänge, um mich zu zwingen, ruhig zu bleiben auf der Bahre, auf der mich elektrische Manschetten um den Bauch misshandeln. Ich bin Müll. Einen Tag wünsche ich mir zu sterben. Einen anderen Tag wünsche ich Odettes Sohn den Tod. Aber nicht er hat das Problem. Auf den Spielplätzen werde ich zur Seherin. Die Zukunft der anderen steht mir klar vor Augen, meine nicht. Ich bedauere junge Mütter, die glauben, glücklich zu sein. Nichts ahnend, was sie erwartet. Ich durchschaue junge Väter, die einhändig den Kinderwagen schieben, die Dose Bier in der Faust. Eines Tages werden sie gehen. Babys krabbeln im Sand, werfen ihre Schäufelchen fort, arglos. Ihr Glück wird sich entfernen. Am meisten bemitleide ich Schwangere. Bei ihnen wird es am längsten dauern. Am Ende werden auch sie verlassen sein. Ich lege das Raster, das mir zugekommen ist, auf alles, was ich wahrnehme.

152

Ich weigere mich zu kochen. Weigere mich, auf Schulfesten zu erscheinen. Die Freunde und Freundinnen teilen sich auf, je nachdem, wer zu wem hält. Je nachdem, wer wem die Schuld zuweist. Je nachdem, wer wem jetzt hilft. Ich weigere mich, auf Elternabende zu gehen. Ich weigere mich zu putzen, die Wäsche zu waschen. Ich liege auf dem Teppich, dem alten, falschen Berber, höre lautstark klassische Musik und mache gute Miene, schenke mir Schnaps ein, vernichte alle Vorräte an harten Getränken. Nichts nützt. Ich habe versagt. Natürlich ist er schuld, sage ich mir, obwohl ich rundherum Stimmen vernehme, die behaupten, dass nur ich selbst schuld sein kann. Ich meine, den Kampf aufzunehmen mit der Schuld. Doch die Schuld ist längst eingegraben in meinem Körper, hat begonnen, mich zu zerfressen, von innen heraus. Die Schuld habe ich überallhin mitgetragen, so weit ich auch fortging vom Kindheitshaus. Hanna, Martha, Erika leben erneut tagtäglich in mir auf. Odette ist immer schon argwöhnisch gewesen. Ich ließ ihren Sohn zu oft allein. Ließ ihn die Babys wickeln. Fläschchen geben. Ließ ihn manchmal kochen. Ließ ihn Wäsche aufhängen. Ließ ihn keine anderen Frauen haben daneben. Ich flog zu oft und reiste zu oft mit der Bahn, ließ ihn zwei, drei Tage allein mit den Kindern. So verdiene ich das Ende dieser Ehe.

Blau, blau, blau. Türkisblau. Die Lieblingsfarbe Erikas. Keiner einzigen Blüte in ihrem Garten gelingt es, diese Farbe zu produzieren. Nur dem Meer. Ich streife meine Sandalen ab, wate ins Wasser, eine warme Wanne, lasse mich sinken, gleite vorwärts mit minimalen Bewegungen, nur genug, um nicht unterzugehen, schwimme hinaus, so weit ich kann, lasse die Wellen meinen Körper schaukeln, ziehe die Beine an meinen Bauch, treibe, eine Linderung. Ich schwebe, lasse mich streicheln, die Gedanken schweifen, entfernen sich von mir. Das Meer ist meine Mutter. Ich schlucke und spucke, tauche ein, lasse mich in etwas, das weiter, riesiger, unendlicher ist als ich, ein Trost, eine Rückkehr in den Raum vor der Geburt. Erika konnte nicht schwimmen. Frauen müssen nicht schwimmen. Deshalb brachte es mir keiner bei. Erst im Alter von zwölf Jahren. In der Schule. Deshalb halte ich meinen Kopf nie unter Wasser. Ein Rest von Vorsicht, von Unsicherheit. Während mein Körper sich einlässt, schätze ich die Brechung der nächsten Welle, um sie zu erwischen im richtigen Moment. Sie soll mich tragen, nicht schlagen. Ich will mich mit den Wellen verbünden, gebe mich hin. Das Meer hilft sogar gegen den Tod. Ineinander verlaufende Wellen, endloses Tauschen, ein Gewoge, das mich ausfüllt. Nachdem mein Cousin totgefahren worden war, löse ich wochenlang die Trauer um ihn in der Brandung auf, wasche sie fort.
Das Meer ist sogar besser als die Gebärmutter. Aus dem Meer steigt man einfacher heraus. Die Gebärmutter ist kein Paradies, sondern bereits mit Ängsten gefüllt, riesigen Ladungen von Schuld, voller Klumpen von schlechten Gedanken. Nur die Handflächen, die sich von außen auf den Mutterbauch legen, tun gut. Und die Musik.
Ich liege auf einer Matratze auf dem Boden, ein anderer Körper daneben hat mir die Spritze gegeben. Ich warte und lächle, mein Unterleib, mit warmem Licht gefüllt, beginnt zu kreisen, Licht steigt hoch, in meine Lungen, durchströmt Arme, Beine, Finger,

Zehen, ich versuche zu sprechen, zu erzählen. Ich muss mich nicht rühren, das Licht in mir berichtet von dem, was ich gewesen sein kann, im Mutterbauch. Ich bin überzeugt. Ich glaube daran. Die Droge bringt mich hin. Der andere Körper aber stirbt daran. Ich beginne, dem Licht zu misstrauen. Steige aus. Entdecke mir das Meer. Das Schwimmen.

153

Stimmt es, dass da drunten die Skelette liegen?
Ja. Traust du dich ins Wasser, wenn du das weißt?
Kann man sie sehen?
Nein, der See ist sehr tief.
Wie sind die Skelette hineingekommen?
Während eines Krieges. Die Bauern haben sich aufgelehnt gegen ihre Herren.
Haben sie verloren?
Ja, sie wurden verurteilt.
Getötet?
Genau.
Gruselig. Ich mag das.
Deinem kleinen Bruder erzähl das besser nicht. Ich will, dass er schwimmen lernt.
Gut. Ein Geheimnis.
Lila liebt Geheimnisse. Mutter-Tochter-Vertrautheiten, nun, wo wir zu dritt sind.
Der kleine Bruder telefoniert mit seinem Vater.
Du, Papa, das ist so komisch. Ich bin der einzige Junge hier. Mama, Lila und ihre Freundin, alles Frauen. Und ich bin allein.
Er legt auf. Ich steige mit ihm die Treppen hinunter, begleite ihn in den Stall, zu den Babyhunden.
Ferien auf dem Bauernhof. Es könnte schön sein. Es könnte das Gras genossen werden und die Augusthitze und die Mondaufgänge über den Bergen und die schweren Gewitter am Abend, es könnten die Waldspaziergänge genossen werden und die frischen Kirschen und die Bootsfahrten und die Wasserschlangen, die mit erhobenem Köpfchen neben uns schwimmen. Es könnte gelacht werden, gekichert, Lila und ihre Freundin, mein Sohn befreundet sich mit Tieren. Es könnte so schön sein, wie ich lange geglaubt

hatte, dass es im Kindheitshaus gewesen war, die Sonne im Bauch, nur der See hatte gefehlt, und deswegen mieten wir uns hier ein. Erholung. Wie die anderen. Familien über, neben, unter uns. Frühmorgens holen wir frische Semmeln aus dem Stoffbeutel neben der Eingangstür, schmieren dick Butter darauf, Honig vom Imker, goldene Ströme, packen die Badesachen, mein Sohn schmiegt sich an den Mutterhund, die Teenager schlafen bis Mittag, laufen die Straße entlang, um sich in knappen Shorts zu zeigen, bis zum nächsten größeren Dorf. Nichts, das ich nicht kenne und nichts Neues. Leider. Unter der Sonne.
Mama, weißt du eigentlich, was los ist?
Was meinst du?
Lila tröpfelt Honig auf ihre butterbeschmierte Semmelhälfte, trägt schwarz lackierte Fingernägel, Stirnfransen, getuschte Wimpern.
Na, wir haben bemerkt ...
Ophélie, ihre Freundin, nippt am Orangensaft.
Die Bäuerin schaut uns komisch an.
Ach, das bildet ihr euch ein. Warum sollte sie?
Na ja, wir sind hier irgendwie fremd.
Lila schneidet eine weitere Semmel auf, reicht sie Ophélie.
Wie, weil wir aus Berlin gekommen sind?
Nein, aber als wir mit ihrem Sohn geredet haben, da hat sie ganz böse reagiert und ihn weggescheucht.
Wirklich?
Ja, und auch so.
Was.
Ophélie überlegt.
Vielleicht weil wir hier alleine sind?
Was heißt alleine?
Na, schau mal die anderen an. Die sind komplett.
Ah, du meinst Papa, Mama, Kinder.
Ja, und ein Hund. Richtige Familien halt.
Hm, und bei uns fehlt ein Mann.

Ja, genau. Ich glaub, dass ihr das nicht gefällt.
Und ihr Gören aus Berlin bedroht den braven Sohn der Bäuerin.
Wir haben gar nichts gemacht. Ich schwör.
Ophélie reckt ihre frühreif entwickelten Brüste.
Wirklich!
Ich glaub's dir.

154

Die Mädchen haben recht. Wir werden schief angesehen. Solche wie wir gehören nicht hierher. Dieses Land hat eine Schönheit, die es ohne totale Anpassung nicht gibt. Nicht gratis. Ich weiß erneut, warum ich fortgegangen bin. Erika jedoch findet den Bauernhof sehr schön, als sie uns besucht. Sucht das Gespräch mit der Bäuerin, die für alles gut sorgt: fünf Kinder, vierzig Schafe, acht Kühe, ein Esel, die Ribisel und einen Korb voller frisch geworfener Hunde, die sie nach und nach verkauft.
Ihre jüngste Tochter darf mit Lila und Ophélie nicht spielen, damit sie nicht verdirbt. Wie Milch. Erika bewundert den Bauernhof, weil alles hier ausgezeichnet funktioniert. Genauso hätte es sein sollen, früher. Heutzutage ist alles modern, machbar, einfacher, geschmackvoller.
Die flauschige kleine Katze taucht eines Morgens mit blutender Schnauze auf, mein Sohn weint, als die Bäuerin das schwarzweiß gefleckte Lieblingshündchen eines Nachmittags verkauft, er stürzt aus einem Tretauto auf Beton, schlägt sich den Kopf blutig. Lila verdirbt sich den Magen, kotzt sich aus, darf nicht mehr in den See. Mit allen vier Beinen stemmt sich das Schaf gegen den Bauern, der es in den Schlachtraum zieht, blökt um sein Leben. Am nächsten Abend wird das getötete Tier den Sommerfrischlern als Grillfleisch serviert, mit Senf. Wir reisen ab, unwillkommene Gäste, eine Geschiedene, zwei Hauptstadtteenager, ein verlassener Junge.

Es ist dieselbe Gegend wie vor Jahren, als ich alleinstehend war und hierher eingeladen, um als Schriftstellerin einen Preis zu erhalten. Alles war gut.

Es ist dieselbe Gegend, wo Odette von ihrem vorgezeichneten Weg abgekommen war, den Berg hinuntergerutscht und einem frisch gebackenen Lehrer in die Arme, ihrem zukünftigen Mann, Chübeer.

Erika sammelt. Schleicht in die Werkstatt meines Vaters, zieht einzelne Kabel aus den Strängen, die er in Kisten geordnet lagert, prüft deren Stärke mit zittrigen Fingern. Kümmert sich um passende Längen, Farben. Während sie alleine im Haus ist, beginnt sie, die Kabel um ein Heizungsrohr im Keller zu binden. Schleppt einen Stuhl darunter. Klettert darauf. Versucht, die Kabel um ihren Hals zu schlingen.

Dann hört sie oben den Schlüssel im Schloss. Verlässt den Schauplatz, taumelt die Treppen hoch, legt sich aufs Sofa. Tut, als schliefe sie.

155

Seit ihr Vater ausgezogen ist, interessiert sich Lila für den Stammbaum der französischen Familie. Hält sich fest daran.
Bei dir ist ja nicht viel passiert. Ihr seid doch Bauern.
Sagt sie.
Aber meine französische Familie, die war wichtig in der Geschichte: Der Papa hat gesagt, mein Urgroßvater hat den Film erfunden, zur gleichen Zeit wie die Brüder Lumière. Und ein Vorfahr hat sogar das Weiße Haus in Washington gebaut, hat Grand-Maman erzählt. Und unsere Familie war eigentlich adelig, fügt Lila geheimnisvoll hinzu.
Weil wir haben in Versailles gelebt.
Wir? Frage ich nach.
Na, meine Familie, die Familie von Papa, von Grand-Maman.
Lila will nicht mehr nach Österreich.
Sie liebt inzwischen Berlin.
Wir ziehen fort von der Wohnung, in der ich eine Familie gewesen bin. Die Umzugshelfer schleppen Möbel in die sechste Etage. Sind erschöpft nach kurzer Zeit. Kartons öffnen sich. Manuskripte flattern über die dreckigen Stufen des Treppenhauses.
Mein Sohn weint.
Wann gehen wir wieder nach Hause?
Was meinst du? Wir wohnen jetzt hier.
Nein, ich will nach Hause.
Wohin?
Er weint.
Ich arbeite mit den Trümmern der Familie. Muss aufkehren, putzen, die Stücke zusammenkleben, einen Ersatz basteln. Schäden sind ununterbrochen zu reparieren. Das Leben zwischen zwei Sprachen wird zum Problem. Der Zwischenraum ist nun gedehnt. Im Aufwachsen haben die Kinder Deutsch an mich gebunden,

Französisch an den Vater. Nun sind die Tage zu Hause mit mir deutsch, die Schulstunden und die Stunden mit dem Vater französisch. Die deutsche Umgebung gewinnt an Macht. Mathe auf Französisch fällt mir nicht leicht. Lila ist ein besseres Chamäleon als mein Sohn.
In der Schule rutschen die Kinder nach einer Trennung meist um zwei, drei Stufen ab, bekennt ein Lehrer.

156

Beim Aufräumen finde ich ein Notizbuch Lilas, aufgeschlagen. Seit einigen Wochen schreibt sie lieber, als dass sie mit mir spricht. Und wenn sie mit mir spricht, kann ich ihr nicht folgen. Abgelenkt von den Lücken, die unser Leben nun enthält.
Ich will das Heft schon schließen und die Tischplatte abwischen, als mir die Worte in rotem Filzstift entgegenspringen.
›Ich schäme mich. Ich will die Klasse nicht wiederholen. Aber ich weiß nicht, wie es weitergehen soll ... Vielleicht sterben? Ich weiß nicht. Weil wenn ich sterbe, verpasse ich vielleicht viele schöne Dinge, aber zumindest hätte ich dann alle meine Probleme hinter mir. Keine Probleme mehr. Aber ich weiß nicht, was nach dem Leben ist. Ein schöneres Leben? Ich weiß, dass ich es gar nicht so schlecht habe. Aber für mich bleibt nur mehr, mich in eine Ecke zu setzen und auf den Tod zu warten. Ich weiß wirklich nicht mehr, was ich machen soll. Und alles ist meine Schuld. Ich weiß, ich lerne nicht genug. Und wenn ich in den Spiegel schaue, möchte ich den am liebsten zerschlagen. Ich hasse mich. Ich mag mich nicht. Ich bin ein Loser, dieses Leben liebt mich nicht. Also wäre es kein großer Verlust, wenn ich sterben würde. Die anderen werden mich vergessen. I wanna die I wanna die I wanna die‹, in Großbuchstaben über mehrere Seiten geschrieben. ›I hate myself.‹
Entsetzt schnappe ich das Heft, sperre es in meinen Schrank, warte ungeduldig, bis Lila nach Hause kommt.
Bitte sie, mir zu erklären, mit mir zu sprechen.

Sie kann nur weinen.
Erneut fürchte ich mich vor Erikas Gedanken an den Tod. Ihre Liebe zum Sterben, ihre stärkste Waffe, ihr Fluch.
›Ich gehe zum Computer, lasse ihn die Diskette auswerfen, auf der meine Vergangenheit gespeichert ist. Und ich lösche die Datei.
Ob ich sicher bin, dass ich das will, fragt die Maschine.
Ja, sicher, hier will ich nicht mehr vorhanden sein. Ich muss hinaus.‹ Ließ ich eine Figur in einem Roman erzählen.
Genau das wünsche sie sich auch. Hatte Erika dazu gemeint.
Wenn es nur so einfach wäre. Seufzte sie.
Ich schleppe die Kinder zur Psychologin. Sie werden getestet, ich fülle Fragebogen aus. Nach wochenlangem Warten werden gravierende Mängel festgestellt. Sie kennen die Worte für Gefühle nicht. Die Psychologin empfiehlt Stabilisierung der familiären Verhältnisse.
Am besten, Sie schauen Fernsehserien. Dasselbe Setting, dieselben Figuren, tagtäglich wiedererkennbar, so was beruhigt. Im Gegensatz zur Bewegung im eigenen Leben rundherum.
Medikamente werden verschrieben, die ich nicht abhole in der Apotheke. Ich wechsle die Psychologin. Meine Kinder sind normal. Sprechen nur die deutsche Sprache nicht so gut wie die deutsch aufgewachsenen Kinder.
Lila wird beim Ladendiebstahl erwischt.
Ich schleppe sie zur Psychologin. Lila heult.
Ich bin nicht verrückt. Wieso glaubst du, dass ich spinne?
Lilas Leistungen in der Schule verschlechtern sich weiter. Mein Sohn schläft nicht alleine. Schläft jede Nacht bei mir.

157

Ich gehe zum Jugendamt, denn ich bekomme vom Vater für die Kinder kein Geld.
Zuerst brauchen Sie einen Titel. Sagt die Frau vom Jugendamt.
Welchen Titel?

Na, dass Sie verantwortlich für die Erziehung sind, dass die Kinder bei Ihnen leben.
Ich fülle Formulare aus.
Und dann?
Treiben wir die Alimente ein. Wir schicken einen Brief, fordern den Vater auf.
Und wenn er behauptet, dass er nichts verdient?
Dann wird das überprüft. Und inzwischen schießt der Staat das Geld vor. Aber nicht unbegrenzt lang.
Was wird überprüft?
Na, von irgendwas muss er ja leben, er bezahlt Miete und so weiter. Das kommt ja von irgendwoher.
Von seinen Eltern.
Was von seinen Eltern kommt, darauf haben Sie keinen Anspruch.
Was soll ich also tun?
Eine Freundin erzählt, wie der Vater ihrer Kinder von Wohnung zu Wohnung zieht, um vor Nachforschungen des Jugendamts sicher zu sein.
Ich erfahre, dass ein Vater seine Steuerangaben fälscht, damit er offiziell nichts verdient.
Ich höre, dass ein Vater seinen Job aufgibt, Arbeitslosengeld und später Sozialhilfe kassiert. Wenn nichts übrig bleibt für die Kinder, muss er nicht zahlen.
Eine Freundin erzählt vom Vater ihres Sohnes, der seit Jahren an der Armutsgrenze lebt, bei einem der seltenen Treffen, die er seinem Sohn gewährt, schenkt er ihm ein Buch über die Segnungen des Fastens: Wie man mit weniger Essen glücklich wird.
Die Rechtsanwältin, die ich wegen der Scheidung aufsuche, erklärt, dass ich nichts erwarten kann.
Nur der Zugewinn wird geteilt. Welchen Betrag soll ich einsetzen in meiner Berechnung?
Es gibt nichts.
Und Immobilien?

Das Sommerhaus, die Wohnung in Wien.
Gehört das ihm?
Nein, seinen Eltern.
Solange das im Besitz der Eltern Ihres Mannes ist, haben Sie darauf keinen Anspruch.
Und Unterhalt?
Na, wenn er selbst nichts verdient?
Nein.
Dann können Sie nichts machen.
Sagt die Rechtsanwältin.
Was soll ich also tun?
Sie könnten selbst um Sozialhilfe ansuchen. Das ist in Ihrem Fall die einzige Möglichkeit. Sagt die Frau vom Jugendamt.
Heulend verlasse ich das Amtsgebäude.
Mein Sohn kriegt keinen Bissen hinunter. Wütend werfe ich den Esstisch um, die Scherben der Teller verfangen sich in den Vorhängen, Glasstücke stecken im Teppichflor, Himbeersaft rinnt die Raufasertapete hinunter. Die Kinder heulen. Ich schäme mich für meinen Zorn. Ich bin wütend, weil ich alleine bin und weil ich es nicht aushalten kann. Ich muss aber. Schließe die Tür hinter mir. Höre trotzdem das Flüstern und Schluchzen der Kinder. Presse mir Kissen auf die Ohren.
Nach einer Stunde komme ich aus dem Zimmer, beginne, die Bescherung fortzuräumen, die Flecken abzuwischen, wickle alle Bruchstücke ins Tischtuch und werfe die Trümmer in den Müll. Der Ausbruch hat mich nicht befreit.

Meine Lungen. Ich spucke Blut.
Meine Haut. Wirft sich auf, rote Flecken, geschwollen, an den Beinen.
Meine Ohren. Stechende Schmerzen.
Meine Mundwinkel. Ständig eingerissen.
Mein Haar. Ich verliere es in Strähnen.
Meine Leber. Voller Narben.
Ich sitze beim Arzt. Er schimpft mich aus.
Wollen Sie krank sein, ja oder nein?
Nein. Nicht wirklich.
Aber?
Ich bin doch krank.
Wer sagt das?
Na, die Ärzte, die anderen.
Was ist los mit Ihnen und Ihrer Mutter?
Wieso? Was hat meine Mutter damit zu tun?
Wollen Sie so wie Ihre Mutter sein? Wollen Sie, dass Ihre Kinder das mitkriegen, was Ihre Mutter Ihnen mitgegeben hat?
Droht er.
Nein. Nein. Auf gar keinen Fall.
Na, dann hören Sie mit diesen Geschichten auf. Lassen Sie Ihre Mutter Mutter sein. Sie sind selbst Mutter und haben Verantwortung für Ihre Kinder.
Ja.
Ich heule.
Lege mich auf die Liege. Der Arzt steckt mir Nadeln in die Ohren, ölt meine Bauchdecke, richtet mir die Knochen, jagt mir Spritzen in den Po, behandelt mich mit erhöhten Dosen einer Substanz, die außer ihm keiner kennt.
Ich glaube ihm.
Kill your mothers. Nur so wirst du gesund.

158

Weiterhin schwelgen wir in dem, was es in Berlin nicht gibt.
Weißt du noch, Seespinnen.
Ja, wir haben mit dem Hammer die Beine aufgeschlagen und das Fleisch herausgesaugt.
Die waren ganz frisch. Haben wir beim Fischer gekauft.
Weißt du noch, Crevetten? Hinter unserem Tisch war das Wasserbecken, sie haben sich an die Glasscheiben geklebt, haben versucht hochzuklettern.
Ja, und dann haben wir sie bestellt.
Und gegessen mit Mayonnaise und frischem Brot.
Weißt du noch der riesige Fisch zu Weihnachten mit Grand-Maman und Grand-Papa?
Ja, ich habe auf dem Fischmarkt mein weißes Plüschkätzchen fallen lassen in den Dreck. Und nach dem Waschen war es nie mehr so weich wie vorher.
Das Kätzchen haben wir am Flughafen in London gekauft, als wir umgestiegen sind: Chicago–London–Lissabon.
Ich hab jetzt Lust auf Marrons Glacés. Das ist das Beste. Auf der ganzen Welt. Warum kann man die hier nicht kaufen?
Kann man, ist aber viel teurer als in Paris.
Oder Reese's Butter Cups.
Nicht für mich.
Papa hat mir immer eins gekauft in Chicago, wenn er getankt hat.
Erdnussbutter ist nicht unbedingt mein Favorit.
Für mich schon.
American Girl.
Meine Lieblingskekse waren die kleinen, runden, mit Peanutbutter gefüllt.

Du hast deinem kleinen Bruder, der gerade sitzen konnte, einen Klaps auf den Hinterkopf gegeben, als er sich eins schnappen wollte. Ich erinnere mich an die Szene im Video.
Ja, der war zu süß.
Ich muss ihn hauen, weil er zu süß ist, hast du gesagt, du warst richtig gemein.
Und was noch? Was fällt dir noch ein?
White Cheddar Cheese Crackers. Ich war süchtig danach.
Ich auch.
Salzig und scharf.
Mama, dürfen wir schauen?
Sie ziehen die dicken Alben aus dem Regal, sitzen auf dem Sofa nebeneinander, betrachten sich als Babys, als lachende, weinende Kleinkinder beim Schwimmen, beim Planschen, beim Schlittenfahren, Schneemannbauen.
Danach wollen sie meine Babyfotos sehen. Ich finde nur eins. Im Laufe der Jahre ist meine Erinnerung von mir selbst als Baby mit den Gesichtszügen Lilas verschmolzen. Als ich auf mein wirkliches Gesicht auf dem Foto blicke, bin ich erstaunt, nicht Lila zu sehen. Ihr Bild beherrscht mein Gedächtnis.

159

Lila erhält eine digitale Kamera von Odette zum zwölften Geburtstag. Sie schließt sich in ihr Zimmer ein, beginnt sich zu erforschen, stundenlang ihr Aussehen in verschiedensten Posen zu fotografieren. Mehrere Schminkstile, wechselnde Frisuren, Konstellationen mit Freundinnen. Sie liegen auf dem Holzboden mit offenen Haaren, wickeln sich in Handtücher, zeigen ihre Beine, schmiegen sich aneinander, fotografieren sich beim Schlafen, vor dem Einschlafen, beim Aufstehen, vor den Plakaten in ihren Zimmern mit Idolen, die sich ständig ändern, lassen lange Haarsträhnen ins Gesicht fallen, nehmen sich gegenseitig beim Headbanging auf, beim Wild-auf-dem-Sofa-Herumtanzen, strecken ihre Zungen heraus, halten sich Weißbrot vor die Augen, binden sich Masken um, formen ihre Lippen zu Schmollmündern, bilden ihre Turnschuhe ab, vergleichen Marken. Sie probieren ihre Körper aus, können auf diese Weise ihr Aussehen kontrollieren. Lila löscht gar nichts. Keine einzige Aufnahme. Meine Festplatte wird mit Tausenden von Lilas überschwemmt. Sie fotografiert sich ins Frausein hinein. So, als würde sie ohne die Tausenden Bilder von sich selbst gar nicht existieren. Als würde sie nichts gelten ohne diese Bestätigung.

Und wichtiger als die Eltern werden ohnehin die Freundinnen und die Stars.

Aber wieso die Stars? Was magst du an denen?

Die Stars, die Stars sind ... lieb.

Ich starre sie an.

Lila lächelt verlegen.

Glaube ich zumindest.

Ihre echte Familie setzt sich zusammen aus Kate, Amy, Larissa, aus Lara, Farah, Malika. Das echte Zuhause heißt MySpace, Facebook, MSN. Das sind Lilas Räume.

Die passenden Augenbrauenmuster findet Lila in Zeitschriften, die angesagten Lidschattenfarben im Internet, die garantiert wirkenden Diätvorschriften in endlosen Gesprächen mit Freundinnen. Sie lernt, ihr Aussehen streng zu kritisieren. Die Bilder aus den Magazinen nimmt sie ernst. Im Gegensatz zu mir. Es geht ums Aussehen. Der Körper muss passen.

Nicht Odette und Toinette oder ich, nicht Hanna oder Martha oder Erika geben die Bilder vor, sondern Heidi. Die Formen ihres Körpers richtet meine Tochter nach *Germany's next Topmodel* aus, nach Mädchen, die sich messen lassen und beurteilen, die sich durchstreiten.

Ich habe leider kein Foto.

Später, als Lila älter wird, werden die Aufnahmen aus den Klubs, in denen sich die Freundinnen treffen, wichtiger, Aufnahmen in Gruppen. Wer mit wem wie posiert. Fragmente eines Abends, Ausschnitte von Lippen, Fingern, Knien, T-Shirt-Rücken, Wodkaflaschen, Bierpullen fest in Händen, Haar neben Haar neben Haar, ineinander.

160

Mama, du musst.
Also ich wollte eigentlich ...
Du bist langweilig. Schau, ich gehe extra nicht aus deswegen, Farah auch nicht.
Lila läuft zum Computer, prüft die kleinen, roten Rechtecke mit den Zahlen darin, ihre Nachrichten, tippt kurz Antworten, dreht sich nach mir um, die ich in Richtung Zimmer schleichen will.
Lila: Nein, Mama, du kommst sofort her. Es fängt gleich an.
Sie verlangt, dass ich Fernsehen schaue mit ihr. Will meine Teilnahme. Beim wichtigsten Event.
Ich: Aber warum?
Lila: Man kann sich so gut lustig machen, keine Ahnung.
Und gleichzeitig kontrollieren, welchen Wert mein Körper im Vergleich einnimmt. Denke ich heimlich.
Ich: Sind die jetzt anders als ihr?
Lila: Na ja, wenn sie sich für so was hergeben. Wenn sie so blöd sind zu glauben, dass das was bringt.
Wir betrachten blutige Fersen von jungen Frauen, die sich in zu enge Schuhe quälen, darin auf und ab laufen, gezwungen dazu, schön zu sein.
Lila: Schönheit muss leiden. Sagt die Grand-Maman.
Wir betrachten dreimal wiederholte Stürze mit hohen Absätzen. Lachen uns über verrutschte Kleider krumm.
Und dann fangen wir an:
Lila: Ich hasse ihren breiten Mund. Die suchen immer Mädchen mit zu breitem Mund aus.
Ich: Wie findest du die?
Lila: Na, die typische Deutsche. Müssen immer blond sein.
Exotische Mädchen gibt es häufig, schwärmt ein Juror.
Ich: Die sind doch nicht exotisch. Das sind Deutsche.

Lila: Na ja, er meint die Hautfarbe. Die ist ja nicht typisch deutsch.
Ich: Warum, die sind hier geboren, ihre Eltern auch.
Der Juror lässt den Ausdruck ›ethnic background‹ fallen.
Fügt hinzu: Wie man in New York so sagt.
Ich: Warum existiert im Deutschen dafür kein Wort?
Lila schürzt die Lippen, runzelt die Stirn, blickt zu mir herüber, missbilligend, weil nun die Werbung kommt.
Lila: Ich muss echt Diät machen.
Ich: Hör auf!
Lila: Ja, meine Oberschenkel und meine Schultern, die sind zu breit.
Ich: Hör auf! Du bist damit geboren.
Lila: Ich würde mir sogar das Fett absaugen lassen, damit ich hier dünner bin.
Sie haut mit der Handkante gegen die mit grauem Jeansstoff bedeckten Beine.
Ich: Wehe. Und wie willst du deine Schultern absaugen lassen?
Lila: Vielleicht könnte ich sie abtrainieren.
Ich schürze meine Lippen, runzele die Stirn. Missbilligend.
Ich: Wenn du nicht aufhörst, schalte ich das Fernsehen aus.
Lila kreischt: Nein, ich bin schon still.
Die Mädchen tauchen wieder auf. Wir beginnen, die Stimme der Jurorin zu imitieren.
Ich: Die quakt.
Lila: Ja, aber ihr Körper ist wirklich schön.
Ich: Deiner auch.
Lila: Die da mag ich nicht, die ist voll proll.
Ich: Woran erkennst du das?
Lila: Na, da gibt es solche, so wie die sich ihre Haare richten und die Augenbrauen nur zu einem Strich zupfen.
Ich: Wie? Ist das der Unterschied zu deinen Freundinnen und dir?
Lila: Na, auch wie die sich anziehen. So, so schlechter Geschmack.
Ich: Wie genau?

Lila: Ja, die Jalla-Mädchen, die toupieren ihre Haare so hoch und tragen dick Schminke auf, die haben meist schöne Augen, auch wenn sie zu viel Klimper Klimper tragen.
Ich: Aha.
Lila: Ja, die Jallas haben schöne, glänzende Haare.
Ich: Wie du auch.
Lila (verächtlich): Hm. Das ist nichts dagegen.
Ich: Also was ist proll?
Lila: Schlechte Kleidung, billiges Zeug, Hurenschuhe.
Ich: Oh Gott, die ist so arrogant. Immer zieht sie eine Ecke ihres Mundes hoch beim Reden. Glaubt sich verführerisch!
Lila: Immerhin, sie fährt Motorrad. Andererseits, dieses Motorrad ist nichts Besonderes. Harley wäre besser.
Das Mädchen im Fernsehen: Und wenn es hier nicht klappt, dann schlaf ich mich halt hoch. Lacht.
Ich will das nicht hören, will nicht, dass meine Tochter davon erfährt. Die Nächste kommt ins Bild.
Ich: Und die?
Lila: Die finde ich süß. Du nicht? Ich mag die.
Ich: Na ja. Die kann sich nicht gut bewegen.
Das nächste Mädchen im Fernsehen: Ich bin nicht nur schön, sondern ich hab dazu Köpfchen.
Ich: Iiiih!
Lila: Puh! Die wird's nicht weit bringen.
Das Mädchen im Fernsehen: Ich habe eben meine eigene Meinung.
Lila: So was hat sich noch keine getraut.
Ich: Vielleicht behalten sie sie trotzdem. Die nehmen gerne Zicken, damit es Zoff gibt. Sonst ist das alles ja viel zu langweilig.
Lila: Genau! Die wird nicht rausfliegen. Kannst du dich an Giselle erinnern?
Ich: Nein.
Lila: Oder an Mandy?
Ich: Nein.

Lila (kreischt): Ah, da ist er endlich. Der Catwalk-Trainer.
Ich: Wer?
Lila: Der ist so lustig.
Der Mann im Fernsehen läuft auf zwanzig Zentimeter hohen Stöckeln über einen schmalen Steg, Hüften schwenkend.
Lila: Und weißt du nicht mehr, letztes Mal bei der Show, da ist er ausgerutscht. Und hat so gemacht.
Sie wirft einen Arm hoch, reckt ihren Oberkörper, lächelt.
Werbung kommt und Wimpern müssen verlängert werden, mit hundert Bürstenstrichen das Haar geglänzt und bunte Pumps müssen gekauft werden und wie wahnsinnig duftende Parfums ziehen die Männer in Schwärmen herbei und in fruchtige Getränke wird Whiskey geschüttet und haarige Beine müssen rasiert und gecremt werden und kleine Bäuchlein müssen abtrainiert werden, abgehungert, mit Schlankheitsdrinks abgetrunken werden und Spaß muss sein und das lange, dichte, volumenverstärkte Haar wird um den Kopf geschwungen, nach vorne geworfen, nach hinten gestreckt.
Die Mädchen gehen voll ab. Sagt die Jurorin im Fernsehen.
Ich habe leider kein Foto.

161

Sonntags decken wir uns auf dem Flohmarkt ein. Bei jedem zweiten Schritt schlägt Lilas Tasche gegen meine Hüfte, ich wechsle die Seite, stoße mit einem Pärchen zusammen, beide mit riesigen Sonnenbrillen und ernstem Gesichtsausdruck, es ist der erste Sommertag in Berlin, die Wärme treibt uns vors Haus, so wie alle anderen, dicht an dicht, Gruppen von jungen, leicht gekleideten Menschen.
Die Tochter sieht aus wie die Mutter.
Und die Mutter sieht aus wie die Tochter.
Schreit uns einer entgegen. Nebeneinander drängen wir uns durch die Massen sonnenerregter Sonntagsspazierer, arbeiten uns bis

zum Eingang des Flohmarkts vor. Lila folgt dicht hinter mir, ungeduldig beschleunige ich meine Schritte, überhole zwei Freundinnen im Schlendergang. Lila bleibt stehen, betastet eine muffige Ledertasche, geprägtes Plastik, verrosteter Verschluss. Sie streicht mit den Handflächen über jahrzehntelang hinter Nylonhüllen versteckte Pelzmäntel, schnuppert an russischen Mützen, nestelt an weiten, verstaubten Trenchcoats, prüft kariertes Innenfutter, hält sich Modeschmuck aus Bakelit ans Ohr. Greift zielsicher in die Wühlkiste, zupft an einem Oberteil aus schwarzer Spitze, probiert die violette Lederjacke mit weiten Ärmeln an. Siebzigerjahre-Zeug, Achtzigerjahre-Karottenhosen in Karottenfarben. Was meiner Tochter heute gefällt, habe ich mich damals geweigert zu tragen. Was sie heute schön findet aus dieser Zeit, war das, was ich verachtete. Was sie cool findet, war die Hässlichkeit, die ich vermeiden wollte, als ich so jung war wie sie.

162

Als ich so jung war wie sie, habe ich auf Flohmärkten nach Kleidung aus den Fünfzigerjahren gesucht. Das, was meine Mutter als junge Frau trug und nun nicht mehr sehen wollte, eine Erinnerung an ihr früheres Leben. Der Flohmarkt wurde meine Garderobe, meine Flucht aus den von Erika für mich genähten Kleidern. Ihre Ideen wollte ich nicht auftragen, ihr Bild von mir. Lieber als Fetzenkönigin, Dahergelaufene, Zigeunerin verabscheut sein.
Während der Schwangerschaft und nach der Geburt war dann Schluss mit komplizierten Kleidungsstücken und Miniröcken, kunstvoll geschlungenen Schals, dünnen Stöckeln, mit der ganzen Maskerade. Nun war alles bequem, praktisch, gut waschbar: T-Shirt, Jeans, Turnschuhe und Männerjacketts, schön weit.
Hey, you look like a boy.
Riefen die Männer auf der Straße. Frech.
Why are you wearing a man's jacket?
Unter einem Sakko konnte ich bequem schwanger sein.

Als Mädchen stolziert Lila an Wochenenden, wenn sie keine Schuluniform braucht, in den von Erika entworfenen Kleidern herum. Gestreifte Glockenhosen, silbrig glänzende Blusen, Kleider aus türkisem Samt mit Spitzenkragen, gerüschter Partyfummel aus Seide. Lila ist der Star unter ihren Freundinnen. Erika näht in ihrem Keller Hüte, Wintermäntel aus Vlies, stattet Lila aus, verzichtet auf das Frühstück, das Mittagessen und das Abendbrot, um rechtzeitig fertig zu sein, bis wir kommen. Im Sommer zu Besuch aus Amerika. Meine Mutter wird immer dünner. Serviert Schweinsbraten, Salat aus selbst gezogenen Fisolen. Nimmt nur ein paar Bissen, beobachtet uns beim Essen, schenkt Saft nach und Most. Lädt jedem zwei Stück Kuchen auf den Teller. Eiskrem. Danach Obst, selbst gezogen, selbst gepflückt. Sie isst nie mit uns.

163

Ich halte Abstand zur Gegend meiner Kindheit. Nie werde ich beruhigt zurückkehren können. Irgendetwas Schlimmes wird immer vor mir da sein und auf mich warten.

Der Bahnübergang verläuft inzwischen unter den Gleisen. Das Kindheitshaus ist nun Namensträger auch für die Häuser daneben, für die Bauten auf mit Rasenflächen versehenen Grundstücken, die Großmutter Hanna an ihre Kinder verschenkte. Das Bauernhaus pflanzte sich fort. Die Häuser rundum werden unter seinem Namen eingetragen. Etwas, das Erika nicht gefällt. Jeder, dem sie ihre Adresse nennt, weiß, dass sie von daher kommt, aus der Gegend mit dem Fluch.

Ich zögere, bevor ich den Hausnamen ausspreche, in ein Mikrophon hinein. Die Laute fühlen sich noch immer schlecht in meinem Mund an. Ich nenne ihn nur, weil die Sendung live ist und ich gelernt habe, dass eine leere Stelle im Interview vermieden werden muss. Verzichte auf Dialekt. Sobald die runden Laute über meine Zunge rollen, stelle ich mich automatisch um. Meine Sprache wird weicher, zwielautiger, verdorbener. Das wurde mir in der Schule gleich zu Anfang beigebracht. Ich muss schön sprechen, beginne als Kind bereits zu übersetzen: Worte, die aus meinem Mund kommen wollen, passe ich in ein festeres Kleid, Hochdeutsch. Damit ich eines Tages überall verstanden werde, nicht nur im Dorf, nicht nur im Haus.

Die Sprache meiner Kindheit verlerne ich nach und nach, um die gezogene, nasale Wienersprache zu lernen. Vermische sie später mit Anweisungen der Berlinersprache, mehr Härte, mehr Nachdruck, weniger Gesang. Für die zugezogenen Berliner klinge ich nach Schweiz. Sie werden fuchtig, wenn ich beginne, Dialekträume zu erklären, bairisch, alemannisch, wollen die Unterschiede nicht hören, wollen hören, dass sie recht haben, wenn sie sagen, dass

ich Schweizerin bin. Irgendwie eine, die richtiges Deutsch nicht beherrscht. Weil sie versucht, wie eine andere zu klingen. Das ist der einzige Eindruck, der bleibt, nach dem Portugiesisieren meiner Aussprache, nach dem Amerikanisieren, bleibt ein Gemisch.
Du österreicherst wieder, heißt es, wenn ich nach ein paar Tagen zurückkomme aus Wien.
Ach, Sie sind gar keine Deutsche, heißt es in Wien.

164

Wir gestalten ein Porträt, ausgehend von Ihrem Kindheitshaus. Erklärt der Redakteur.
Der Kameramann baut sein Gerät an der jahrhundertealten Eiche auf. Zoomt den Bauernhof heran.
Alles andere wäre ein Einbruch in die Privatsphäre, meint Erika. Wenn das Kamerateam zu nahe ans Haus kommt. Hier leben schließlich Leute.
Da wohnen meine Cousins, die ich nur als Kleinkinder kannte. Obwohl sie Frauen und Kinder haben, füllen sie das Haus nur zu einem Drittel, ohne Mieter, ohne Tiere.
Ich schaue durch das Objektiv der Kamera.
Das Fenster hinten, mit dem Blick über die Brücke, an dem ich als Kind saß, um schreiben zu lernen, an dem Hanna saß, auf Posten, um die Zu- und Abfahrten der Autos zu kontrollieren, ist vermauert. Die mit Ziegeln gefüllte Öffnung ist zu erkennen. Weiße Plastikstühle stehen auf der gerodeten Wiese, kein Zwetschkenbaum, kein Birnenbaum, kein Schattenspender, kein Schatz für Mundräuberinnen, alles geräumt. Ein Stapel Holzbretter, dort, wo ich mit meinem Großvater Reisig schnitt. Bloß ein Sandhaufen ragt auf, vergessene Plastikschaufeln, Plastikbagger, Plastikkübel, Tupperwaredeckel.

165

Ich posiere an der großen Eiche. Stecke meine Nase nah an die Hollerblüten, rieche. Meine Nasenlöcher erscheinen im Bild riesengroß, dunkle Höhlen, an deren Riechhaaren sich die Düfte fangen. Holunder wächst auf Böschungen, Brachen, Parkplätzen, unreinen Orten, eine Beere für Arme, die keinen Garten haben. Die kleinen Früchte stecken fest an den fingerartigen grünen Stängeln, man muss fest dran ziehen, bis sie abgehen und in die Plastikschüssel tröpfeln. Sie färben die Fingerkuppen, die Haut unter den Nägeln schwarz.
Die Nasenhöhlen verschwimmen, verschwinden aus dem Vordergrund. Nun wird das Haus herangezoomt, es schweigt. Kein Mensch ist zu sehen, keine Bewegung, bis auf die riesige blaue Plane auf dem Trockengestell, die sanft knattert im Wind.
Die Kamera fängt mich neuerlich ein: Frau, Baumstamm, Haus im Hintergrund, ein Zug fährt durchs Bild, von dem mein Vater die Betriebsnummer kennt. Seine Tage sind nach ihren Fahrzeiten geteilt, er kann kaum mehr schlafen, kennt alle Züge auswendig, die Lokomotivtypen und ihre Macken, durchschnittliche Ausfallsquoten, spezifische Anfälligkeit, kennt die Dienstnummern aller Angestellten, obwohl er seit Jahren pensioniert ist. Das Nummernrattern und Bescheidwissen hört mit dem Alter nicht auf.
Später wird mir übel genommen, dass der Name des Hauses, transportiert durch meine Stimme, aus dem Radio kommt. Die Nennung des Hausnamens ist bereits zu viel. Keiner will, dass ich ausspreche, was ich als Kind dort erfuhr.
Eine Beleidigung für die Bewohner. Nestbeschmutzung, fürchtet Erika.

Nachts rütteln und rasen die beschleunigten Züge neben dem Ehebett und Erika schreckt auf. Neben ihr wälzt sich der Körper des Mannes. Ein schlechter Schläfer.
Sie hält den Atem an, um ihn nicht zu wecken, wartet den nächsten Zug ab, dessen Lärm das Schlafzimmer füllt, dreht sich zur Seite, schleicht die Treppen hinunter. Seit Erika nicht mehr wandern kann, wandern die Gedanken wie wild in ihrem Körper herum. Sie klappt die linke Tür des Wohnzimmerschrankes herunter, die ihr als Schreibtisch dient, sitzt auf den gepolsterten Lehnen der Sitzgarnitur und beginnt zu notieren. Ihr Geheimnis. Immer schon hatte sie davon geträumt. Sich in den Büchern übers Sterben gefunden.
Ihre Finger sind steif. Der Garten, der Abwasch, das Stricken, das Nähen forderten einen Abschlag an Geschmeidigkeit. Das Fädeln ist vorbei. Sie drückt den Stift fest auf. Kugelschreiber. Ihr bevorzugtes Gerät. Sechs Stück zu einem Euro neunundneunzig. Kein Bleistift. Muss man spitzen und macht Dreck. Keine Füllfeder. Unpraktisch, gibt Flecken. Filzstift ist ausschließlich zum Malen. Die Schreibmaschine gehorcht ihr nicht mehr.
Sie schreibt.
›Als Musik scheint Schubert passend. Am besten eine Stelle aus *Der Tod und das Mädchen*.‹
Sie überlegt.
›Keine Blumen, das wäre Verschwendung, lieber Spenden an die Kirche.‹
Sie skizziert die Benachrichtigung auf kariertem Papier.
Seite 1: Das Bild vom Kreuzweg. Bitte Rechte klären.
Seite 2: Persönliche Daten.
Seite 3: Foto (Siehe Beilage). Darüber ›In Hoffnung auf Erlösung‹.
Seite 4: Bleibt frei.
Schrift Times Roman. Der Spruch in kursiv.

›Folgende Personen sind zu informieren:‹ Sie kramt in ihren Notizen nach Adressen. Ihre Finger sind müde, beginnen zu zittern.
Erika schiebt die Papiere unter einen Stapel von Dokumenten und schließt die Tür des Wandschranks. Es ist vier Uhr früh.
Sie schlurft in die Küche, setzt Kartoffeln auf, sucht nach Rahm, rührt eine Sauce. Schält die gekochten Kartoffeln, drückt sie durch eine Reibe. Mischt die gelbe Masse mit Mehl und Ei. Noch gehorchen die Finger. Doch als der Teig zu kneten ist, geben sie auf. Erika heult.
Keine Kraft mehr in den Fingern. Keine Kraft mehr in den Beinen. Sie wiegt nur mehr vierzig Kilo. Nähert sich der Null. Nimmt immer weniger Raum ein in dieser Welt.

166

Was ist Bullerbü?
Bullerbü ist ein Ort, an dem Kinder in der Mehrzahl sind. Bullerbü ist vielleicht die Familie meiner Tante, Schwester meiner Mutter, sechs Kinder. Ich liege nachts wach in diesem Haus, die Lichter vorbeifahrender Autos werfen Flecken auf die Wände des Kinderzimmers, das aus drei Stockbetten besteht. Kann nicht einschlafen. Bin nur gegen den Bahnlärm hinter unserem Haus immun, nicht gegen die Autos.
In Bullerbü übernehmen Kinder Verantwortung, passen gegenseitig auf sich auf, machen Streiche, meinen es immer gut. Wenn sie streiten, dann nur, um sich sofort wieder zu versöhnen.
In Bullerbü dauern die Ferien ewig lange. Als Kinder lesen wir Bullerbü in Büchern und vergleichen. Nie ist unser eigenes Leben so lustig, so lieb, so rund, so warm.
Bullerbü ist die Erfindung einer Frau, die mit achtzehn Jahren schwanger wurde, das Kind heimlich gebar und sich weigerte, den Vater des Babys zu heiraten. Der Sohn musste in ein Heim. Die Mutter heiratete später einen anderen als den Kindsvater und holte den Sohn zu sich zurück. Eine zusammengesetzte Familie.
Bullerbü ist eigentlich Saltkrokan. Diese Insel ist das beste Leben, das ich mir nur vorstellen kann als Kind. Wir sitzen vor dem Schwarz-Weiß-Fernseher, kriechen in diese Welt, fühlen uns wohl, krallen uns fest, vergebens. Das Ende kommt. Nirgendwo ist die Sonne so schön wie auf Saltkrokan.
Bullerbü ist ein Traum, der nur meinem Bruder gelingt. Das Bauernhaus hat er eigenhändig umgebaut. Er füllt es mit kleinen Kindern. Ihr Geschrei vertreibt den Tod. Seine Nachkommen sind klüger als alle zuvor.

167

Als er mit seiner Frau für ein paar Tage verreist, übernehme ich mit zwei anderen Müttern die Betreuung der Kinder. Wir sitzen vor dem Haus auf der Terrasse, neben dem Kirschenbaum. Sieben Kinder, fünf kleine, zwei Teenager, halten uns auf Trab.

Kaum gießt eine von uns Kaffee in ihre Tasse, greift nach der Milch, wird sie unterbrochen von schrecklichem Geheul. Ein Junge ist die Treppe hinuntergefallen, hat sich ein Loch in den Kopf geschlagen. Schnell, Arnika. Kügelchen, Tropfen, Wundverband. Wo ist die Notfallapotheke?

Beruhigung verabreicht, Blutung versorgt, als das nächste Schreien erklingt. Der Jüngste folgt seinem Bruder, will nachvollziehen, sein Vorbild kopieren, poltert genauso die Treppe hinunter, Blut tropft von seinem Kinn.

Der Kaffee in der Tasse wird kalt.

Treppenfallen – eine Familientradition. Mein Bruder hatte diesen Sport betrieben im Kindheitshaus. Allwöchentlich schlug er sich die Narbe am Kinn erneut auf.

Mein Sohn sitzt unter den Kirschen. Eine Schaukel nach der anderen hängt vom stärksten Ast des Baums. Ein Kindertraum. Er hockt zwischen den Katzen, kommt mit dem Streicheln kaum nach. Versucht, Ordnung in die Tiere zu bringen, die sich um die Futternäpfe drängen.

Alles, was wir nicht aufessen können, kriegen die Katzen. Und nur während sie fressen, halten sie still, geben sich zum Streicheln her. Danach sind sie unterwegs, streunen von einem Futtertopf zum nächsten. Gehören niemandem.

Die schwarze mit den Flecken vorne, das ist die Mutter von der gestreiften. Und der kleine, braune ist das Geschwisterkind.

Sagt mein Sohn, gestaltet eine Familie.

Stimmt nicht, die ganz schwarze Katze, die Black Blödheit, ist die Mutter, schreit Lila.

Als die Schüsseln leer gefressen sind, löst sich das Knäuel aus Fell wieder auf, stiebt in alle Richtungen davon.

168

Eine Spinne spannt glitzernde Fäden vorm weit geöffneten Scheunentor und ich rufe die Kinder herbei. Das Tier saust über den Umriss des Netzes, produziert Reihe um Reihe.
Siehst du, wie der Faden sich in genau gleichen Abständen übers Netz legt?
C'est trop stylé, die weiße Spinne bei der Arbeit.
Sie baut das perfekte Traumhaus.
Schaut gruselig aus.
Da glaubt man, es ist ein Unfall, dass das eine kaputte vitre von einem Auto ist.
Genau.
Plötzlich hält die Spinne an. Eine kleine Fliege hat sich in den äußeren Kreisen verfangen, bringt die straffe Ordnung durcheinander.
Warum macht sie nicht weiter?
Da war ein Fehler, den wird sie korrigieren.
Vielleicht frisst sie?
Sie muss den Faden besser anspannen, er hängt durch.
Die ist ja stark.
Sie überlegt, wie es weitergeht.
Nein, die macht Pause, für ein Mittagessen.
Im Zentrum bleibt die Spinne stehen, inmitten ihres Werkes.
Stopp den Film.
Wer geht Milch holen vom Bauern?
Alle.
Wir suchen Schuhe für die Kinder, machen uns auf den Weg. Lila schiebt den Kinderwagen mit dem Kleinen. Sein Kinn notdürftig verklebt.
Beim Bauern kreischen die Schweine. Lila weigert sich, die Babys zu sehen.

Die stinken. Und meine Haare nehmen den Geruch an. Ich muss mich schützen.
Alle anderen laufen in den Stall, ungeachtet der Fliegen, stapfen durch den Geruch aus Exkrementen, Heu, Pisse und Tier, die Frischlinge, nicht größer als ein Laib Brot, drängen sich um die Zitzen der Muttersau.
Milch spritzt in die mitgebrachten Plastikbehälter, als ich den Hahn des Tanks zur Seite ziehe. Der Verschluss lässt sich nicht einfach zurückdrehen, zischend trifft der Strahl auf meine nackten Zehen und Beton. Mein kleiner Neffe muss mir zeigen, wie man den Griff richtig bedient.
Danke. Und jetzt Abmarsch.
Lila prescht mit dem Kinderwagen vor, vergisst, den Kleinsten anzuschnallen, der sich aufrichtet, nach seinem Bruder greifen will, der neben ihm läuft, und stürzt, kopfüber auf den Asphalt. Schreit.

169

Oft sind wir zu spät. Verlangsamte Reaktion. Beobachten, wie die Stirn des Kinds rasch anschwillt, haben kein Gegenmittel zur Hand. Eine läuft heim, kommt zurück mit Arnika, Alkohol, Notversorgung am Rand der Straße. Der Kleine hat zu weinen aufgehört.
Zu Hause werden die Flaschen bereitet fürs Einschlafritual. Fünf Milchflaschen, fünf Sauger, fünf Zahnbürsten, die Teenager helfen, haben die größere Geduld, lesen den Kleinen vor. Später, als alle schlafen, kriecht Lila in meine Nähe.
Mama, sag mir, wie das war.
Was?
Na, ich hab gehört, dass sich in der Scheune einer umgebracht hat. Aufgehängt. War das da hinten, wo jetzt die Maschinen drinnen sind und die alten Möbel?
Aber das ist schon lange her.
Ich hab dort was entdeckt.

Was?
Komm mit.
Nein, es ist schon zu dunkel.
Bitte Mama. Mit der Taschenlampe.
Na gut.
Sie beleuchtet die Sprossen der Leiter, während ich klettere. Oben richtet sie den Lichtstrahl auf die alten Balken. Sie zeigt mir eine Schrift, altdeutsche Buchstaben, ein paar Jahreszahlen.
Was bedeutet das, Mama? Glaubst du, dass der Mann das geschrieben hat?
Ich weiß nicht. Will nichts davon wissen.
Warum?
Warum was?
Warum hat er das getan? Warum hat er sich selbst getötet?
Er war nicht zufrieden mit seinem Leben. Enttäuscht. Verzweifelt.
Lila schweigt.
In den Bullerbü-Büchern fehlen Anweisungen für eine derartige Situation. Tod ist in ihnen nicht vorgesehen. Höchstens eine kurzzeitige Gefahr für die Kinder, die zur Spannung beiträgt, sich aber rasch löst.
Ich nehme Lila am Arm.
Hast du nun genug?
Ich wollte ja nur fragen, ob du diese Worte lesen kannst.
Ist schon gut. Komm, wir gehen.
Ich will weg von hier. Will nicht, dass meine Tochter zu viel davon weiß. Sie soll nichts erfahren vom Scheitern. Aber es ist zu spät. Ich selbst habe sie in dieses Haus gebracht. Eine Familiensache.
Mama?
Ja?
Lila klettert vorsichtig im Schein der Taschenlampe die Leiter hinunter.
Darf ich morgen einen Kuchen backen?
Bittet sie, als sie die unterste Sprosse erreicht.

Schokolade und moelleux muss er sein.
Sicher.
Wir treten in den Hof, hören ein Kind schreien, laufen die Treppen hoch ins Haus, um es zu beruhigen.

170

In Bullerbü ist ständig etwas los: Black Blödheit und ihre Kinder schleppen Teile von toten Mäusekörpern vors Haus. Wir errichten einen Mäusefriedhof hinten am Bahndamm, sammeln frische Brombeeren am Morgen, der Hahn dreht durch, attackiert meinen Sohn, wir verzichten auf die Eier, spritzen an heißen Tagen die Kinder mit dem Gartenschlauch ab, finden einen platt gefahrenen Hasen auf der Straße, die Kinder beginnen zu kotzen, einer nach dem anderen spucken sie unverdaute Hollerbeeren aus, stehlen Tomaten vom Nachbarhaus, Wurfwettbewerbe mit unessbaren Äpfeln, wer schafft es bis auf den Giebel des Scheunendachs, aufgeregtes Klopfen am Fenster eines Morgens, ein angefahrenes Reh im Maisfeld, wir rufen den Jäger, der es erschießt, Mitgefühl und Abenteuer und Horror, Black Blödheit verschwindet, ihre Kinder, allein gelassen, werden von den stärkeren Katzen am Futternapf verdrängt. Vergeblich versucht mein Sohn, die Hackordnung zu verändern.
Wahrscheinlich ist sie in den Wald. Und einem Jäger vors Gewehr.
Nein.
Doch, Lila beharrt.
Sie war eben blöd.
Blöd, aber so ein weiches Fell.
Das reicht nicht zum Überleben.
Lila hat in Bullerbü dazugelernt.
Wir wandern zum Indianerspielplatz mit Indianerzelten und Indianerlagerfeuern, für die wir Holz sammeln müssen und Würste auf Stecken ziehen, um sie zu braten. Vor den Zelten stehen Fahrräder und Kinderwagen geparkt, Mütter, die Feuer machen, wir

finden keine Indianer hier und auch keine Väter. Es ist ein Frauendorf mit Kindern. Unsere Würste sind verbrannt.

171

Nur mehr durch einen Klick bin ich von meiner ersten besten Freundin entfernt. Drückte ich auf die grün gekennzeichnete Mail-Adresse, könnte ich vierzig Jahre Trennung überwinden. Aber will ich ihre glatte, gebräunte Haut, ihren leichten Silberblick, ihre dichte, dunkle Haarmähne durch das Bild eines Menschen ersetzen, der im Schnelldurchgang zur Frau wurde? Aufgewachsen ohne Mutter, Heirat mit sechzehn, ein Baby. Um den Hilfspriester, den sie dazu verführte, habe ich sie nie beneidet. Sie war die erste meines Alters, die einen Weg beschritt, den ich beschlossen hatte, nie zu gehen. Nur keine Kinder kriegen. Das war das Schlimmste.
Ich blicke auf die Webseite des Bauernhofes, wo die frühere Freundin nun arbeitet, derselbe, auf dem Martha, meine Großmutter, Köchin war. Heute sind die Behinderten verschwunden, keine Invaliden mehr, wie man sie früher nannte.
Was ist das, Invaliden? Fragte ich Erika.
Menschen, denen etwas fehlt. Die nicht allein leben können.
Warum nicht mit ihrer Familie?
Das ist kompliziert.
Dass invalid auch bedeutete ohne Wert, nicht funktionierend, habe ich als Kind nicht gewusst, aber gespürt, wenn andere dieses Wort gebrauchten.
Heute ist der Hof ein Unternehmen zur Schulung von Menschen mit erhöhtem Förderbedarf. Die Rehabilitanden sind mit Vor- und Zunamen erwähnt. Ihre Arbeitsinhalte und Arbeitsbedingungen orientieren sich am Normalisierungsprinzip. Lese ich.
Ich könnte Produkte erwerben, Vogelhäuschen, Holzbirnen, Schaukelpferde, Holztore nach Maß, Zäune und Balkone, die sie produzieren.

172

Längst wird hier nicht mehr gewebt, werden nicht mehr alte Kleider, Vorhangstoffe, Handtücher in Streifen zerschnitten und auf Knäuel gewickelt. Wenn die Kleider nicht mehr zu reparieren waren, nicht mehr zu stopfen und umzunähen, dann wurden sie verwebt. Der einst körpernahe Stoff wurde zu Boden gezwungen und mit Füßen getreten. Schützte vor der Steinkälte im Haus. Ich mochte keine Flickenteppiche, ekelte mich. Stellte mir zu Läufern verwebte Unterhosen vor, alte Männersocken, unappetitliche Flanellhemden, die immerblauen Schürzen der Frauen. Ich fürchtete mich und versuchte, eine Berührung zu vermeiden, wenn sie auf den zugigen Gängen der Bauernhöfe lagen oder vor den schweren Bettenaufbauten aus dunkel gestrichenem Holz. Keiner besaß andere Teppiche. Keine Wolle, keine Seide, kein kunstvolles Muster, keine flinken Finger am Webstuhl, die Schmuckstücke für Reiche erfinden. Nur alte Ordnungen auseinandergerissen und neue daraus reproduziert.
Statt Flickenteppichen könnte ich heute Lungenbraten kaufen, Beiried, Schermrippe, Sulz, Surkarree, Lumpenstrudel, Cabanossi, Räßkäse, Kokoskuppeln. Mich vollfressen und das Gruseln vergessen. Vor diesem Haus sitzen, auf einer von den Rehabilitanden gezimmerten Bank, Most trinken und hinüberschauen zu dem Haus, in dem ich aufwuchs, könnte die düstere Wolke betrachten, die über ihm steht und sich nicht auflösen lässt, weil das Gebäude eingesperrt ist zwischen den Straßen, dem Fluss und der Bahn.

173

Mein Bruder und ich vergleichen Erinnerungen an den Invalidenhof. Ich darf zuerst:
Wir waren aufgewacht, gerufen von den Eltern, es war Nacht und die dichten Gardinen waren zurückgeschoben. Wie auf einer Bühne sahen wir ihn brennen. Lichterloh.

Nein, sagt mein Bruder: Wir waren noch nicht im Bett, denn es war Besuch da, ein Onkel. Es roch nach Rauch. Wegen dem vielen Heu fürs Vieh.

Sie konnten sich alle retten.

Aha.

Und dann war die Verfolgungsjagd der Polizei.

Fährt mein Bruder fort.

Was?

Ja, oben an der Kuppe des Hügels stand die ganze Zeit über, als unten die Zerstörung tobte, im Feuerschein ein Mann und betrachtete das Geschehen.

Der Brandstifter.

Haben sie geglaubt.

Sie kreisten ihn ein, nahmen ihn fest.

Ein Feuerwehrmann? Die lieben das Feuer so sehr, dass sie es manchmal selbst legen.

Aber er war's nicht.

Sie wollten einen Sündenbock.

Und am nächsten Tag die schwarzen Ruinen, der verklebte Löschschaum. Ich bin hingeradelt zum Schauen.

Die Tante kochte dort nachts Tee. Für die vielen Menschen im Freien.

Nein, die Oma.

Die Oma?

Ja, sie war damals Köchin auf dem Hof.

Stimmt.

Und deshalb besuchten wir sie dort. Die Milch zu holen.

Ich fürchtete mich. Wenn sie grunzten, anstatt zu sprechen.

Nur die Oma hat sie verstanden.

Wie ungestüme Kinder. Oder Katzen.

Und mir taten sie leid, weil sie Schweinemist karren mussten. Nahe an den dreckigen Tieren arbeiten, im Gestank. Ich wollte nicht wie sie sein.

Sie waren harmlos. Taten keinem was.
Trotzdem war die Landschaft unterteilt in Gebiete, wo man Angst hatte, und Gebiete, wo man sicher war.
Die Erinnerungen meines Bruders sind weniger dramatisch, weniger beladen als meine, die übertreiben.
Was aber ist Übertreibung?
Sie ist mein Arbeitsinstrument. Genaues Hinsehen und Beschreiben. Dadurch wird auch eine kleine Sache groß. Ich war schon immer gut darin.
Stimmt. Du übertreibst gern.
Wir lachen und besiegeln unseren Tausch.

ABSCHIED I

174

Ich fahre ein letztes Mal ins Sommerhaus, sortiere aus. Im Zimmer unterm Dach lagert die Erinnerung: Odettes Brautkleid im Karton, Babyjäckchen, von Erika gestrickt, Lilas erste Schuhe in Größe 18, Ordner voller Kopien, Vorstufen eines Romans, Gedichtmappen, Postkarten, Sommersandalen, das eigene Hochzeitskleid, Brustpumpenfragmente, die Babydecke, in der ich Lila nach der Geburt vom Krankenhaus nach Hause brachte, Parfumflakons, das Samtminikleid aus San Francisco, Odettes Schihose.
Was bleibt hier, was packe ich ein?
Ich wühle im Staub, meine Fingerkuppen werden schwarz. Das Jaulen und Knarren der Kirschholzvitrine. Ich streiche über die von der Wäscherei in harte Kanten gefalteten Laken, wühle und wähle. Das Pflaumenkleid, Tulpenformen auf Seide, die mich an Früchte erinnern, aus Berlin. Schwangerschaftsklamotten, die weiße Spitzenbluse, in der mein milchgeschwollener Busen kaum Platz fand. Die zerlesenen Bücher, sinnlos gewordenen Urkunden. Beweise, dass ein Teil meines Lebens hier stattgefunden hat, dass ich Teil einer Familie war in diesem Haus. Nun, wo ich allein bin, gelten andere Regeln. Ich blicke auf die Pergola, die kahlen Stämme und Zweige, Erika wand einen Blätterkranz um Lilas kahles Babyhaupt, überschüttete das Kind mit Geschenken, ich sehe tiefe Spalten in den Balken, die Gewächse haben die Holzkonstruktion fast gesprengt.
Das Sommerhaus ist ein Behälter für Reste. Alles, was an den wahren Wohnorten überflüssig geworden ist, findet hier Raum und Gebrauch. Mit Vergnügen hatte ich im Winter Moonboots aus Ponyfell getragen, mich mit ausgeleierten, selbst gehäkelten Schultertüchern gewärmt, Odettes alte Pelzmäntel aufgetragen. Das Haus ist voll mit in Kartons und Seidenpapier gewickelter Zeit.

175

Obwohl ich traurig bin, dass mein Körper ein letztes Mal durch diese Räume streift, meine Hände beschäftigt sind, Gegenstände in Kisten zu packen, mache ich schnell. Bis morgen früh muss ich fertig sein. Ich bin auch froh. Denn das Haus hatte einen Preis: das Kochen, der Garten, die Kinder, das Geschrei, es allen recht machen müssen. Die unermessliche Kraft, die nötig ist, um ein Haus zu halten gegen die Natur, gegen die Vergänglichkeit, bleibt ungesehen. Die Arbeit der Hausfrau wird verschluckt, geht in den Orkus ein. Die Arbeit am Nichts, am Unpraktischen, Widerspenstigen wird nicht geschätzt. Nichts bleibt von dieser Anstrengung. Nichts als das Wohlergehen der anderen.
Ich lasse los. Schleppe eine Matratze in den Salon, breite sie auf den Gartenteppich, schlafe ein. Werde am Morgen zusammen mit den Kisten voller Resten abgeholt, erzähle dem Taxifahrer Fragmente meines Lebens, während die grünen Hügel vorüberziehen und ich jedes Haus erkenne, tausendmal vorbeigefahren, tausendmal die Kreuzungen, die Kurven gezählt, die vor den Häusern trocknenden Tierfelle, dann die Steigung, der Ausblick auf die Stadt.

ABSCHIED II

Wir sitzen auf der Terrasse in der Sonne. In Liegestühlen. Nicht im Bikini. Bikini tragen wir nur am Strand. Nie zu Hause. Lila ist frisch gewaschen, frisch geschminkt, ihr Haar trocknet, wir warten auf den Moment. Ich beginne zu erzählen.

Willst du wissen, wie das war, als du geboren wurdest?

Sie nickt.

Also, du wolltest nicht raus. Warst lange über dem Termin. Sie untersuchten das Fruchtwasser, ob es schon flockig sei, dann hättest du nicht mehr genug gesunde Nahrung gehabt.

Und?

War noch in Ordnung.

Schließlich verloren sogar die Hebammen die Geduld.

Wir leiten ein. Wir leiten ein. Aber mit natürlichen Mitteln, auf jeden Fall natürlich, keine schlechte Chemie.

Und? Lila betrachtet den riesigen kristallgeschmückten Ring in Form einer Schlange an ihrem Mittelfinger.

Keine Wirkung. Wir sind danach in eine Konditorei gegangen, haben gewartet und Torten gegessen. Aber nichts, keine Wehen.

Wie fühlen sich Wehen an?

Sehr stark, ähnlich wie Regelschmerzen, bloß zehnmal mehr.

Echt? Ich möchte niemals normal gebären. Lieber ein Kaiserschnitt.

Ja, die meisten lassen sich das jetzt so machen.

Das gibt eine Narbe, oder?

Ja.

Sie seufzt.

Und wie ist das, wenn das Baby herauskommt?

Das ist der leichtere Teil, dann hast du es geschafft. Das, was bei mir nicht funktioniert hat, war der Muttermund. Der wollte nicht aufgehen.

Na, ich meine, die Babys sind ja so hässlich, so rot und schleimig, wie kann man die mögen.

Also wenn die mal draußen sind nach dem vielen, langen Schmerzen und dem Warten, ist man froh.
Aber lieben kann man sie nicht. Das muss man erst lernen. Habe ich in Philosophie gelernt.
Lila betrachtet ernsthaft ihre Haarspitzen, prüft sie auf gespaltene Enden.
Klar doch. Gewöhnen muss man sich halt daran. Ein neuer Mensch in deinem Leben, den du noch nicht kennst.
Sie nickt, ungläubig.
Aber ich weiß nicht, ob ich mein Baby sofort wirklich mag, wenn es so zerknautscht und blau ist im Gesicht.
Ich sehe auf die Uhr: nur mehr fünf Minuten.
Lila jubelt: Ja, dann bin ich achtzehn. Endlich!
Wir warten. Die Sonne wärmt. Sie zieht meinen Strohhut über ihr dunkel gefärbtes Haar. Ihre Fingernägel sind silbergrau lackiert. Sie ist bereits für die Feier heute Abend gekleidet.
Der Wecker läutet, den ich auf die Geburtsstunde Lilas gestellt habe, wir fallen uns um den Hals, küssen uns.
Danach verlässt sie die Terrasse.
Ich muss jetzt.
Lässt mich allein, um mit ihren Freundinnen zu feiern.
Vor ihr gehörte mein Körper nur mir und ich konnte über meine Zeit verfügen. Danach war der kleine Mensch in meinem Leben, mit mir, ständig, Tag für Tag, Nacht für Nacht, Stunde für Stunde, Minute für Minute stand ich mit allem, was ich war, für ihn ein. Keine Sekunde mehr konnte ich keine Mutter mehr sein.
Nun fühle ich, Lila hat meinen Körper hinter sich gelassen. Und ich bin leer. Eine Hülle, in die nichts mehr gehört.
Unten läutet es. Ich drücke den Buzzer. Mein Sohn kommt heim, mein Körper macht sich auf, erneut Mutter zu sein, Mutter mit einer leeren Stelle, dort, wo die Tochter seit ein paar Minuten fehlt.

ABSCHIED III

Odette wird nur mehr mithilfe von Rädern bewegt, ihre Beine haben endgültig versagt. Weiterhin hofft sie, dass ich eines Tages zurückkehren werde ins Sommerhaus zur Familie. Betet dafür.
Chübeer brütet, spricht ausschließlich mit sich selbst in Gedanken. Weiterhin prüft er alle Ausgaben, setzt mit einem Bleistiftstummel ein Häkchen hinter jeden Posten. Alles bestätigt. Aber er weiß nicht mehr, wofür die Zahlen stehen.
Die Pflegerin hat das Kommando übernommen, führt stundenlange Telefonate mit Verwandten in Algerien, zweigt Einkaufsgeld ab.

176

Mein Sohn neigt sich mit nacktem Oberkörper einer violetten Blüte zu, gibt vor, in die Blume zu beißen. Das Kalenderblatt zeigt Juli. Ich blättere weiter, Lila, eine Nixe im rot-weiß gestreiften Bikini im türkisblauen Meer. Das Kalenderblatt zeigt August.
Draußen vorm Fenster fällt Sommerregen auf die grünen Blätter der Apfelbäume und die Äpfel fallen im Wind vom Baum. Die von Erika genähten Gardinen sind zurückgeschoben und schweigen.
Ich stehe in ihrem Nähzimmer. Die von ihren Fingern gehäkelten Hausschuhe für die Besuche der Enkel warten an der Wand neben Erikas Schlappen. Neben der Nähmaschine warten die Nadelkissen, die Schuhschachteln mit Zwirn, mit Reißverschlüssen, mit Bändern. Ich berühre nichts. Betrachte die Rücken der Bücher, die sie las und hütete in dem Raum, in dem sie Besucherinnen empfing, um zu nähen und zu reden. Der Faden fühlt die Hand, wie das Wort die Zunge fühlt. Beide zeigen.
Ich steige die Treppe hinunter ins Wohnzimmer, in die Küche. Auf dem Esstisch, von meinem Vater selbst geschweißt und mit Plastikfurnier in Orange versehen, liegen von Erika gebastelte Sets. Auf der orangefarbenen Anrichte stehen Plastikdosen mit selbst gezogenen und eingelegten Paprika, mit vorgekochtem und eingefrorenem Reisfleisch. Die Kühltruhe im Keller ist voll von Vorräten.

177

Ich meine, Erika an der Spüle stehen zu sehen, die schmutzigen Teller in ihren Händen. Will ihr etwas anvertrauen.
Was ist denn? Was willst du?
Weißt du, wenn du dich in einer gefährlichen, angsteinflößenden Situation befindest, dann hilft es, dass du dir das, was gerade geschieht, selbst erzählst.
Was?

So, als hättest du das Furchterregende bereits hinter dir und damit Hoffnung, dass du einmal einen Punkt erreicht haben wirst, an dem dieses Schreckliche längst nicht mehr wirkt. Die Vergangenheitsform hilft.
Blödsinn.
Erika taucht den nächsten Teller ins Spülwasser, reibt mit einem Schwamm daran.
Doch, wirklich wahr. Imperfekt hilft.
Blödsinn.
Erika beendet das Gespräch, indem sie sämtliches Besteck ins Wasser wirft. Lärmend treffen die Messer, Gabeln, Löffel auf den Stahl des Spülbeckens, sie wühlt darin herum.

178

Ihr Bild bleicht aus. Ich schlurfe ins Wohnzimmer.
Neben dem Sofa liegt Erikas Strickzeug, warten die Wollknäuel, wartet das Stopfzeug, warten die löchrigen Socken. In der Nische des Wohnzimmerschranks sind Briefe gestapelt, die sie heimlich schrieb, nachts, wenn sie nicht schlafen konnte, und die sie abschickte oder nicht. Schreiben hilft.
Seid ihr bereit?
Mein Bruder in schwarzen Lederhosen und schwarzem T-Shirt sammelt die aufgeregt herumspringenden Kinder ein.
Mein Vater zieht ein dunkles Jackett über das gestreifte Hemd. Ich trage ein Kleid aus schwarzer Seide. Mit Lila habe ich vereinbart, dass wir unsere Lippen knallrot bemalen. Als Zeichen für das freudige Leben, das wir führen wollen als Frauen.

179

Verweinte und ernste Gesichter tauchen an Erikas Sarg auf. Das Zeremoniell folgt ihren schriftlich festgelegten letzten Wünschen. Der Psalm, den sie ausgewählt hat, spricht von der ungerechten Verteilung. Manche haben eben ein gutes Leben, manche ein schlechtes. Und dass man seine Bestimmung gottergeben akzeptieren soll. Ich trage die Sätze vor, als hätte ich sie selbst geschrieben, obwohl ich hasse, was sie sagen. Ich kaue an dem Ausdruck Sühne herum, den Erika als ihr Wort gewählt hat, um sich den Tod zu erlauben. Und ich will nicht verstehen. Warum musste sie so stur sein! Ich verspüre Wut, weil ich meine Mutter nicht gehen lassen will. Die Gesichter der Verwandten sind in den Jahrzehnten, in denen ich sie nicht gesehen hatte, in sich versunken. Aber ich kann sie noch erkennen, so wie sie mich. Nach der Feier schütteln sie uns die Hände, um zu kondolieren. Automatisch greife ich danach. Stefans Stiefvater steht vor mir, der Besitzer des Hauses, in dem ich aufgewachsen bin. Er hält seine Hände hinter den Rücken.

Nein, dir gebe ich nicht die Hand. Ich lasse mich nicht beleidigen.

Und geht davon. Ich bin zu erschrocken, um zu begreifen. Später tritt seine Frau an mich heran und schimpft:

Wie kannst du es wagen, uns so in den Dreck zu ziehen!

Ich begreife immer noch nicht.

Du hast den Namen unseres Hauses im Radio ausgesprochen. Das lassen wir uns nicht gefallen.

Aber warum?

Was denken die Leute? Wir sind nicht schlecht. Wehe, du schreibst noch einmal was darüber!

Und lässt mich stehen. Der Wagen mit Erikas Sarg ist noch nicht abgefahren. Das Grauen.

180

Als endlich alle Feierlichkeiten vorbei sind, drängen wir uns in ein Auto. Die Kinder aufgedreht vom langen Stillhalten, wir albern mit ihnen, wollen gute Stimmung machen, lärmen gegen den Tod.

Plötzlich dreht sich Vater zu mir:

Wenn es nach Erika gegangen wäre, wärt ihr alle nicht da. Dieses Auto wäre leer.

Ja, ich weiß, sie hat aufgeschrieben, dass wir Kinder nicht zu ihrer Beerdigung sollen. Vor allem die Kleinen nicht.
Entgegne ich beiläufig.
Nein, ich meine überhaupt. Ihr alle. Das Auto wäre leer bis auf mich, hätte sie ihren Willen gehabt und hätte ich ihn ihr gelassen.
Er ist ernst mitten im Getöse seiner Enkel.
Sie wollte nie Kinder haben, nie heiraten. Ich habe sie dazu überredet. Damals, als ich sie kennenlernte, zeigte sie mir vernarbte Schnitte am Handgelenk, sagte, ich werde keine dreißig Jahre, will nie heiraten, keine Kinder.

181

Hastig hatte ich meine Sachen gepackt, die nächste Fähre von der Insel genommen, den passenden Zug, fuhr durch Heidelandschaft.
Versuchte mich zu beruhigen. Alles wird gut.
Lila am Telefon. Heulend.
Die Oma ist tot.
Und ich kann meine Tochter nicht trösten, bin nicht bei ihr, die Verbindung bricht ab.
Gleich darauf ist mein Sohn am Telefon. Heulend.
Die Oma ist tot.
Und ich kann ihn nicht trösten, bin nicht bei ihm, die Verbindung bricht ab.
Ich weine. Blicke dann aus dem Fenster. Die Bäume, die Gräser, der Abendhimmel, die Reiher, ein Vollmond geht auf. Alles Wahrgenommene da draußen erscheint mir in unfassbarem Glanz. Bewegtwerden im Zug, langsames Vorbeistreifen einer Landschaft, die leuchtet.
Das Leben kann sehr schön sein, sage ich zu mir, als Antidot. Und das Wort hilft ein wenig. Als Antitod. Auch wenn dieser Kalauer beschwerlich hinkt. Ich brauche ihn. Ich liebe meine Kinder.

Erika konnte das Leben nicht wollen. Der Mundraub konnte ihr nicht genügen. Oder sie hat ihn nie richtig gelernt, dieses Ineinanderwirken von Suchen, Essen, Sprechen, Genießen, Überleben. Ich lasse meiner Zunge freien Lauf. Ich stehle die Worte der anderen, um zu überleben. Ich stückele die Geschichten, nähe sie zusammen, stopfe die Lücken. Erika verwechselte von ihr Erfundenes mit dem Gelebten. Ihr Gewebe wurde wahrer als das Rundherum. Fand sich in fremden Geschichten und nicht mehr aus den Worten heraus. Aber die Schrift ist der Tod. Und Kinder sind das Gegenteil. Und deshalb bin ich froh. Für die Kinder habe ich leben gelernt. Fingern und fädeln. Wort ist Faden und Faden macht Welt.

INHALTSVERZEICHNIS

HAUS (SOMMER II)
GROSSSTADT (KINDER)
ABSPRUNG III
BETRUG (BERLIN)
ERNÜCHTERUNG
TRENNUNG
BLAU
HAUS (BAUERNHOF)
PLAN III
SINGLE MOTHER (ICH)
ABSPRUNG IV
FOTOS
SCHÖNHEIT
FILM
PLAN IV
BLÖDHEIT
FEUER
ABSCHIED I
ABSCHIED II
ABSCHIED III
ABSCHIED IV

Weitere Bücher aus unserem Verlagsprogramm:

Endo Anaconda | Walterfahren

Kolumnen 2007–2010

Gebunden ohne Schutzumschlag

200 Seiten
€ (D) 19.95 | CHF 28.50* | € (A) 20.60
ISBN 978-3-905951-11-0

Emmanuelle Bayamack-Tam | Die Prinzessin von.

(La Princesse de.)
Roman

Aus dem Französischen von Christian Ruzicska,
unter Mitarbeit von Flamm Vidal

Gebunden ohne Schutzumschlag

224 Seiten
€ (D) 22.95 | CHF 34.90* | € (A) 23.60
ISBN 978-3-905951-07-3

Hélène Bessette | Ida oder das Delirium

(Ida ou le délire)
Roman

Aus dem Französischen von Christian Ruzicska

Gebunden ohne Schutzumschlag

128 Seiten
€ (D) 21.95 | CHF 33.90* | € (A) 22.60
ISBN 978-3-905951-02-8

Hélène Bessette | Ist Ihnen nicht kalt

(N'avez-vous pas froid)
Roman

Aus dem Französischen von Christian Ruzicska

Gebunden ohne Schutzumschlag

188 Seiten
€ (D) 21.95 | CHF 31.50* | € (A) 22.60
ISBN 978-3-905951-09-7

Thomas Christen | Der Abend vor der Nacht
Roman

Gebunden ohne Schutzumschlag

200 Seiten
€ (D) 21.95 | CHF 31.50* | € (A) 22.60
ISBN 978-3-905951-12-7

Beqë Cufaj | projekt@party
Roman

Aus dem Albanischen von Joachim Röhm

Gebunden ohne Schutzumschlag

152 Seiten
€ (D) 19.95 | CHF 27.90* | € (A) 20.60
ISBN 978-3-905951-17-2

Jérôme Ferrari | Predigt auf den Untergang Roms
(Le sermon sur la chute de Rome)
Roman

Aus dem Französischen von Christian Ruzicska

Gebunden ohne Schutzumschlag

208 Seiten
€ (D) 19.95/CHF 27.90 (UVP)/€ (A) 20.60
ISBN 978-3-905951-20-2

Jérôme Ferrari | Und meine Seele ließ ich zurück
(Où j'ai laissé mon âme)
Roman

Aus dem Französischen von Christian Ruzicska

Gebunden ohne Schutzumschlag

160 Seiten
€ (D) 19.95 | CHF 28.50* | € (A) 20.60
ISBN 978-3-905951-10-3

Lars Gustafsson | Gegen Null
(Mot Noll)
Eine mathematische Phantasie

Aus dem Schwedischen von Barbara M. Karlson

Gebunden ohne Schutzumschlag

96 Seiten, mit Abbildungen
€ (D) 18.60 | CHF 28.50* | € (A) 19.20
ISBN 978-3-905951-04-2

Jürg Halter/Tanikawa Shuntarō | Sprechendes Wasser
(Kataru mizu)
Ein Kettengedicht

Aus dem Deutschen von Niimoto Fuminari
Aus dem Japanischen von Eduard Klopfenstein
Mit einem Nachwort von Okuda Osamu

Zweifaches Hardcover, japanische Bindung

62 Seiten mit 19 Photographien
€ (D) 28.90 | CHF 36.90* | € (A) 29.70
ISBN 978-3-905951-15-8

Katja Huber | Coney Island
Roman

Gebunden ohne Schutzumschlag

232 Seiten
€ (D) 21.95 | CHF 31.50* | € (A) 22.60
ISBN 978-3-905951-13-4

Ludwig Lewisohn | Der Fall Crump
(The Case of Mr. Crump)
Roman

Neu übersetzt aus dem Amerikanischen Englisch von Christian Ruzicska
Mit einem Nachwort von Thomas Mann

Gebunden ohne Schutzumschlag

400 Seiten
€ (D) 24.95 | CHF 37.90* | € (A) 25.70
ISBN 978-3-905951-03-5

Marian Pankowski | Der letzte Engeltag
(Ostatni zlot aniołów)
Ein Silvenmanuskript

Aus dem Polnischen von Sven Sellmer

Gebunden ohne Schutzumschlag

88 Seiten
€ (D) 17.30 | CHF 26.50* | € (A) 17.90
ISBN 978-3-905951-05-9

Veronika Schenk | Die Wandlung
Roman

Gebunden ohne Schutzumschlag

Etwa 220 Seiten
€ (D) 19.95 | CHF 27.90* | € (A) 20.60
ISBN 978-3-905951-18-9

Tanikawa Shuntarō | minimal
(minimal)
30 Gedichte
Deutsch und Japanisch

Aus dem Japanischen von Eduard Klopfenstein

Gebunden ohne Schutzumschlag in hochwertiger Ausstattung

Preise stehen zum Redaktionsschluss noch nicht fest.

ISBN 978-3-905951-22-6

Magda Szabó | Die Elemente
(Pilátus)
Roman

Neu übersetzt aus dem Ungarischen von Heinrich Eisterer

Gebunden ohne Schutzumschlag

296 Seiten
€ (D) 24.95 | CHF 37.90* | € (A) 25.70
ISBN 978-3-905951-01-1

Nils Trede | Das versteinerte Leben
(La Vie pétrifiée)
Roman

Aus dem Französischen von Christian Ruzicska

Gebunden ohne Schutzumschlag

120 Seiten
€ (D) 19.95 | CHF 28.50* | € (A) 22.60
ISBN 978-3-905951-14-1

Christian Uetz | Nur Du, und nur Ich
Roman in sieben Schritten

Gebunden ohne Schutzumschlag

104 Seiten
€ (D) 17.95 | CHF 27.50* | € (A) 18.50
ISBN 978-3-905951-06-6

Christian Uetz | Sunderwarumbe – Ein Schweizer Requiem
Roman

Gebunden ohne Schutzumschlag

176 Seiten
€ (D) 19.95 | CHF 27.90* | € (A) 20.60

ISBN 978-3-905951-19-6

Steven Uhly | Adams Fuge
Roman

Gebunden ohne Schutzumschlag

220 Seiten
€ (D) 21.95 | CHF 31.50* | € (A) 22.60
ISBN 978-3-905951-08-0

Steven Uhly | Glückskind
Roman

Gebunden ohne Schutzumschlag

256 Seiten
€ (D) 19.95 | CHF 27.90* | € (A) 20.60
ISBN 978-3-905951-16-5

Steven Uhly | Mein Leben in Aspik
Roman

Gebunden ohne Schutzumschlag

272 Seiten
€ (D) 22.95 | CHF 34.90* | € (A) 23.60
ISBN 978-3-905951-00-4

Leseproben finden Sie auf:
www.secession-verlag.com

* Bei den Schweizer Preisen handelt es sich um unverbindliche Preisempfehlungen (UVP). Änderungen vorbehalten.
Stand: 1. Februar 2013

Erste Auflage

Lektorat: Ludwig Lohmann
Korrektorat: Patrick Schär
www.secession-verlag.com

Gestaltung, Typographie, Satz und Litho:
KOCHAN & PARTNER, München
Druck und buchbinderische Verarbeitung:
Friedrich Pustet KG, Regensburg
Papier Innenteil: Fly 05, 100 g/qm
Papier Überzug: Peyer, Surbalin Perleffekt Smaragd, 115 g/qm
Papier Vor- und Nachsatz:
Papier Union, Pop Set Lime Tonic, 120 g/qm
Gesetzt aus 9/13 Cordale regular/italic

Printed in Germany
ISBN 978-3-905951-21-9

secession